SAVOIRS ET RESPONSABILITÉ

LES AUTEURS

Bernard Arcand
Gérard Bouchard
Raymond Boudon
Chantal Bouffard
Gilles Bourque
Louise Jeanne Caron
Fernand Cloutier
Michel de Sève
Martin David-Blais
Jules Duchastel
Gabriel Dussault
Andrée Fortin
Jacques Hamel
Stéphane Kelley
Simon Langlois
Jocelyn Létourneau
Annie Pilote
Guy Rocher
Joseph Yvon Thériault
Daniel Tremblay

PUBLIÉ SOUS LA DIRECTION DE
MICHEL DE SÈVES ET SIMON LANGLOIS

SAVOIR ET RESPONSABILITÉ

Éditions Nota bene

Les éditions Nota bene remercient le Conseil des arts du Canada,
la SODEC etle ministère du Patrimoine du Canada
pour leur soutien financier

© Les Éditions Nota bene, 1999

ISBN : 2-89518-019-9

TABLE DES MATIÈRES

NOTICES BIOGRAPHIQUES

Bernard Arcand est professeur au département d'anthropologie de l'Université Laval (Québec).

Raymond Boudon est professeur à l'Université de Paris-Sorbonne et membre de l'Institut, Académie des sciences morales et politiques.

Gérard Bouchard est professeur à l'Université du Québec à Chicoutimi et chercheur titulaire à l'IREP.

Chantal Bouffard est étudiante au doctorat en anthropologie à l'Université Laval (Québec).

Gilles Bourque est professeur au département de sociologie de l'Université du Québec à Montréal et membre du Groupe de recherche en analyse du discours politique.

Louise Jeanne Caron a terminé un doctorat en sociologie à l'Université du Québec à Montréal.

Fernand Cloutier est assistant de recherche au département de sociologie de l'Université de Montréal.

Martin David-Blais est professeur à la Faculté des communications sociales de l'Université Saint-Paul (Ottawa).

Michel de Sève est professeur au département de sociologie de l'Université Laval (Québec) et chercheur titulaire à l'IREP.

Jules Duchastel est professeur au département de sociologie de l'Université du Québec à Montréal et membre du Groupe de recherche en analyse du discours politique.

Gabriel Dussault est professeur au département de sociologie de l'Université Laval (Québec).

Andrée FORTIN est professeure au département de sociologie de l'Université Laval (Québec).

Jacques HAMEL est professeur au département de sociologie de l'Université de Montréal.

Stéphane KELLY a terminé un doctorat en sociologie et il est boursier post-doctoral au centre de recherche Raymond-Aron.

Simon LANGLOIS est professeur au département de sociologie de l'Université Laval (Québec) et il coordonne le groupe international CCSC.

Jocelyn LÉTOURNEAU est professeur au département d'histoire de l'Université Laval (Québec) et chercheur au CELAT.

Annie PILOTE est étudiante au doctorat en Administration et politiques scolaires à l'Université Laval (Québec).

Guy ROCHER est professeur de sociologie et membre du Centre de recherche en droit public de la Faculté de droit de l'Université de Montréal.

Joseph Yvon THÉRIAULT est professeur au département de sociologie et doyen de la Faculté des sciences sociales de l'Université d'Ottawa.

Daniel TREMBLAY est professeur au département de travail social de l'Université du Québec à Hull.

Introduction

UN SAVOIR QUI TRANSFORME LE MONDE

Michel de Sève et Simon Langlois

L'un des traits marquants de nos sociétés est sans aucun doute l'extension considérable des connaissances de toutes sortes. L'augmentation et la diffusion du savoir ont transformé le monde, y compris les savoirs sociologique et anthropologique. N'est-il pas frappant de constater que bien des concepts proposés par les pères fondateurs ou développés au fil des ans sont maintenant intégrés dans le langage courant ? Pensons à rôles, effets pervers, aliénation, classes sociales, et à tant d'autres notions utilisées presque machinalement tous les jours pour dire le monde.

Si la sociologie et l'anthropologie ont trouvé leur place dans les sociétés contemporaines, quel usage social est-il fait des connaissances et des travaux scientifiques qu'elles proposent ? On le sait, entre le scientifique et l'homme de la rue qui reprend à son compte les termes du langage savant se pose l'expert qui entend appliquer les connaissances à la gestion des affaires de la cité. Le savoir est susceptible de déboucher sur des applications. C'est là un aspect nouveau de la question à l'étude qui est typique de notre époque, typique de la société contemporaine marquée par le mode de gestion décisionnel et opérationnel. Quels nouveaux rapports se nouent entre savants, experts et citoyens ordinaires ? Comment se pose la question de la responsabilité dans un contexte marqué par l'extension des possibilités d'application du savoir, depuis la génétique humaine, les nouvelles technologies jusqu'à la gestion des ressources humaines, pour reprendre les termes des organisations ?

Weber distinguait, rappelle Guy Rocher dans son texte, l'éthique de conviction et l'éthique de responsabilité. « L'acteur guidé par l'éthique de responsabilité oriente son action à la lumière des conséquences effectives qu'elle entraîne et qu'il accepte d'assumer », écrit-il. Rocher clarifie les idées en rappelant qu'un sociologue peut à bon droit s'inspirer de ses convictions pour orienter sa sociologie, alors qu'il serait inacceptable de conscrire – pour reprendre son expression – sa sociologie au service de ses convictions. Autrement dit, le savant pourra, selon les mots mêmes de Weber « pousser son analyse jusqu'au moment où l'auditeur sera lui-même en mesure de trouver le point à partir duquel il pourra prendre position en fonction de ses propres idéaux fondamentaux » (*Le savant et le politique*, Paris, Plon, 1959, p.80).

Si les individus peuvent prendre position en fonction de leurs propres idéaux, suivant en cela Weber, cela signifie-t-il que tout devient relatif ? Ou encore que les choix des uns valent ceux des autres? Non, répond explicitement Raymond Boudon dans une contribution stimulante à lire et neuve sur cette question qui soulève encore bien débats, notamment dans les sociétés marquées par le choc des cultures et le métissage. Critiquant le polythéisme et le relativisme des valeurs, le diagnostic de Boudon va à contre-courant de bien des idées reçues. Selon lui, le relativisme n'est pas partagé par les acteurs sociaux eux-mêmes et ceux-ci ne vivent pas les valeurs comme des illusions ou comme des convictions purement person-nelles. Le relativisme axiologique est contredit par l'évidence et par les travaux des scientifiques, comme il l'a montré dans son ouvrage *Le juste et le vrai* (Paris, Fayard, 1995). Au contraire, il est possible de poser que les valeurs ont un fondement objectif. Elles sont solides dans la mesure où elles sont fondées sur des raisons solides. Boudon ne prétend cependant pas qu'il existe une vérité axiologique sur tous les sujets car « il est des situations d'indécision où des systèmes concurrents de raisons aboutissent à des conclusions divergentes entre lesquelles il est impossible de trancher ».

En suivant Tocqueville et Weber, Boudon explique *pourquoi* les valeurs apparaissent comme relatives. Il corrige au passage une interprétation erronée de Weber à qui il est faux d'attribuer l'idée que les valeurs sont relatives. Ce dernier a plutôt montré que la synthèse chrétienne avait perdu de sa force sans avoir été remplacée par une autre synthèse moderne et de caractère non religieux, ce qui est différent. Weber et avant lui Tocqueville ont bien vu les conséquences de la fin d'un monde marqué par les croyances dogmatiques et leurs travaux expliquent comment les valeurs *peuvent* apparaître comme relatives.

Comment se présente dans le monde complexe où nous vivons la question de cette responsabilité ? Telle est sans doute la question qui unit les textes rassemblés dans le présent ouvrage.

Les études

La seconde section de cet ouvrage réunit six contributions portant sur des thèmes qui paraîtront plus restreints. Si la question de la responsabilité du savant est souvent discutée en relation avec la société globale et les finalités qu'elle se donne, il importe aussi de voir comment elle se pose dans des champs particuliers, dans des environnements spécifiques.

Les développements des quinze dernières années en génétique ont été si rapides et si considérables qu'il n'a pas été possible d'élaborer des principes éthiques qui font consensus pour réguler les possibilités d'interventions en ces domaines. C. Bouffard analyse les discours de quatre-vingts experts pour déterminer si, au delà des différences disciplinaires, ceux-ci se réfèrent à des principes éthiques latents communs. Elle distingue les prémisses d'une éthique fondée sur la notion de responsabilité. De son côté, la diffusion des technologies informatiques a permis d'augmenter le rythme et la quantité des interactions sociales. Louise Jeanne Caron se demande comment ces technologies peuvent affecter les normes sociales des acteurs qui participent à un même système.

L'étude de Daniel Tremblay montre comment les représentations scientifiques et médiatiques de la violence en milieu conjugal et familial continuent d'être affectées par le secret qui contribue à la légitimation de l'institution familiale. Pour Andrée Fortin, le succès de la culture *populaire* serait tel que la « *Grande* » culture lui emprunterait non seulement ses mécanismes de diffusion, mais aussi ses principes de développements. Annie Pilote étudie les liens entre l'école et le système politique en Acadie. À partir de l'analyse historique de ce cas particulier, elle montre comment une succession de conflits peut conduire une communauté à s'intégrer davantage à un système démocratique. Enfin, l'une des difficultés de l'analyse qualitative est de démontrer que le chercheur comprend bien les acteurs sociaux qu'il étudie. En fait, certains auteurs ont même proposé de faire de la preuve de cette compréhension le premier critère de validité des recherches sociologiques. Cloutier et Hamel examinent cette question du point de vue épistémologique et rapportent les conclusions d'une intéressante expérience qu'ils ont menée dans le cadre d'une recherche récente sur le terrain.

Société, nations et diversité culturelle

Mais le savoir ne s'applique pas uniquement dans différents segments de la société découpés en domaines d'intervention, comme c'est le cas de l'organisation du travail ou de la génétique, par exemple. Il oriente maintenant les discussions sur les finalités de la société globale elle-même, comme le montrent les débats sur le multiculturalisme, le nationalisme ou la mondialisation dans les sociétés développées.

Le Québec et le Canada présentent un cas de figure typique où le savoir sur la société globale est largement mis à contribution dans les débats publics. Les commissions d'études se sont multipliées ces dernières années et il faut plusieurs rayons de bibliothèque chaque année pour contenir les publications savantes sur ces « deux nations en lutte au sein d'un même État», pour reprendre le mot célèbre de Lord Durham au XIXᵉ siècle. Les textes réunis dans les deux dernières sections de ce livre donnent une bonne idée des débats scientifiques qui ont cours.

Dans un texte très fouillé et documenté, Gérard Bouchard dégage les paradigmes de lecture du Québec considéré comme société globale et comme nation au sein de l'État canadien. Pour lui, la dichotomie maintes fois avancée entre nation civique et nation ethnique fait problème parce que ces deux modèles ne sont pas vraiment exclusifs. Il pose plutôt qu'il existe une nation culturelle qui se superpose à la nation civique, une francophonie nord-américaine dans laquelle la langue française sert de commun dénominateur. Bouchard prend distance par rapport à la pensée de Fernand Dumont et par rapport à la pensée de ceux qui ont proposé les concepts de culture publique commune et de culture de convergence, notamment. Bernard Arcand rappelle que la nation fonctionne comme une fabrique de sens. En fait, il reprend explicitement l'approche de Boudon en dégageant les bonnes raisons que les nationaux ont d'adhérer à leur nation. « La nationalité nous rend repérables à nous-mêmes et rend le monde lisible en lui donnant un sens », avance-t-il, et il ajoute : « L'État n'a jamais réussi à légiférer le mal du pays ». Gilles Bourque et Jules Duchastel concluent leur analyse en soutenant que les sociétés contemporaines font face au défi de reconstruire les rapports entre souveraineté et citoyenneté. Voici donc trois lectures différentes de la question nationale qui laisseront le lecteur devant la perspective proposée par Weber et qui a été rappelée plus haut : choisir en fonction de ses propres idéaux fondamentaux et – ajouterons-nous en nous référant au texte de

Boudon – pour de bonnes raisons. On aura un exemple d'un tel débat à la lecture de la dernière section, dans laquelle trois ouvrages sont soumis à la critique d'un collègue, suivie d'une réplique de l'auteur.

Remerciements

Nous remercions Daniel Bélanger, secrétaire au département de sociologie de l'Université Laval, pour le travail de mise en forme du manuscrit et la préparation du prêt-à-photographier. Il a travaillé avec célérité et efficacité et il a dû corriger maintes fois les différentes versions des textes. Le département de sociologie de l'Université Laval a apporté une contribution à la publication de l'ouvrage en assumant divers coûts. Nos remerciements vont également à l'Association Canadienne des Sociologues et Anthropologues de Langue Française pour l'organisation des deux colloques qui ont permis de recueillir les textes de cet ouvrage et pour son aide financière. Merci enfin à notre éditeur, Guy Champagne, qui dirige avec dynamisme la maison *Nota Bene*.

SAVOIRS ET
RESPONSABILITÉ

1

LES VALEURS DANS UN MONDE POLYTHÉISTE

Raymond BOUDON

Le polythéisme des valeurs

L'idée selon laquelle nous vivrions dans un monde d'où les valeurs communes auraient disparu, dans un monde irréversiblement caractérisé par un « polythéisme des valeurs » weberien est devenue une croyance répandue. Elle est un sous-produit de la vision relativiste du monde, si influente aujourd'hui. Selon ce point de vue relativiste, s'est imposée l'idée que les valeurs seraient dépourvues de fondement et seraient finalement l'effet, soit de choix individuels « absurdes » (au sens de Sartre), soit de déterminismes sociaux. Le relativisme s'accompagne ainsi soit d'une philosophie *décisionniste*, soit d'une philosophie *déterministe*.

Ce relativisme axiologique explique de nombreux traits des sociétés modernes. Ainsi, une sociologue américaine du droit, Ann Glendon (1996) a montré récemment que, aux Etats-Unis, les hommes de lois et les juges tendent à voir leur rôle, même au niveau de la Cour Suprême, de manière nouvelle. Au lieu d'accepter l'idée qu'une décision judiciaire devrait viser en principe à être fondée sur des raisons impersonnelles, ils développent ce que Glendon appelle une vision « romantique » de leur rôle. Ils seraient pour beaucoup d'entre eux convaincus que la question de savoir si une décision est bonne ou mauvaise est fondamentalement de caractère subjectif et que la conviction personnelle est la seule base sur laquelle leur décisions puissent être légitimement fondées.

Autre témoignage, dans un autre domaine, celui de l'éducation, de ce relativisme diffus qui règne dans les sociétés modernes : aux États-Unis toujours, un mouvement dit de « clarification des valeurs » (WILSON) s'est développé. Il vise à interdire la transmission par l'enseignement de toute valeur : les valeurs étant exclusivement fondées dans des choix personnels, tenter de transmettre des valeurs, c'est en effet selon ce mouvement porter atteinte à la dignité même de la personne humaine. Ce mouvement repose bien sûr sur les analyses qui ont tenté de démontrer que l'école avait la fonction latente d'inculquer des valeurs illégitimes. Mais il va plus loin : c'est l'inculcation de toute valeur, quels que soient son contenu et sa fonction, qui est condamnée par ce mouvement.

Autre manifestation du relativisme axiologique : la prolifération des sectes qu'on observe aujourd'hui. Elles germent naturellement sur ce terrain relativiste. Il y a aujourd'hui mille religions, mais pas de guerres de religion entre les sectes. Chacune définit sa vérité, se souciant plutôt de recruter et d'exister que d'imposer sa vérité à d'autres sectes. Car le prosélytisme heurterait le principe de base du relativisme moderne, à savoir le caractère pour ainsi dire privé des valeurs.

J'évoquerai enfin un dernier signe, plus indirect et d'importance plus modeste, de la diffusion de ce relativisme, parmi tous ceux qu'on pourrait évoquer. On lit dans un ouvrage de B. Turner (1992, p. 7) : « (...) le renouveau d'intérêt en faveur de Nietzsche pour le développement du post-structuralisme et du postmodernisme a été parallèle à un renouveau de l'intérêt pour la réinterprétation nietzschéenne de la sociologie weberienne » [the revival of interest in Nietzsche (...) for the development of poststructuralism and postmodernism (...) has been parallel to the revival of interest in the shaping of Weberian sociology by Nietzsche »]. Ainsi, le regain de popularité de Weber proviendrait de ce qu'on l'a réinterprété dans un sens nietzschéen, en en faisant en d'autres termes un précurseur du relativisme postmoderniste. Les auteurs postmodernistes interprètent son « polythéisme des valeurs » comme indiquant que nous aurions définitivement pris conscience du caractère irréductiblement subjectif de nos jugements de valeur, du fait que les valeurs sont une affaire purement privée, que les individus peuvent endosser les valeurs qu'ils souhaitent avec une seule réserve : que leurs choix n'interfèrent pas avec ceux des autres.

Que Weber ait été influencé par Nietzsche, cela est certain. Qu'il ait retenu la notion nietzschéenne du « renversement de toutes les valeurs » (« Umwertung aller Werte »), par laquelle Nietzsche entendait désigner la perte de crédibilité, caractéristique de la modernité, de la synthèse chrétienne, cela est également certain. Mais il n'en tire en aucune façon l'idée que les valeurs seraient dépourvues de fondement. Cette interprétation postmoderniste oublie que, comme cela est également très généralement reconnu, Weber a été influencé tout autant par Kant que par Nietzsche, et que cette double influence l'a conduit à proposer une théorie qui ne saurait être tenue comme le décalque ni de l'une ni de l'autre. En parlant de « polythéisme des valeurs », Weber indiquait, ce qui paraît être irrécusable, que la synthèse chrétienne avait perdu de sa force et que, contrairement à l'espoir de Comte ou de Durkheim, il était vain de rêver d'une autre synthèse, moderne et de caractère non religieux. Ce qu'il refuse, c'est en d'autres termes l'idée de la possibilité d'une nouvelle synthèse, d'une nouvelle doctrine, permettant d'établir la vérité en matière de valeurs. Mais il n'affirme en aucune façon que les valeurs doivent être conçues comme irréductiblement subjectives.

Le relativisme axiologique contredit par l'évidence

Mais ce qu'il importe surtout de souligner, c'est que cette interprétation postmoderniste est en contradiction avec des faits facilement observables.

La plupart des gens admettent par exemple que la démocratie est une meilleure forme de régime que les diverses variantes du despotisme, que liquider l'*apartheid* en Afrique du Sud était une bonne chose, ou que la corruption politique est une mauvaise chose. Et il serait à l'évidence facile de multiplier indéfiniment de tels exemples. En d'autres termes, sur d'innombrables sujets, les acteurs sociaux ont l'impression, tout autant aujourd'hui qu'hier, que les jugements de valeur qu'ils endossent peuvent être considérés, non comme des vérités *privées*, comme des vérités dont ils accepteraient facilement l'idée d'être les seuls à les porter, mais au contraire comme des vérités dont ils ont du mal à admettre qu'autrui puisse ne pas les endosser. Afin d'éviter les difficultés du concept d'objectivité, sur lequel je reviendrai plus bas, je propose de parler ici de vérités *transsubjectives*, indiquant par là que ceux qui les endossent ont l'impression que l'Autre généralisé dont parle G.H. Mead devrait aussi les endosser. Or, c'est une observation empirique peu contestable qu'on peut multiplier les exemples de telles vérités transsubjectives.

Les observations courantes de l'opinion font apparaître des phénomènes de structuration peu compatibles avec l'idée d'un caractère privée des valeurs. Ainsi, le gouvernement français avait naguère émis l'idée, pour maîtriser les dépenses de santé, de rendre les médecins collectivement responsables des dépenses : ils seraient tous pénalisés individuellement si le total de leurs prescriptions dépassait une certaine enveloppe. Cette disposition provoqua une réaction négative quasiment unanime, non seulement de la part des médecins, ce qui pourrait s'expliquer par des considérations d'intérêt bien compris, mais de la part des observateurs de tout bord, ce qui ne saurait s'expliquer par l'intérêt bien compris, ni non plus d'ailleurs par des effets de socialisation. Ce n'est pas en effet parce qu'on lui a inculqué des principes que l'observateur désintéressé tend à juger une telle mesure mauvaise. L'unanimité contre la mesure n'est ni l'effet d'intérêts communs, ni d'une socialisation partagée, ni non plus d'une influence interpersonnelle. Cette unanimité ne s'explique que si l'on voit la réaction axiologique fondée sur l'application d'un principe : le principe selon lequel la notion de responsabilité exclut qu'on puisse être tenu pour responsable des actes d'autrui.

Le relativisme axiologique n'est pas seulement contredit par les certitudes axiologiques dont témoignent les acteurs sociaux et qu'il est facile d'observer. Il est également contredit par toutes sortes d'observations d'origine scientifique. Ainsi, dans mon livre *Le juste et le vrai* (BOUDON, 1995), j'ai réanalysé un grand nombre d'enquêtes et d'expérimentations menées par les sociologues et les psychologues sociaux sur les sentiments de justice. Il en ressort d'abord que les théories proposées par les philosophes – de Kant à Rawls – des sentiments de justice sont très insuffisantes : elles ne permettent de rendre compte que d'une faible partie des résultats obtenus par ces travaux sociologiques et psychosociologiques ; mais il en ressort aussi que de nombreuses situations et de nombreuses questions destinées à tester les positions axiologiques des sujets provoquent de leur part des réponses dont la distribution est très structurée. Je ne peux reprendre ici une discussion que j'ai menée ailleurs, mais on en conclut que cette structuration des réponses est incompatible avec une théorie de caractère *décisionniste* faisant des jugements de valeur le résultat de choix privés, et tout aussi incompatible avec une théorie de caractère *sociologiste* qui tenterait d'expliquer cette structuration à partir de phénomènes d'inculcation sociale des valeurs.

Pour me limiter à une seule observation qui apparaît comme totalement incompatible avec cette observation, il est des situations expérimentales où, sur les questions de redistribution, les gens sont à la quasi unanimité rawlsiens, et des situations où les mêmes sont à la quasi unanimité antirawlsiens. Si les principes mis en avant par Rawls étaient des principes valorisés sous l'effet de la socialisation, on ne comprendrait pas cette variabilité. Le fait que, dans les deux cas, les réponses soient quasiment unanimes exclut d'autre part que l'on puisse leur associer une théorie décisionniste.

Comment concilier le relativisme axiologique régnant avec ces observations ? Si le relativisme axiologique est vrai, ces croyances axiologiques des acteurs sociaux sont nécessairement des illusions. Mais de quel droit affirmer qu'il s'agit d'illusions? Et à supposer que l'on accepte cette hypothèse de l'illusion, comment alors expliquer les raisons d'être de ces illusions ou, pour emprunter le vocabulaire de la tradition marxiste, de cette « fausse conscience »?

Cette contradiction entre la théorie selon laquelle les valeurs seraient de simples opinions dans le monde post-moderne et le fait que bien des valeurs soient vécues par les sujets sociaux comme objectivement fondées pose des questions importantes : pourquoi cette contradiction ? Pourquoi cette influence du relativisme axiologique ? Est-il effectivement absurde – comme le veulent beaucoup de théoriciens aujourd'hui – de considérer les valeurs comme fondées ? Ou bien faut-il considérer que lorsque les acteurs sociaux les jugent telles, ils sont victimes de « fausse conscience » ? Si les valeurs sont objectivement fondées, comment expliquer leurs variations dans le temps et dans l'espace ? Telles sont les questions que je voudrais évoquer ici.

Une question de sociologie de la connaissance

Sur la première question : Tocqueville nous a donné les raisons principales de l'influence du relativisme et ses analyses à ce sujet dans la deuxième *Démocratie* restent d'une surprenante actualité. Les sociétés « modernes », ou, comme Tocqueville le dit dans son langage, les sociétés « démo-cratiques » sont habitées par ce qu'il appelle une « passion générale et dominante » et que nous appelons plutôt une valeur, celle de l'égalité. Celle-ci implique, non seulement que tous les individus, mais aussi tous les groupes et toutes les cultures, soient traités comme égaux en dignité. En raison de sa force morale, cette valeur mérite effectivement le qualificatif de « dominante » que Tocqueville lui attribue. Comme par ailleurs les individus, les groupes et les cultures ont sur toutes sortes de points des opinions différentes et des valeurs variables, on ne peut rester fidèle à ce principe de l'égalité de dignité qu'en admettant qu'il n'y a ni vérité ni objectivité axiologiques. Sinon, les opinions ou les valeurs des uns pourraient être supérieures à celles des autres. Le théorème de Tocqueville – que je formalise – énonce en d'autres termes que, *lorsque l'égalité est une valeur dominante, elle tend à induire une conception relativiste ou sceptique du monde.* Tocqueville a produit plusieurs énoncés de ce théorème, mais l'un d'entre eux a particulièrement attiré l'attention : les sociétés modernes se caractérisent, dit-il, par le règne de l'opinion. Par le jeu d'un effet pervers exemplaire, l'égalité tendrait ainsi, selon Tocqueville, à entraîner, sinon une destruction des autres valeurs, du moins l'apparition d'un soupçon à l'égard des notions de vérité et d'objectivité appliquées notamment au normatif et à l'axiologique.

Si l'on suit Tocqueville, on comprend mieux la prolifération et l'influence des théories irrationnelles des sentiments moraux et, plus généralement, des sentiments axiologiques.

La majorité silencieuse

Cette philosophie relativiste heurte, je l'ai dit, des convictions et des évidences. Chacun est en effet convaincu qu'on peut facilement énoncer des vérités morales irrécusables.

Comment expliquer cette contradiction entre les sentiments du public et ce relativisme avec lequel ils sont peu compatibles ? Là encore, Tocqueville nous fournit la clé de l'énigme. Il peut fort bien se produire qu'une majorité de gens croient blanc et que noir passe pour vrai. Cela se produit lorsqu'il est considéré comme illégitime de déclarer qu'on croit blanc et au contraire comme valorisant de déclarer qu'on croit noir. Dans ce cas, seuls ceux qui croient noir s'expriment, et ceux qui croient blanc ont l'impression qu'en dehors d'eux-mêmes et de leur entourage tout le monde croit noir. Ainsi, nous dit Tocqueville (1986a, pp. 1040-46), au moment de la Révolution, l'opinion publique apparaissait comme anticléricale, alors qu'une forte majorité de la population conservait l'« ancienne foi ». Mais cette majorité restait silencieuse. De même, on a cru que les Russes étaient en majorité devenus communistes, alors que seule une minorité avait adhéré à la foi nouvelle. Mais, comme il était difficile voire dangereux de faire état de ses doutes, chacun savait facilement qu'il était le seul à ne pas avoir la foi.

De façon moins dramatique, il en va de même du scepticisme des sociétés démocratiques. Il contredit les évidences et les certitudes intimes. Mais celles-ci ne s'expriment guère. Par contre, toute théorie légitimant le relativisme est socialement valorisée, donc valorisante pour son auteur, et normalement approuvée par la caisse de résonance du conformisme que sont les médias. Les positions contraires sont rarement exprimées, et lorsqu'elles le sont, elles ne sont guère entendues.

C'est ainsi sans doute que le relativisme est devenu une sorte de vérité officieuse, bien qu'il contredise les croyances privées (KURAN, 1995).

Résistances

En même temps, il suscite des résistances. Car, en dépit du relativisme régnant, on sent bien par exemple que certaines formes de gouvernement sont préférables à d'autres. En dépit des efforts pour expliquer que le criminel est une victime de la société, on a la certitude qu'il mérite d'être puni. On sait bien que le vol est universellement considéré comme une mauvaise chose, même si les sanctions qu'il encourt sont variables selon les sociétés.

Cette contradiction entre le bon sens et le scepticisme officieux des sociétés démocratiques a inspiré, même si elles n'ont guère d'écho, des tentatives pour retrouver la base objective des sentiments moraux. Ainsi, récemment, un sociologue américain de renom, J. Wilson (1993) a tenté de démontrer que les sentiments moraux sont inscrits dans la nature humaine. À partir d'une exploitation méthodique d'un ensemble d'études de psychologie sociale, il a cherché à défendre la thèse que l'homme a naturellement un sens de la justice, un respect d'autrui ou un sens du devoir. Un sociologue canadien, M. Ruse (1993), a, quant à lui, émis la conjecture que ce sens moral est un produit de l'évolution biologique. Adoptant une perspective néo-aristotélicienne, des philosophes comme Alisdair MacIntyre (1981), défendent, eux aussi, l'idée que les valeurs ont une source naturelle. De façon générale, on voit réapparaître un intérêt pour la philosophie morale dans ses formes les plus classiques, et un déclin corrélatif de l'audience des sciences sociales, probablement parce que les anthropologues et les sociologues des années 68 ont pour beaucoup d'entre eux développé des thèses relativistes.

Je crois aussi que les sentiments moraux et généralement les sentiments axiologiques – ces sentiments qui se traduisent par des jugements de valeur – ont un fondement objectif, mais je pense qu'on peut aller beaucoup plus loin en développant certaines intuitions de Max Weber qu'en suivant les pistes naturalistes qu'on emprunte fréquemment aujourd'hui.

N'est-il pas évident que nombre des jugements de valeur que nous émettons ne peuvent s'analyse comme reflétant la nature des choses. Ce n'est pas à partir d'une intuition émanant de la nature humaine qu'on émet un jugement de valeur positif ou négatif à propose de telle ou telle politique de lutte contre le chômage. Le « désenchantement du monde » a certes engendré un « polythéisme des valeurs », nous dit Max

Weber, mais en proposant la notion de « rationalité axiologique », en décrivant inlassablement les processus de
« rationalisation » qui président à la vie axiologique, il suggère
en même temps que ledit désenchantement n'a en aucune
façon éradiqué les valeurs. De surcroît, le mot même de
« rationalité » qu'il emploie dans ces expressions – ainsi que
nombre de ses développements – indique que les valeurs ont
pour lui un fondement rationnel.

On peut lire le même message, de façon plus indirecte,
chez Tocqueville. Il annonce la fin définitive de ce qu'il appelle
les « croyances dogmatiques », c'est-à-dire les croyances
religieuses partagées. Leur ruine, irréversible selon lui, est
grosse d'une lourde menace : la tyrannie de l'opinion. Elle
apporte de l'eau au moulin du relativisme. Mais le fait qu'elle
puisse être vécue comme une tyrannie suffit à témoigner de
l'existence d'une aune supérieure : le fait que l'on puisse parler
de la « tyrannie de l'opinion » montre que l'individu dispose
d'un moyen de se distancier du conformisme social et de juger
l'opinion d'un point de vue extérieur à elle (BOUDON, 1992a).
Appliqué au normatif, on en tire l'idée que les jugements de
valeur peuvent être fondés autrement que par la seule
conviction individuelle.

En tout cas, on observe chez Tocqueville comme chez
Weber un clair refus de l'idée selon laquelle l'érosion des
croyances dogmatiques entraînerait une dissolution de la vérité
morale.

Cette inquiétude est depuis longtemps omniprésente.
Dans *La Chrétienté ou l'Europe*, Novalis regrettait déjà que nous
ne vivions plus « dans l'ère belle et heureuse où l'Europe était
unie par une croyance universellement partagée ». Auguste
Comte partageait la même inquiétude. Le même thème fut
repris de manière positive par ce disciple si proche du maître
que fut Durkheim : sur quelles bases asseoir une morale
laïque ? « Si Dieu n'existe pas, tout est permis », fait dire
Dostoievski à l'un de ses personnages. « Wenn man den

christlichen Glauben aufgibt, zieht man sich damit das *Recht*
zur christlichen Moral unter den Füssen weg.(...) Die christliche
Moral ist ein Befehl ; ihr Ursprung ist transzendent ; sie ist
jenseits aller Kritik, alles Recht auf Kritik ; sie hat nur
Wahrheit, falls Gott die Wahrheit ist (...) » écrit Nietzsche (1969,
p. 993) : « si Dieu n'est pas la vérité, la morale chrétienne est
sans fondement ».

La question du fondement de l'axiologie, de l'origine des
sentiments moraux, dans un monde d'où se sont évanouies les
croyances dogmatiques, dans un monde de polythéisme des
valeurs est peut-être au total, comme l'a bien vu Durkheim, la
plus fondamentale pour toute théorie de l'ordre social. Mais les
pistes ouvertes à cet égard par Durkheim, la production de
nouvelles synthèses, apparaissent aujourd'hui comme des
impasses.

En suivant Tocqueville et Weber, je crois qu'il est possible
de donner une réponse satisfaisante à cette question.
Tocqueville ne pense pas que l'effacement des croyances
dogmatiques, Weber ne croit pas que le « désenchantement du
monde » entraînent une privatisation des valeurs.

Le caractère « circulaire » de la connaissance

Je n'aborderai pas la question de la faiblesse des
arguments sur lesquels le relativisme prétend pouvoir se
fonder (BOUDON, 1992b), sauf à insister sur un point.

L'on peut aisément comprendre que Novalis et les autres
endossent la relation d'implication « pas de croyances
dogmatiques, pas d'objectivité des valeurs ». S'il existe des
« croyances dogmatiques », en d'autres termes des vérités
absolues, elles permettent effectivement de fonder des pré-
ceptes moraux . Sans « croyances dogmatiques », sur quoi les
valeurs peuvent-elles reposer?

Mais ces « croyances dogmatiques » ne représentent
qu'une des solutions possibles à ce problème du fondement

des sentiments moraux et l'on dispose en fait à cet égard de trois solutions théoriques : celle des « croyances dogmatiques » qu'évoque Tocqueville, mais aussi celle de la *raison*, et celle de l'*intuition*. La solution des « croyances dogmatiques » s'est érodée sous l'effet du « désenchantement du monde ». La solution de la raison passe mal dans un monde gouverné par l'opinion et où la raison elle-même est traitée comme une notion périmée. Reste la solution de l'intuition. C'est pourquoi les théoriciens de la morale qui entendent substituer aux théories relativistes des théories plus satisfaisantes empruntent plutôt cette voie. C'est celle par exemple qu'empruntent J. Wilson et M. Ruse, que je mentionnais il y a un instant, lorsqu'ils veulent que les sentiments moraux nous soient dictés par la nature humaine et nous soient donnés sur le mode de l'évidence.

Mais il faut immédiatement observer que ce problème du fondement se pose en des termes identiques s'agissant des vérités scientifiques. Toute proposition scientifique découle d'une théorie et toute théorie est fondée sur des principes. Or de trois choses l'une, ou bien l'on déduit ces principes d'autres principes qu'il faut alors démontrer et l'on s'engage ainsi dans une régression à l'infini ; ou bien l'on s'arrête à des principes qu'on considère comme intuitivement et absolument vrais ; ou bien l'on étaie de façon circulaire les principes en question à partir de leurs conséquences. C'est ce que H. Albert (1975) a appelé le « trilemme de Münchhausen », en souvenir de ce baron légendaire qui réussit à se sortir d'un étang dans lequel il avait plongé par mégarde en se soulevant par sa propre chevelure.

Comme on l'admettra facilement, ce trilemme n'a jamais empêché la science d'avancer. Pourquoi ? Parce que la connaissance est « circulaire », ainsi que l'a bien vu Simmel (1984). Dans le domaine scientifique, ce sont effectivement les conséquences qui confirment ou fragilisent les principes et les principes qui permettent de fonder les conséquences.

En insistant sur l'idée que la connaissance scientifique est un jeu entre conjectures et réfutations, Popper a bien souligné lui aussi que la certitude est fondée sur des raisons perçues comme solides bien que « circulaires » (au sens ci-dessus). Le principe selon lequel il n'y a pas de mouvement sans cause et pas d'arrêt du mouvement sans cause – le principe d'inertie n'est pas démontrable. Mais en l'adoptant, on engendre des théories qui expliquent aisément toutes sortes d'observations. Il fonde notre interprétation de ces observations, et les observations en question consolident notre foi dans ledit principe. Il y a donc bien « circularité », en un sens métaphorique plutôt que logique. En même temps, on a justement l'impression que le principe d'inertie est de validité objective. Il l'est en effet au sens où, en le niant, on aboutit à des difficultés insurmontables. Ainsi, la physique du Moyen Âge s'est trouvée confrontée à des apories parce qu'elle n'avait pas compris qu'il fallait admettre que tout passage non seulement du repos au mouvement *mais aussi du mouvement au repos* exige une cause qui le provoque. C'est pourquoi elle rechercha vainement la cause qui faisait que les flèches continuent de se mouvoir après avoir quitté l'arc, alors que le principe d'inertie dans la forme définitive que Newton lui a donnée indique que ce mouvement est sans cause. Le principe tronqué dont elle partait (« tout mouvement a une cause ») la conduisit à des difficultés insurmontables. Aussi fut-il abandonné.

En un mot, s'agissant du *descriptif*, l'absence de principes premiers absolument valides n'interdit en aucune façon l'objectivité, au sens que je donne ici à cette notion.

Si l'on accepte de transposer cette idée au domaine du *prescriptif*, aux théories morales, si généralement on y voit le mécanisme fondamental des phénomènes d'appréciation, on en tire la conséquence que l'absence de principes premiers révélés ou de principes auxquels l'intuition donnerait une valeur absolue n'entraîne nécessairement ni le scepticisme ni le relativisme.

Bien sûr, il ne s'agit pas pour moi d'affirmer que le prescriptif et le descriptif ne se distinguent pas. Les propositions axiologiques, i.e. les jugements de valeur, se distinguent notamment des propositions descriptives établies par la science, par la physique par exemple, en ce qu'elles sont certainement moins unifiées, et moins formalisées. Mais elles leur ressemblent sur un autre point : leur validité est aussi à la mesure de la solidité des raisons qui les fondent. Elle n'est pas contredite par le fait qu'elle soit fondée sur des principes qui sont *posés* et non démontrés.

On constate d'ailleurs facilement que la délibération juridique ne diffère pas en nature de la délibération scientifique. Il s'agit dans les deux cas de construire une chaîne argumentative composée de maillons aussi forts que possible. Le principe d'inertie est fondé sur une chaîne de maillons argumentatifs forts. Il en va de même de l'argumentation juridique. Elle convainc lorsqu'elle repose sur une chaîne de maillons forts. La conviction morale et généralement la conviction axiologique se forment de la même façon.

Je peux maintenant préciser ce que j'appelle *objectivité*. Cette notion évoque facilement l'image de la connaissance comme « miroir de la nature ». Dès qu'on prononce le mot « objectivité », on donne facilement l'impression de voir la connaissance comme une description des objets tels qu'ils sont et de méconnaître les théories modernes de la connaissance, lesquelles ont démontré que toute connaissance est « construction ». Mais on peut renoncer à cette conception naïve de l'objectivité. Dans le domaine scientifique on peut dire qu'une proposition ou une théorie sont *objectivement* valides dès lors que, étant la conséquence d'une chaîne argumentative solide, elles s'imposent potentiellement à tous. C'est le cas du principe d'inertie ou de la théorie cartésienne de la réfraction. Ces théories ne sont pas des images fidèles d'on ne sait quelle réalité invisible, mais des systèmes d'arguments irrécusables.

Bien des propositions ou des théories juridiques ou axiologiques sont objectives en ce sens.

Les jugements de valeur sont solides dans la mesure où ils sont fondés sur des raisons solides

Un exemple banal mais difficilement récusable suffit à le
montrer. Pourquoi la démocratie est-elle considérée comme
une *bonne* chose ? Parce qu'elle tente d'organiser un système
politique qui réponde le mieux possible aux demandes des
citoyens. La démocratie prévoit la réélection périodique des
gouvernants. Pourquoi ces élections sont-elles une bonne
chose ? Parce qu'elles réduisent le risque que les gouvernants
ne soient plus attentifs à leurs intérêts qu'à ceux des
gouvernés. Bien sûr, il arrive qu'aucun des candidats ne soit
attirant. Le système ne garantit pas l'absence de corruption.
Mais il en protège mieux que tout autre. Bien sûr, le principe
« one man one vote » est ouvert à des objections évidentes. Il
donne le même poids à l'opinion de celui que a mûrement
réfléchi sur la question posée et à celui qui ne la comprend
même pas. Mais toute autre solution aboutit à des objections
encore plus sérieuses. La démocratie comporte d'autres
principes, comme celui de la liberté d'expression et de
l'indépendance de la justice. Chacun sait que les garanties
qu'ils fournissent sont imparfaites. Le politique peut utiliser sa
position pour s'enrichir ; le médiateur peut utiliser la sienne
pour se faire une clientèle de politiques ou d'intellectuels, pour
bloquer les idées qui lui paraissent dangereuses, ou pousser
celles qui vont dans le sens de ses convictions. Mais ces
phénomènes de corruption, normaux dans les régimes
totalitaires, sont plus facilement percés à jour et combattus
dans les régimes démocratiques. Les démocraties sont
menacées par le risque de voir s'installer la tyrannie de divers
groupes d'intérêt ; elles sont exposées à la tyrannie de la
majorité ; mais elles peuvent plus facilement que d'autres
régimes compter sur la résistance de l'individu : l'on ne peut y
mentir à tous tout le temps ; l'imposture et la corruption

peuvent plus malaisément s'y installer. Les institutions démocratiques sont en d'autres termes fondées sur des raisons solides. Et c'est parce qu'elle sont fondées sur des raisons solides que nous ressentons sur le mode de l'évidence la supériorité de la démocratie sur d'autres formes de régimes politiques.

Mon objectif n'est pas de faire preuve d'originalité en matière d'analyse de la démocratie, mais seulement de rendre compte en sociologue des sentiments collectifs qu'il suscite. Comment expliquer la croyance collective répandue la démocratie est un bon régime politique ? La démocratie n'est pour moi en d'autres termes qu'un exemple à partir duquel poser la question de l'explication des sentiments axiologiques : pourquoi avons nous la certitude qu'il s'agit d'un bon régime ?

Réponse : parce que nous avons des raisons fortes d'en juger ainsi. Je précise encore que je considère mon exemple précédent comme étant de caractère tout autant sociologique que philosophique. En effet, je ne vois pas comment le sociologue pourrait expliquer de façon satisfaisante la croyance collective que « la démocratie est une bonne chose » sans placer dans la tête des acteurs sociaux un argumentaire du type de celui que développent les philosophes. Cet argumentaire est sans doute plus fruste, il prend une forme plus intuitive et moins discursive chez l'acteur social de base que chez le philosophe politique, mais si on ne le suppose pas, on explique mal la croyance collective en question.

Cet exemple de la démocratie suffit en tout cas à montrer qu'un jugement de valeur *peut* avoir le même degré d'objecti-vité -au sens où je propose de prendre ce terme- qu'un jugement factuel du type de ceux qu'on rencontre par exemple en médecine ou en biologie. Si le sentiment que « la démocratie est une bonne chose » n'était pas objectivement fondé, on n'observerait pas un assentiment général à cet égard[1]. On ne comprendrait ni que, contre le principe de la souveraineté des États, on estime justifié de chercher à l'imposer aux nations non démocratiques, ni que cette entreprise apparaisse comme largement approuvée. Réciproquement, il est difficile d'expliquer ces sentiments si on refuse de les voir comme fondés sur des raisons.

L'historicité des valeurs

Une objection est souvent opposée à cette théorie rationaliste de la valorisation que je propose ici.

La plupart des anthropologues, des sociologues, des historiens ou des philosophes objecteraient certainement à mon analyse précédente que la démocratie n'a pas toujours été considérée comme une bonne chose, que ce jugement est récent, que tout le monde ne pense pas que la démocratie soit une bonne chose et qu'en d'autres temps d'autres régimes étaient très généralement tenus pour bons. Je n'en disconviens pas. C'est même une évidence que la démocratie au sens moderne n'a été découverte que tardivement dans l'histoire humaine.

Mais cela prouve, non que la démocratie ne soit pas objectivement plus proche de la notion de bon gouvernement que, disons, le despotisme, mais seulement que, tant que ce type de régime n'existait pas, on pouvait n'en avoir aucune notion et, quand on en avait la notion, avoir l'impression qu'il relevait de l'utopie et qu'en conséquence il n'était pas une bonne chose. Pour être jugé, il fallait d'ailleurs qu'il ait été préalablement conçu et qu'il fût théorisé.

---

1. Il est significatif que les régimes despotiques communistes aient voulu se déguiser en démocraties. Le fait que le nazisme soit couramment perçu comme plus répugnant encore que le stalinisme s'explique, non par une différence - difficilement discernable - dans le degré de barbarie, mais parce que le premier récusait ouvertement les principes mêmes de la démocratie.

On peut même aller plus loin : pour qu'il fût conçu, il fallait sans doute qu'il existât ou commençât à exister dans le faits.

L'historien anglais Trevelyan (1993) souligne ainsi que le principe de la séparation des pouvoirs s'est installé en Angleterre sous l'effet de contingences historiques (celles de la lutte entre Têtes rondes et Cavaliers). C'est à l'occasion de ce conflit que la référence à la *common law* s'est trouvée affirmée et que le principe du contrôle de l'exécutif par le législatif s'est imposé, alors qu'on tenait auparavant la concurrence entre les pouvoirs comme un état anormal, dangereux et qu'il fallait chercher à éviter. De même, les hasards de l'émigration aux États-Unis ont produit au début de l'histoire de l'Union américaine une sévère opposition entre deux états, le Massachussetts et Rhode-Island, et c'est cet affrontement qui, par des chemins de traverse, a imposé aux États-Unis la liberté d'opinion comme un principe essentiel.

L'importance de cette innovation institutionnelle que représente l'organisation de la concurrence entre les pouvoirs a bien sûr été également perçue à l'extérieur de l'Angleterre. Elle est plus clairement perceptible après Montesquieu qu'avant. Mais Montesquieu lui-même n'aurait sans doute pas théorisé le principe de la séparation des pouvoirs ou, comme il dit plutôt, de la « coordination des puissances » avec la même conviction s'il n'avait déjà été appliqué en Angleterre. De même, l'importance des nouveaux « corps intermédiaires », la magistrature ou la presse, apparaît mieux après Tocqueville. Mais Tocqueville n'aurait pas insisté sur leur importance s'il n'avait pu observer leurs effets.

On voit donc qu'il y a des innovations dans le domaine du prescriptif comme il y en a dans celui du descriptif. La théorie selon laquelle la séparation des pouvoirs est une bonne chose et non pas une mauvaise n'est pas plus « intuitive » que la théorie de la conservation de l'énergie. Avant sa mise en application et sa diffusion, elle se heurta à des objections que l'on n'oserait plus évoquer aujourd'hui et que l'on a même peine à comprendre. Avant leur mise en circulation, les chemins de fer et les billets de banque se heurtèrent de même à des objections qui ne pouvaient être levées que par le démenti de la réalité. Sans doute l'observateur de 1998 ressent-il plus facilement l'énoncé « la séparation des pouvoirs est une bonne chose » comme une évidence que son ancêtre de 1898. Cette variabilité des sentiments collectifs ne prouve pas que cette vérité soit dépourvue de fondement objectif, mais seulement que le premier observateur est situé dans un autre environnement cognitif que le second. De la même façon, on ne peut plus croire aujourd'hui que la terre est plate. Pourtant, en d'autres temps, les énoncés « la terre est ronde » et « la terre est plate » pouvaient être traités comme aussi plausibles l'un que l'autre. Cela ne démontre pas que la vérité sur la forme de la terre soit historique, et que l'on ne puisse parler d'une forme objective de la terre[2]. Ce qui est historique en l'espèce, c'est la découverte de la vérité, non la vérité elle-même : l'histoire ne légitime pas plus l'historicisme que la sociologie ne justifie le sociologisme. Le fait que les mathématiques aient une histoire ne témoigne pas contre la validité des vérités mathématiques. Le fait que la morale ait une histoire n'est pas davantage la preuve que les valeurs morales soient dépourvues d'objectivité.

L'exemple de la séparation des pouvoirs est typique des processus d'installation des valeurs. Bien souvent, comme dans ce cas, l'innovation axiologique est d'origine contingente. Les conflits entre Cavaliers et Têtes rondes auraient bien pu ne pas

---

2. Bien entendu, le fait que « la démocratie soit une bonne chose » n'implique pas qu'on ne produise pas des catastrophes lorsqu'on veut l'introduire à n'importe quelles conditions et à n'importe quel prix dans un contexte mal préparé à la recevoir. Mais, comme le montre le cas de l'Afrique du Sud, rationalité axiologique et conséquentialiste s'ordonnent ici de façon lexicographique. De même, la réduction de la mortalité infantile est à l'origine de la surpopulation de certains pays pauvres et de la persistance de cet état de pauvreté. Qui refuserait cependant d'y voir un progrès ?

avoir lieu ou prendre une tournure différente de celle qu'ils ont prise. Mais une fois le système de séparation des pouvoirs essayé, on s'est aperçu qu'il améliorait le fonctionnement du système politique. En institutionnalisant les conflits, il diminuait les chances de leur voir prendre un tour violent. Il permettait à des intérêts divergents de s'exprimer et de se faire valoir. Il « rationalisait » les processus de décision collective en les soumettant à des débats contradictoires. Pour parler le langage des évolutionnistes, la mutation que représente l'évaluation positive de la « séparation des pouvoirs » a donc été « sélectionnée ».

On voit sur cet exemple classique une illustration du jeu maintes fois souligné par Weber entre « forces historiques » et « rationalisation ».

Il faut reconnaître aussi que le jeu des forces historiques et de la rationalisation fait que les irréversibilités ne sont jamais définitivement garanties dans les faits : une démocratie peut se corrompre, certaines démocraties sont des caricatures de bon gouvernement et d'autres sont des monarchies voire des despotismes déguisés. Mais les processus de rationalisation dont parle Weber – et qu'illustre l'installation de la croyance en la valeur de la séparation des pouvoirs – entraînent une irréversibilité des valeurs. La démocratie peut être ébranlée ou corrompue. Restera l'idée que ses principes sont une bonne chose. Cette idée, elle, est à jamais irréversible. C'est pourquoi les parlementaires qui, en 1940, ont consenti en France à la destruction de la démocratie au profit d'un état corporatiste font l'objet d'une condamnation dans la conscience publique.

Une institution, une idée peuvent en effet s'inscrire irréversiblement comme *bonnes* dans la conscience publique, tandis que leur installation est rendue difficile par le jeu des contingences et des intérêts. Ainsi, en France, dans le même temps où personne ne remettait en doute le principe de l'indépendance de la justice, on a longtemps résisté à la mettre en œuvre : le souvenir du rôle des parlements d'ancien régime faisait que la classe politique redouta longtemps un « gouvernement des juges », etc. La constitution de la Ve République parle d'ailleurs d'« autorité » et non de « pouvoir » judiciaire. Mais en même temps l'idée que « la séparation des pouvoirs est une bonne chose », et que cette bonne chose est inconciliable avec le fait que l'exécutif puisse désigner les membres du judiciaire est restée irréversiblement accrochée aux consciences. Sans voir la présence de cette idée latente, on ne comprend pas l'histoire tourmentée des réformes de la justice en France.

Il faut donc bien prendre soin de distinguer innovation axiologique et sélection, jeu des forces historiques et rationalisation.

Autre remarque importante : bien que les jugements de valeur qui s'imposent soient fondés sur des raisons fortes, il n'est pas question de prétendre qu'il existe une vérité axiologique sur tous les sujets. Il faut au contraire insister sur le fait que, dans le cas du normatif comme du positif, il est des situations d'indécision où des systèmes concurrents de raisons aboutissent à des conclusions divergentes entre lesquelles il est impossible de trancher. D'autre part, le même problème peut avoir et a fréquemment plusieurs solutions. On peut concevoir un avion, même dévolu à une fonction bien déterminée, de plusieurs façons. De même, l'articulation entre l'exécutif et le judiciaire peut être assurée selon différents modèles entre lesquels il est difficile de choisir mais qui sont tous fondés sur des raisons fortes. Ainsi, le parquet peut être composé de fonctionnaires comme en Allemagne, censés seulement appliquer la loi (avoir la capacité de prendre des décisions de caractère *administratif*) ou de magistrats comme en France, censés l'interpréter (avoir la capacité de prendre des décisions de caractère *juridictionnel*). Les deux modèles comportent des avantages et des inconvénients incommensurables. De sorte qu'il est impossible de déclarer l'un préférable à l'autre.

Encore une fois, il ne s'agit pour moi que d'insister sur le point que, là où toute une tradition oppose brutalement l'être et le devoir-être, on ne peut accepter ce dualisme. Il y a une historicité des vérités prescriptives comme des vérités descriptives. Il y a des innovations, de véritables innovations dans le domaine du prescriptif comme dans celui du descriptif. Il y a des certitudes dans le domaine du prescriptif comme dans celui du descriptif. Mais il faut aussi se garder de superposer trop étroitement le rationnel et le réel. L'apparition des innovations dépend de contingences et, si leur sélection est tendanciellement rationnelle, les circonstances peuvent conduire à des choix erronés et à des retours en arrière. On le voit : contingence et nécessité, « forces historiques » et « rationalisation » s'entrelacent constamment.

Exemples d'irréversibilités axiologiques dans les sociétés contemporaines

Il n'est d'ailleurs pas difficile de repérer, dans nos sociétés contemporaines, ce jeu entre forces historiques et irréversibilités mentales. Le cas de la peine de mort me paraît ici exemplaire ; des forces historiques font qu'elle a été rétablie dans certains pays. Mais, depuis qu'on a démontré qu'elle n'avait aucune valeur dissuasive, elle tend à être perçue comme une barbarie.

De manière plus générale, selon une tendance déjà bien décelée par Durkheim lorsque, dans *La division du travail social*, il note que le droit civil tend à s'étendre au profit du droit pénal dans la longue période, on voit bien que les sociétés contemporaines ont tendance à rechercher des mécanismes de contrôle social qui respectent du mieux possible à la fois les principes de la justice rétributive et le principe de la dignité de l'individu. Voir par exemple le développement des peines « de substitution ».

Du côté de la morale, on observe une évolution du même type : aux rigueurs d'autrefois, tend à se substituer une morale visant à respecter la liberté de chacun tout en la conciliant avec les nécessités de la coexistence entre les hommes. L'on tend en d'autres termes vers une morale fondée sur un interdit unique : ne pas faire ce qui nuit à autrui. Ne pas blesser la dignité de chacun. Reconnaître l'égale valeur de tous. Les convulsions des années 60 sont une étape dans cette évolution morale, comme l'était déjà, comme cela a été noté à la fois par Durkheim et par Weber, l'apparition du protestantisme.

Ou bien considérons l'évolution de notre sensibilité par rapport à la guerre. Il y a quelques décennies encore, la guerre était considérée comme un phénomène normal. Aujourd'hui, elle est tenue pour « pathologique ». Ou encore l'évolution de notre sensibilité par rapport à la vie internationale. Naguère on considérait comme normal que les relations aient un caractère hobbesien. Aujourd'hui, on affiche l'idée de la solidarité internationale, de l'aide internationale, du « droit d'ingé-rence », etc. Même si les mots recouvrent une réalité souvent bien peu satisfaisante, ils traduisent des changements irréversibles dans la « sensibilité » collective.

Toutes ces évolutions correspondent à des irréversibilités mentales. Je ne vois pas comment le sociologue pourrait rendre compte de ces irréversibilités sans reconnaître derrière ces évolutions un processus de rationalisation.

Pourquoi ce parallélisme entre le cognitif et l'axiologique n'est-il pas perçu ?

Pourquoi ce parallélisme entre le cognitif et l'axiologique n'est-il pas perçu en dépit du fait qu'il soit aisé d'en produire de multiples confirmations ?

Parce qu'il contredit ces traditions de pensée, que j'ai évoquées tout à l'heure de manière allusive, qui exercent une influence discrète mais déterminante sur notre philosophie ordinaire.

Ces traditions sont pour une part incompatibles entre elles dans leurs principes, mais elles sont en même temps convergentes par certaines de leurs conséquences : elles alimentent toutes l'idée d'une coupure entre l'axiologique et le cognitif, entre le normatif et le positif, entre le pratique et le théorique. Il s'agit d'abord de l'*empirisme* et du *positivisme* moderne, mouvements pour lesquels l'être et le devoir-être représentent deux mondes distincts. Dans un texte qui présente ces arguments avec une parfaite netteté, Ayer (1960) avance que, ne pouvant être scientifiquement vérifiés, les arguments moraux doivent être analysés comme l'« expression de sentiments » (« pure expressions of feelings ») ou de « commandements » (« commands »)[3]. Le *sociologisme* veut de son côté que les valeurs soient des données de fait (à chaque société ses valeurs), mais aussi et complémentairement que le mode du devoir-être sur lequel elles sont normalement perçues par le sujet social résulte d'une illusion. Un jugement moral ne serait jamais juste en lui-même ; il serait toujours émis à partir d'un point de vue, celui de la culture à laquelle appartient le sujet ; or aucun point de vue ne saurait dominer les autres. L'anthropologie, pour qui l'incommensurabilité des cultures va souvent de soi, a abondamment nourri ce sociologisme. Le *décisionnisme* veut, quant à lui, que l'individu choisisse ses valeurs dans une sorte d'inspiration inexplicable qualifiée par Sartre d'« absurde ». Les *marxistes* veulent que les sentiments moraux soient des déformations dans l'esprit du sujet de ses intérêts sociaux. Les *nietzschéens* veulent qu'ils soient des expressions déformées et inconscientes des intérêts psychiques du sujet. Les *freudiens* voient dans les valeurs des sublimations de pulsions en provenance des sous-sols de la personnalité. Le *postmodernisme* veut que les valeurs soient des illusions : c'est même là sa thèse principale. Selon l'un des plus éminents

---

3.   Voir aussi URMSON (1968).

représentants du club des postmodernistes (Rorty, 1989), les sentiments d'horreur que nous inspirent Auschwitz seraient le produit d'un conditionnement historique. Cette position a au moins le mérite de la cohérence : on ne voit pas en effet comment les théories relativistes pourraient aboutir à une autre conclusion.

Les postulats diffus qui sont souvent adoptés sans discussion par les sciences humaines alimentent aussi cette difficulté d'expliquer convenablement les sentiments moraux : le postulat causaliste que le comportement humain est l'effet de causes non rationnelles et que seules ces causes sauraient intéresser la science. Ainsi, aujourd'hui, même les sociologues qui reconnaissent l'importance de la dimension cognitive du comportement veulent que ceux-ci soient des effets plus ou moins mécaniques de la position ou de l'origine sociales. Et des postulats plus diffus passent également pour des évidences, comme celui selon lequel la variabilité des croyances dans le temps et dans l'espace impliquerait une contingence, laquelle impliquerait à son tour que lesdites croyances ne peuvent être fondées en raison. L'exemple de la séparation des pouvoirs indique pourtant que la contingence de la genèse n'exclut pas la rationalité de la sélection.

L'insuffisance des réponses
aux conceptions irrationalistes

Ces visions irrationalistes des sentiments moraux ont été renforcées par l'insuffisance des réponses qu'on leur a opposées : celles des théories *naturalistes* qui se contentent par exemple d'affirmer l'existence d'un sens moral inhérent à la nature humaine. De telles théories sont évidemment incapables de rendre compte de la variabilité de la sensibilité morale. Il n'est pas non plus très éclairant d'affirmer avec les *formalistes* que les valeurs – le beau, le bien, le vrai – sont éternelles dans leur forme et historiques dans leur contenu. Sans doute bien des jugements de valeur sont-ils variables dans le temps et l'espace. Mais d'autres sont invariants : l'imposture n'est jamais considérée comme ayant une valeur positive. N'est-ce pas de toute éternité qu'un gouvernement qui sert les intérêts des gouvernés est meilleur que celui qui sert les intérêts des gouvernants ? Le « bien » est ici non *formel*, mais, pour parler comme Scheler (1995), *matériel*. Cet exemple suffit à lui seul à disqualifier la conception formaliste des valeurs. Mais la théorie intuitionniste de Scheler qui veut que les valeurs puissent être perçues par un mystérieux sens des valeurs n'est pas non plus très satisfaisante.

Restent les théories rationnelles des sentiments moraux que les sociologues ont proposées. Bien que moins populaires que les théories irrationnelles, elles existent. Le fonction-nalisme, par certains de ses aspects, en est un exemple, à côté du contractualisme ou de la théorie du choix rationnel. On peut illustrer les principes de base de l'explication fonction-naliste des normes par l'exemple du jeu de billes cher à Piaget. Les enfants désapprouvent la tricherie au jeu de billes, nous dit Piaget, parce qu'ils aiment jouer aux billes et que la tricherie détruit un jeu auquel ils prennent plaisir. Ici, la valeur négative attribuée à la tricherie est analysée comme résultant de ses effets négatifs sur le système social constitué par les joueurs de billes. Dans son principe, le *fonctionnalisme* pose donc en résumé qu'une situation est considérée comme bonne par les individus lorsqu'elle facilite le fonctionnement d'un système auquel ils sont attachés. Ainsi, les membres d'un club admettront qu'on en contrôle l'entrée, cette disposition étant indispensable si l'on veut écarter les candidats peu motivés ou incapables de contribuer au bon fonctionnement du club. C'est pourquoi les académies ou les clubs sportifs sélectionnent leurs membres. Le fonctionnalisme représente incontestablement, dans ses meilleures versions, une théorie très utile s'agissant de la théorisation des phénomènes normatifs.

À l'exception de celle qu'esquisse Weber et que je cherche à développer ici, toutes ces théories souffrent toutefois, malgré leur importance, d'une grave faiblesse qui laisse le champ libre aux théories irrationalistes. Elles ont l'avantage de supposer que les croyances normatives sont produites par des raisons solides, mais elles ont le désavantage de supposer que ces raisons sont toujours exclusivement relatives aux conséquences entraînées par une action ou par un état de choses.

D'autre part, elles insistent rarement sur le processus « circulaire » de rationalisation que j'évoquais tout à l'heure, par lequel des nouveautés axiologiques produites par des contingences historiques ou dues à des novateurs font l'objet d'un processus de sélection sociale. Avant d'en venir à ces faiblesses, je voudrais toutefois souligner l'intérêt de ces théories.

La dimension conséquentialiste de l'axiologie

D'inspiration utilitariste, les théories rationnelles que je viens d'illustrer par l'exemple du fonctionnalisme ont essayé de faire du conséquentialisme le nerf de la morale et généralement de l'axiologie : elles ont tenté de montrer que les normes morales et sociales s'expliquent toujours de façon conséquentialiste (OPP, 1983 ou OBERSCHALL, 1994). Il est en effet des cas où il n'est pas nécessaire d'aller plus loin. Une politique qui serait menaçante pour la vie des citoyens serait jugée mauvaise, sans qu'il y ait quoi que ce soit à rajouter à cette considération.

Le caractère généralement « conséquentialiste » des théories rationalistes de la morale s'explique par le fait que bien des croyances, des attitudes, des décisions courantes de la vie privée ou professionnelle impliquant des jugements de valeur peuvent effectivement s'analyser de façon conséquentialiste.

Pourquoi considérons-nous que la règle de la majorité est – généralement – une bonne manière d'extraire une décision collective ayant force de loi d'avis individuels divergents ? Pourquoi avons-nous le sentiment que cette manière de faire est *bonne* ? Il faut remarquer d'abord que toute solution au problème de la traduction d'avis individuels en un avis collectif comporte deux inconvénients qui varient en sens inverse. Si l'on exigeait l'unanimité, la décision prendrait un temps excessif, qui serait mieux employé à autre chose. Mais l'unanimité a l'avantage que, par définition, personne ne peut se voir imposer une mesure dont il ne voudrait pas. La règle de la majorité représente une situation intermédiaire entre les deux précédentes. En fait, la règle de la majorité est la solution qui rend minimale la somme des deux types d'inconvénients et qui, pour cette raison, est « naturellement » perçue comme *bonne*[4].

La règle de la majorité, nous ont enseigné Buchanan et Tullock, s'explique parce qu'elle minimise dans bien des cas deux coûts qui varient en sens contraire. Plus on exige qu'un nombre élevé de participants à la décision collective acceptent la mesure X avant de lui donner force de loi, plus la discussion sera longue. Moins on est exigeant à cet égard, plus on risque d'imposer une mesure X à un nombre plus grand de gens qui n'en veulent pas. Ainsi, la règle de la majorité est jugée bonne parce qu'elle minimise la somme de ces deux coûts.

Le jugement « la règle de la majorité est une bonne chose » se fonde donc sur des raisons *objectives*. De surcroît, mélange d'universel et de contextuel, la valeur des paramètres varie avec certaines caractéristiques globales des sociétés. Dans une société villageoise proche d'un régime économique de subsistance, où le sous-emploi est endémique, le temps qui peut être consacré à la décision collective n'est pas compté. En revanche, la fragilité de l'économie fait qu'un changement institutionnel minime menacerait de mort les plus faibles. Or on ne peut considérer comme légitime un système qui ferait courir de tels risques aux plus exposés. La gravité du risque fait ainsi que les

---

4. Si l'on admet que les deux courbes sont convexes, comme on est en droit de le faire. Je synthétise ici les travaux de BUCHANAN et TULLOCK (1965) et ceux de POPKIN (1979).

coûts externes resteront élevés même dans le cas où un petit nombre de personnes est menacé. Il en résulte que la somme minimale des deux coûts correspond ici à la règle de l'unanimité. C'est pourquoi dans ce type de sociétés la règle de l'unanimité est considérée comme bonne, alors qu'elle serait mauvaise dans les nôtres. Mais cette variabilité contextuelle du jugement de valeur n'implique pas l'absence d'universalité. En fait, ce sont les mêmes principes qui sont appliqués dans les sociétés villageoises et dans les nôtres. Il s'agit ici et là d'aboutir au meilleur compromis entre des inconvénients qui varient en sens opposé. Mais les différences de contexte font que la solution n'est pas la même dans les deux cas.

On observe des résistances à cette analyse. Pourtant, Leo Moulin (1953) a montré que ces règles ont effectivement été historiquement identifiées et sélectionnées par les moines de l'ordre de Saint-Benoît, pour les raisons que Buchanan et Tullock ont exprimées, quoique dans un autre langage. Quant à l'objection selon laquelle, puisque le sujet quelconque ne perçoit pas clairement ces raisons, ces raisons ne sauraient être tenues pour la cause du sentiment de légitimité qu'il éprouve à l'égard de ces règles, elle est insignifiante : elle a déjà été réfutée dans le *Ménon* de Platon.

Le même modèle de Buchanan et Tullock explique qu'on trouve normal que certaines décisions soient le fait d'un responsable unique : par exemple lorsque les coûts de la décision croissent très vite avec le temps qu'il faut pour la prendre. C'est le cas de la décision militaire sur le champ de bataille : ici, une procédure de décision lente peut entraîner des risques considérables pour les combattants. Dans ce cas, les coûts de la décision prennent une importance telle qu'on accepte facilement que les coûts externes soient négligés. Pour employer le jargon de la théorie de la décision, le démocrate le plus convaincu acceptera facilement que, dans un cas comme celui-là, la décision soit de type « dictatoriale ». Non seulement il l'acceptera, mais il le demandera. Ainsi, l'opinion a jugé à bon droit navrant que les atermoiements de l'Europe et des

États-Unis aient laissé aux Serbes tout le loisir de détruire Gorazdé. Elle a bien senti qu'il y avait contradiction ici entre l'importance des enjeux et l'organisation du système de décision : celle-ci impliquait une prise de décision lente dans un contexte où les coûts de la décision apparaissaient comme croissant de façon exorbitante avec le temps.

À l'intérieur d'une même société, on accepte donc facilement que, sur certains sujets, une organisation « dictatoriale » de la prise de décision collective soit *bonne*, tandis que sur d'autres on exige normalement une organisation « démocratique ». Mais ce qu'il importe surtout de remarquer, c'est que la variabilité intrasociétale et la variabilité intersociétale de ces jugements de valeur s'expliquent selon les mêmes principes.

Surtout, il faut insister sur le fait que, contrairement à une idée reçue, la variabilité contextuelle des jugements de valeur n'implique pas l'absence d'*objectivité* desdits jugements. Elle peut souvent indiquer, comme dans le présent exemple, qu'à contextes différemment paramétrés correspondent des valorisations différentes. Une procédure peut être exécrable s'agissant d'une décision militaire et excellente s'agissant d'une décision politique.

Ces exemples simples confirment que l'appréciation est souvent fondée sur des raisons objectives. Ils montrent aussi incidemment que la variation contextuelle des jugements de valeur n'implique pas qu'ils relèvent de l'arbitraire : elle peut seulement refléter la variation des contraintes créée par la variation du contexte.

Mais ces exemples partagent aussi un autre trait : ils sont de caractère conséquentialiste.

La dimension non conséquentialiste de l'axiologie

Or il existe des cas, comme il importe de le souligner avec force, où les raisons – implicites ou explicites, conscientes ou métaconscientes – qui fondent les croyances axiologiques sont de caractère non conséquentialiste. C'est d'ailleurs pourquoi Max Weber distingue la « rationalité axiologique » (*Wertrationalität*) de la « rationalité instrumentale » (*Zweckrationalität*). Si les raisons fondant les jugements de valeur étaient toujours de type conséquentialiste, la première se réduirait en effet à la seconde.

Le cas que je viens d'évoquer de la règle de la majorité permet d'ailleurs d'illustrer facilement l'insuffisance de la rationalité conséquentialiste. La manière dont Buchanan et Tullock posent le problème de la transformation des préférences individuelles en une règle collective accepte sans discussion le principe « one man, one vote ». Or ce principe est très discutable du point de vue de la rationalité instrumentale, comme cela a été souligné depuis toujours. On a en effet souvent remarqué qu'il était absurde et qu'il pouvait être très néfaste d'un point de vue conséquentialiste d'asseoir des décisions collectives sur ce principe. N'est-il pas absurde et dangereux par exemple que des décisions techniques de politique économique soient prises à la majorité par des individus dont la compétence est très variable ? Sans aller jusqu'à affirmer comme Bismarck dans un jeu de mots douteux (et intraduisible) « vox populi, vox Rindvieh », on peut discuter de la question de savoir si, du point de vue des conséquences, ce soit la meilleure manière de faire. D'où vient cependant que nous acceptions cette idée ? D'où vient que nous tenions le suffrage universel comme une bonne chose, plus, que nous serions choqués s'il était remplacé par un système où l'on ferait par exemple passer à l'électeur un examen de compétence ou un test d'intérêt avant de l'admettre aux urnes ? Parce que le principe « one man one vote » exprime l'égalité de valeur de chaque citoyen. On admet seulement que soient exclus du scrutin seuls ceux qui ont perdu leurs droits civiques. Le principe exprime donc un trait fondamental de l'organisation démocratique : admettre tout le monde à la table commune.

D'un autre côté, le même principe reconnaît que, sur des sujets complexes, il n'existe pas de compétence irrécusable. Il était d'une certaine manière étrange de proposer aux citoyens d'un pays comme la France de répondre à la question de savoir s'ils approuvaient ou non le traité de Maastricht, un texte d'une grande complexité. Mais d'un autre côté, les effets d'un tel traité sont si complexes qu'ils sont inaccessibles à quiconque. Il n'est donc pas sûr que sur de tels sujets l'opinion de l'expert soit plus éclairée que celle du simple citoyen. D'autre part, on ne saurait contredire le principe qui consiste à associer tout citoyen aux décisions engageant l'avenir de la société dont il est membre.

Les objections « conséquentialistes » émises contre le suffrage universel par le Docteur Bénassis dans le *Médecin de Campagne* de Balzac ont été reprises quasiment textuellement par les critiques d'abord américains, comme Blumer, puis français, des sondages. Pourtant les sondages sont nés des *straw votes*. Ils se sont imposés parce qu'ils permettent de relever les opinions des citoyens entre les élections. Or les critiques modernes des sondages commettent la même erreur que les pourfendeurs du suffrage universel qui prolifèrent au XIXe et pendant la première moitié du XXe siècle : ne pas distinguer entre rationalité conséquentialiste et rationalité axiologique.

Mais ce qui m'importe ici, c'est que la proposition « le suffrage universel est une bonne chose », l'une des croyances collectives les mieux établies et les plus irréversibles d'une part est rationnelle, d'autre part ne relève pas de la rationalité instrumentale ou du moins ne relève pas exclusivement de la rationalité instrumentale. Ce n'est pas parce que cela entraîne de bonnes conséquences que l'on dénombre l'avis des acteurs compétents et des incompétents, des acteurs intéressés et des non intéressés, mais parce que cela est conforme au principe :

dans une bonne société chacun doit compter. Nier ce principe, c'est introduire une différence de valeur entre individus.

Pour confirmer que la rationalité pratique peut prendre une forme non conséquentialiste, on peut évoquer un autre exemple, presqu'un exemple d'école, celui du sentiment de rejet que provoque normalement le vol. Le philosophe anglais Mandeville a proposé une démonstration par l'absurde du fait que le vol ne peut être condamné au vu des conséquences qu'il entraîne. Sans doute le vol nuit-il à une minorité d'individus, à savoir les victimes des vols, nous dit Mandeville avec humour. Mais il fournit aussi du travail aux serruriers, et aux avocats. On pourrait y adjoindre les assureurs. De façon générale, il est facile de renforcer le théorème de Mandeville par d'autres arguments. Ainsi, le vol donne naissance à un marché dual aux conséquences heureuses. Le marché alimenté par le coulage et le vol permet en effet aux plus démunis - qui ne savent pas toujours qu'ils acquièrent de la marchandise volée au titre de « la bonne occase » - de se procurer à bas prix les produits convoités de la « société de consommation », produits électroniques notamment, que les « dominants » acquièrent au prix du marché. Ici, *le riche paie davantage* et la redistribution se fait dans le « bon » sens[5]. Mais le vol n'est pas bon seulement pour les avocats, les assureurs et les couches sociales défavorisées. Il augmente aussi la demande, et il stimule l'offre. Sans le vol, le taux de chômage serait donc plus important qu'il ne l'est. D'un point de vue rigoureusement conséquentialiste, le vol comporte donc des effets mitigés. La démonstration par l'absurde esquissée par Mandeville est effectivement convaincante. Elle indique bien que l'on ne saurait tirer d'une argumentation conséquentialiste la certitude morale que le vol est mauvais. En d'autres termes, une analyse conséquentialiste aboutit ici à des conclusions qui contredisent les sentiments moraux. Des sentiments moraux largement partagés con-

---

5.   Au « théorème » de CAPLOVITZ, *The Poor Pay More*, (1967), s'oppose ainsi un théorème contradictoire avec lui, qui n'est pas moins vrai.

sidèrent le vol comme mauvais. Or ses conséquences sont mitigées. Ce n'est donc pas à raison des conséquences qu'il entraîne que le vol est tenu pour mauvais. Cet exemple suffit à démontrer que le « modèle du choix rationnel », l'une de ces théories sociologiques de la morale que j'évoquais il y a un instant, et qui proposent une conception conséquentialiste des normes, ne peut prétendre à l'universalité.

Pour démontrer que le vol est mauvais – c'est-à-dire pour rendre compte du sentiment normal qui s'exprime par le jugement de valeur « le vol est mauvais » –, il faut donc évoquer des raisons non conséquentialistes. En fait, le vol est mauvais parce que l'ordre social est fondé sur le fait que toute rétribution doit en principe correspondre à une certaine contribution. Sinon, c'est le principe même du lien social qui se trouve remis en cause. Or le vol est une rétribution positive que le voleur s'attribue aux dépens de la victime, en ayant recours à une contrainte illégitime. Ce faisant, il viole la notion même d'échange social, à la façon dont le parti unique viole la notion de démocratie[6]. Cette explication offre une explication rationnelle des sentiments négatifs engendrés par le vol. En effet, elle interprète ces sentiments comme émanant de raisons fortes. En même temps, elle évoque des raisons de caractère non conséquentialiste. Elle permet d'expliquer non seulement le caractère universel de la condamnation du vol, mais aussi des phénomènes que nous pouvons facilement observer tous les jours. Elle rend par exemple compte du fait apparemment paradoxal qu'un vol même *sans grande conséquence sur le bien-*

---

6.   La théorie sociologique dite de l'échange telle qu'elle est développée classiquement par exemple par HOMANS saisit, de manière partielle, l'une des dimensions de la théorie cognitiviste que je défends ici. Je me sépare toutefois radicalement des théoriciens de l'échange sur un point essentiel : alors qu'ils présentent les exigences de justice comme des lois inscrites dans la nature humaine (d'où l'importance accordée p.e. par Homans à Skinner, cf. Homans G. C., *Social Behavior : Its Elementary Forms*, New York, Harcourt, 1961), je propose de les interpréter comme dérivant de la nature des activités dans lesquelles s'engagent les individus. Les individus obéissent alors à des « système de raisons » et non à des « lois ».

être de la victime est normalement ressenti par elle comme insupportable, ou du fait que le spectateur d'un vol éprouvera un sentiment d'indignation pour *le fait même* du vol, indépendamment du préjudice subi par la victime. En fin de compte, c'est bien parce le vol atteint au cœur même du système social que ses avantages ne sauraient compenser ses inconvénients : les raisons *conséquentialistes* qu'on pourrait avoir de préférer le vol ou le parti unique sont lexicographiquement subordonnées aux raisons *axiologiques* qui convainquent de les rejeter.

La question théorique que j'examine ici n'est pas sans conséquence pratique. En effet, une analyse de type conséquentialiste ne permet pas de comprendre pourquoi la petite délinquance est si mal vécue par le public. En revanche, on le comprend fort bien lorsqu'on s'inspire de la théorie de la rationalité axiologique que je propose ici.

On peut analyser de la même façon bien des manifestations de la morale ordinaire. Le plagiaire provoque un sentiment de dégoût, non parce qu'il se pare des plumes du paon, mais plutôt parce qu'il détruit le jeu de l'invention et de la création. L'imposteur, qui réussit avec la complicité de médiateurs ou de collègues complaisants, à faire passer pour scientifiques des travaux qui contredisent les principes élémentaires de la méthode scientifique détruit l'essence même du jeu scientifique. Mais ce n'est pas par les dégâts qu'ils causent que le tricheur ou l'imposteur provoquent un sentiment de rejet. Car les conséquences de leurs méfaits sont souvent provisoires et limitées et ils finissent généralement par être démasqués. La répulsion qu'ils inspirent provient plutôt de ce qu'ils violent certains principes.

De même, on n'admet pas que deux personnes remplissant exactement la même fonction, ayant exactement la même ancienneté, etc. soient payées différemment. Parce que la rétribution est non seulement la rémunération d'une contribution, mais sa constatation et sa reconnaissance. Celui qui aurait moins que son voisin en déduirait que sa contribution n'a simplement pas été constatée, et qu'il y a là une injustice. Il admettra en revanche que son voisin, qui occupe la même fonction, soit mieux payé s'il a plus d'ancienneté, car il est normal que l'ajustement contribution-rétribution se fasse dans le temps. Il admettra aussi la possibilité d'incommensurabilités éventuelles entre contributions, de zones d'opacité dans leur appréciation et de contingences rendant l'ajustement contribution-rétribution difficile. Mais, dans les situations où aucune de ces complications n'interviendrait, il exigera normalement l'égalité entre contribution et rétribution. Car ce principe est constitutif, à un niveau très abstrait, de tout échange social. Réciproquement, l'échange social est vidé de sens si ce principe est violé.

Les exemples précédents sont empruntés surtout à la vie quotidienne. Il serait bien entendu possible d'en prendre d'autres. La pression exercée sur l'Afrique du Sud par les démocraties occidentales pour que ce pays mette fin à l'*apartheid* était *ex ante* discutable d'un point de vue conséquentialiste : la transition risquait d'être douloureuse. Mais elle ne l'était pas d'un point de vue analytique : les bénéfices de la démocratie ne peuvent sans contradiction être réservés à une catégorie de citoyens ; par leur essence même, les droits fondamentaux s'appliquent à tous. Ici, la dimension axiologique de la rationalité s'impose de façon telle qu'il apparaît facilement incongru d'évoquer le point de vue conséquentialiste.

Cet exemple attire l'attention sur un point important : on a l'habitude de présenter l'« éthique de conviction » et l'« éthique de responsabilité » comme les deux termes d'un choix en lui-même irrationnel (non fondé) et toujours ouvert. En fait, si les deux termes traduisent parfois des options également légitimes, il ne s'agit là que d'un cas particulier. Dans d'autres cas, l'une des deux dimensions domine l'autre, témoignant de l'existence d'une rationalité englobante. Les progrès de la médecine, en réduisant la mortalité infantile, ont contribué au sous-développement : la baisse de la natalité n'accompagnant ce progrès qu'avec retard, il en résulte une croissance démographique qui alimente le cercle vicieux de la pauvreté. Qui nierait cependant que cette réduction de la mortalité infantile, négatif d'un point de vue conséquentialiste, ne doive être tenue pour un progrès ?

*

* *

D'où il résulte que, si étrange que puisse paraître cette proposition dans le contexte relativiste qui est celui des sociétés modernes, il y a bel et bien un progrès en morale. Je ne veux pas dire par là que les hommes deviennent meilleurs ou qu'ils soient moins capables de cruauté aujourd'hui qu'hier. Tout démentirait une telle affirmation. Je veux dire seulement qu'à partir du moment où une innovation axiologique apparaît, si elle paraît renforcer la dignité de l'homme, elle a tendance à être socialement sélectionnée. Elle crée alors une modification de l'univers du prescriptif, un peu comme une innovation scientifique crée une modification de l'univers du descriptif.

Pour mentionner à nouveau Tocqueville, il rappelait la jubilation manifestée par Madame de Sévigné au spectacle d'une exécution capitale et il en tirait à juste titre la preuve que notre sensibilité morale avait changé (TOCQUEVILLE, 1986b, 540-542). Ce changement n'est pas dépourvu de causes. Il provient de ces innovations porteuses d'irréversibilités que j'ai d'évoquer. Elles provoquent des restructurations analogues à celle que produisent certaines découvertes scientifiques (l'héliocentrisme, la théorie de l'évolution, par exemple) ou certaines œuvres artistiques majeures (l'œuvre de Beethoven, l'impressionnisme, par exemple). À partir du moment où l'on a montré par l'expérience que le suffrage universel ne produisait pas nécessairement le chaos, il devint *définitivement* plus difficile d'arguer en faveur des régimes qui s'en dispensent et de ne pas éprouver pour eux une sorte de dégoût ; l'abolition de la question n'ayant pas paralysé la recherche de la preuve judiciaire, il devint difficile, sinon d'y revenir, du moins de la ressentir comme acceptable. Les accidents de l'histoire firent sans doute apparaître des régimes qui la réinventèrent et la perfectionnèrent. Mais cette pratique fut unanimement perçue comme le signe qu'ils représentaient le mal. La guerre est aujourd'hui perçue comme anormale (ce qui ne suffit naturellement pas à faire qu'elle soit écartée, ni même que l'on lève le petit doigt pour l'éviter)[7]. De même, on ne peut revenir à la théorie du mouvement d'Aristote ou à l'idée que, comme le croyaient les Grecs, nombres et grandeurs constituent des sphères distinctes. Ces idées eurent leur *sens* à leur époque ; elles étaient fondées sur des raisons solides. Ce n'est plus le cas maintenant. Mais qui tirerait du fait que la science a une histoire, i.e. du fait qu'on ne peut arriver tout de suite au vrai sur tous les sujets, l'idée que l'objectivité est un leurre ?

Encore une fois, si cette théorie « rationaliste » des valeurs peut paraître choquante, c'est d'abord parce qu'on a l'habitude de penser que jugements de valeur et jugements de fait peuvent être représentés par deux sphères disjointes. On ne saurait tirer l'impératif de l'indicatif, le devoir-être de l'être. De « cela est », on ne saurait déduire « cela est bien ». Le « désenchantement » a encore élargi ce gouffre. Et les effets pervers analysés par Tocqueville et que j'évoquais en commençant ont renforcé les effets du désenchantement et fait du relativisme et du scepticisme un « horizon indépassable ». Le sociologue ne peut que constater que ce relativisme est contradictoire avec ce qu'il observe, au sens où ce relativisme n'est pas du tout partagé par les acteurs sociaux eux-mêmes. Ils ne vivent pas les valeurs comme des illusions ou comme des convictions purement personnelles.

---

7.   Si ridicules, hypocrites et contradictoires que soient des expressions comme « guerre propre » ou « frappe chirurgicale », elles témoignent du sentiment de l'anormalité de la guerre sanglante.

Bibliographie

ALBERT, H

1975   *Traktat über kritische Vernunft*, (1968), Tübingen, J. C. B. Mohr.

AYER, A. J.

1960   *Language, Truth and Logic*, London, V. Gollancz, 2e ed. rev.

BOUDON, R.

1992a   « Le pouvoir social : variations sur un thème de Tocqueville », (Communication présentée devant l'Académie des Sciences morales et politiques, le 16 novembre), *Revue des Sciences Morales et Politiques*, pp. 531-558.

1992b   « Should we Believe in Relativism ? » in Bohnen A., Musgrave A., (eds), *Wege der Vernunft. Festschrift zum siebzigsten Geburtstag von Hans Albert*, Tübingen, J. C. B. Mohr (Paul Siebeck), pp. 113-129.

1995   *Le juste et le vrai, Études sur l'objectivité des valeurs et de la connaissance*, Paris, Fayard.

BUCHANAN, J. et TULLOCK G.

1965   *The Calculus of Consent*, Ann Arbor, University of Michigan Press.

CAPLOVITZ, D.

1967   *The Poor Pay More*, London, Macmillan/New York, The Free Press.

GLENDON, M. A.

1996   *A Nation Under Lawyers*, Cambridge (Mass.), Harvard University Press.

HOMANS, G. C.

1961   *Social Behavior : Its Elementary Forms*, New York, Harcourt.

KURAN, T.

1995   *Private Truths, Public Lies. The Social Consequences of Preference Falsification*, Cambridge, Mass., Harvard University Press.

MACINTYRE, A.

1981   *After Virtue*, London, Dockworth.

MOULIN, L.

1953   « Les origines religieuses des techniques électorales et délibératives modernes », *Revue internationale d'histoire politique et constitutionnelle*, avril-juin, pp. 106-148.

NIETZSCHE, F.

1969   Götzendämmerung, Werke, Bd2, Munich.

OBERSCHALL, A.

1994   « Règles, normes, morale : émergence et sanction », *L'Année sociologique*, n° 44 : « Argumentation et Sciences Sociales », pp. 357-384.

OPP, K. D.

1983   *Die Entstehung sozialer Normen*, Tübingen, J. C. B. Mohr.

POPKIN, S.

1979   *The Rational Peasant. The Political Economy of Rural Society in Vietnam*, Berkeley, University of California Press.

RORTY, R.

1989   *Contingency, Irony and Solidarity*, Cambridge/New York, Cambridge University Press.

RUSE, M.

1993   « Une défense de l'éthique évolutionniste » in Changeux (J.-P), (sous la direction de), *Fondements naturels de l'éthique*, Paris, Odile Jacob, pp. 35-64.

SCHELER, M.

1955   *Le formalisme en éthique et l'éthique matériale des valeurs*, Paris, Gallimard, 6e éd.

SIMMEL, G.

1984   *Les problèmes de la philosophie de l'histoire*, (1892), Paris, PUF.

TOCQUEVILLE, A. de

1986a   *L'Ancien Régime et la Révolution*, in : *Tocqueville. De la démocratie en Amérique, Souvenirs, l'Ancien Régime et la Révolution*, introduction et notes de J.-C. Lamberti et F. Mélonio, Paris, Laffont, Bouquins.

TOCQUEVILLE, A. de

1986b   *De la démocratie en Amérique*, (1835-1840), in *Tocqueville. De la démocratie en Amérique, Souvenirs, l'Ancien Régime et la Révolution*, Paris, Laffont, Bouquins.

TREVELYAN, G.M.

1993   *Histoire sociale de l'Angleterre*, Paris, Laffont.

TURNER, BRYAN, S.

1992   *Max Weber : From History to Modernity*, London, Routledge.

URMSON, J. O.

1968   *The Emotive Theory of Ethics*, London, Hutchinson.

WILSON, J. Q.

1993   *The Moral Sense*, New York, Macmillan/The Free Press.

2

SAVOIRS ET RESPONSABILITÉ : UN PROBLÈME DE POUVOIR

Guy ROCHER

Le thème soumis à notre réflexion – « savoirs et responsabilité » – m'a d'emblée reporté à la fameuse distinction que Max Weber faisait, à la fin de sa grande conférence de 1919 sur « Le métier et la vocation de l'homme politique », entre l'éthique de conviction et l'éthique de responsabilité. L'acteur dont l'action est orientée selon l'éthique de conviction se jugera coupable s'il a dérogé à la ligne de conduite que lui prescrivent sa foi, ses principes, le but poursuivi, quels que soient les effets heureux ou néfastes de son action. La motivation et la justification de toute son action ne trouvent en lui qu'une source, la conviction qui l'anime. Comme le dit Weber, « ses actes [...] ne peuvent et ne doivent avoir qu'une valeur exemplaire... ils ne peuvent avoir que cette seule fin : ranimer perpétuellement la flamme de sa conviction ».

En revanche, l'acteur guidé par l'éthique de responsabilité oriente et juge son action à la lumière des conséquences effectives qu'elle entraîne et qu'il accepte d'assumer. Comme le dit Weber, celui-là « estimera ne pas pouvoir se décharger sur les autres des conséquences de sa propre action pour autant qu'il aura pu les prévoir ». Selon les termes de la traduction française de cette conférence, Weber observe qu'« il y a une opposition abyssale entre l'attitude de celui qui agit selon les maximes de l'éthique de conviction... et l'attitude de celui qui agit selon l'éthique de responsabilité », ce qui n'empêche pas

Weber d'ajouter que « cela ne veut pas dire que l'éthique de conviction est identique à l'absence de responsabilité et l'éthique de responsabilité à l'absence de conviction ».

En proposant à notre réflexion le thème « savoirs et responsabilités », les organisateurs de cette session nous ont déjà indiqué à quelle éthique ils nous proposent de nous rattacher.

D'une manière plus précise, le thème proposé nous dit deux choses. Il nous rappelle d'abord que le savoir pose un problème d'éthique que nous ne pouvons occulter. Il invite les sociologues à réfléchir à leur manière, c'est-à-dire qui peut ou doit être sociologique, sur l'éthique du savoir, et plus particulièrement sur l'éthique du sociologue au travail avec son univers de savoir. En second lieu, cet énoncé de la session nous invite à adopter l'éthique de responsabilité plutôt que l'éthique de conviction. Cette seconde considération est importante. Elle signifie qu'on récuse d'avance l'attitude qui consisterait à dire, par exemple, que la sociologie est avant tout au service de la foi religieuse du sociologue, ou de ses convictions politiques, ou de ses engagements sociaux, sans égard pour les conséquences bonnes ou mauvaises que cette attitude entraîne pour la recherche et pour la société. Que le sociologue ait des convictions personnelles et s'en inspire dans sa recherche, rien que de normal en cela. Et j'y reviendrai. Mais la marge est grande – *abyssale* – entre l'attitude qui consiste à accepter de reconnaître qu'on s'inspire de ses convictions pour orienter sa sociologie et celle de conscrire sa sociologie au service de ses convictions. La première s'accommode bien de l'éthique de responsabilité, alors que la seconde en est à l'opposé. C'est cette première orientation éthique que le thème de cette session nous invite à adopter.

Je ne me sens pas obligé de justifier cette option. Elle me convient parfaitement, je m'y sens chez moi et c'est dans cette orientation éthique de la responsabilité que j'aborde la réflexion sur le thème du savoir.

Savoirs et pouvoir

Aux yeux du sociologue, un des problèmes éthiques les plus graves concerne les rapports entre le savoir et les différents pouvoirs. Et ces différents pouvoirs auxquels le savant risque sans cesse d'être confronté sont nombreux : pouvoir politique et pouvoir économique, pouvoir de l'opinion publique et pouvoir religieux, pouvoir de l'institution où travaille le savant (université, laboratoire) et pouvoir de l'« establishment » à l'intérieur d'une discipline ou d'un champ de savoir. Les rapports tumultueux entre le savant et les pouvoirs remontent au plus lointain passé de nos civilisations. Platon, qui croyait au Roi-philosophe, a failli être victime d'un roi qu'il avait cru philosophe. Il échappa de justesse, et par un subterfuge, au tyran Denys de Syracuse, un de ses disciples, qu'il avait cru pouvoir conseiller. Mais l'ancien disciple ne put accepter les vérités que son maître Platon lui servait et il se sentit menacé par l'autorité et le prestige de son maître. Pour sa part, Cicéron n'a pas survécu à sa grande réputation d'éloquence et de science juridique ; il est mort assassiné après avoir été proscrit et exilé. Sous les premiers rois francs, le savoir médical n'était pas de tout repos. En 582, le roi Gontran, petit-fils de Clovis, fit « exécuter les deux médecins dont les potions n'avaient pu guérir sa femme »[1] qui portait le doux nom d'Austrechilde !

J'aime évoquer l'image de Boèce (Boethius en latin, puisqu'il était romain de naissance et de famille), ce philosophe du VIe siècle de notre ère, né en 480, mort en 524. Ayant grandi parmi les érudits de son époque, philosophe et savant lui-même, Boèce fut remarqué par l'empereur Théodoric qui, empereur Barbare de l'Empire romain, le prit à son service, en fit le maître du palais, prince du Sénat, patrice et maître des offices. Comblé d'honneurs pour lui-même et pour ses fils devenus eux-mêmes consuls, Boèce n'en garda pas moins une

---

1. Stéphane LEBECQ, *Les origines franques. V[e]-IXe siècle*, Nouvelle histoire de la France médiévale, vol. 1, Paris, Éditions du Seuil, 1990, p. 75.

grande liberté de pensée et un sens aigu de la responsabilité. Ses opinions librement exprimées, à partir de l'univers de ses connaissances, déplurent à l'Empereur et l'irritèrent au point qu'il fit emprisonner Boèce. Au cours de l'année qu'il passa en prison, il rédigea son fameux testament : *De la consolation de la philosophie*, avant d'être finalement torturé et mis à mort[2]. Au XVIe siècle, Copernic et Galilée subirent tous deux les foudres du pouvoir religieux, les théologiens de l'Église, pour avoir dénié à la Terre un rôle unique et privilégié dans le Cosmos, en démontrant qu'elle n'était ni stable ni le centre du monde, qu'elle tournait autour du soleil.

Si le savoir a eu jusqu'à présent quelque pouvoir et s'il a eu certains rapports avec des pouvoirs, le XXe siècle a marqué à cet égard une transformation radicale. Au cours de ce siècle, et principalement à cause des guerres, chaudes et froides, que ce siècle a connues, le savoir a acquis un statut social, économique et politique tel qu'il n'en a jamais eu. En réalité, ce n'est pas le savoir lui-même qui est revêtu de ce pouvoir, c'est l'usage qu'on en fait, c'est ce qu'on en tire, c'est tout ce que le savoir moderne génère et exige qui appelle le pouvoir et l'inscrit dans le pouvoir.

Dans l'univers du savoir, il est un mode particulier de savoir qui a connu au cours des deux derniers siècles une inflation sans précédent : la connaissance scientifique. Il paraît inimaginable aujourd'hui, dans ce contexte intellectuel, de parler de la théologie comme de la reine des sciences, ainsi qu'on l'a pourtant accepté, cru et voulu pendant longtemps dans l'histoire occidentale. Ce développement a bouleversé la hiérarchie des savoirs en même temps que la hiérarchie sociale des savants et des intellectuels. Du même coup, les rapports du savoir au pouvoir en ont été profondément modifiés et ne cessent de l'être.

---

2.   Jacques BROSSE, *Histoire de la chrétienté d'Orient et d'Occident*, Paris, Albin Michel, 1995, pp. 73-76.

Une importante distinction s'impose ici entre deux types de rapport au pouvoir : il s'agit dans l'un du pouvoir qui s'attache au détenteur du savoir en tant que détenteur de savoir, et dans l'autre des rapports du détenteur du savoir avec les différents pouvoirs que j'énumérais plus haut. Je donnerai deux exemples de chacun de ces deux types. Commençons par le pouvoir qui s'attache au détenteur de savoir. Au niveau microsociologique, les relations entre les chercheurs, d'une part, les sujets humains et les animaux leur servant d'objets de recherche, d'autre part, ont été, au cours des dernières décennies, perçues en termes de relations de pouvoir. En Amérique du Nord plus qu'en Europe, on en est venu à concevoir que le chercheur possède un pouvoir sur ses sujets d'étude, dont il peut abuser de diverses manières : en ce qui concerne les animaux dits « de laboratoire », il peut leur imposer des conditions de vie et des traitements exagérément ou inutilement douloureux ; en ce qui a trait aux sujets humains, il peut les tromper, leur extorquer des renseignements et, à eux aussi, leur imposer des traitements non seulement douloureux mais aussi humiliants, etc. D'où l'émergence de codes et guides d'éthique à l'intention des chercheurs utilisant pour leurs recherches des animaux ou des sujets humains. C'est au sujet de la recherche biologique et médicale que ces préoccupations éthiques sont d'abord apparues, que les codes ont été élaborés, pour en venir maintenant à englober toute recherche utilisant des sujets humains, celle des sciences sociales tout particulièrement.

Deuxième exemple. Au niveau des collectivités, l'histoire est devenue un facteur majeur d'élaboration de l'identité nationale, de la conscience collective nationale. Les historiens contemporains se voient investis, en vertu de leur savoir, d'un pouvoir politique inédit. Ce nouveau rôle, certains historiens le récusent, d'autres s'en accommodent fort bien et d'autres encore le recherchent même. Mais la prise de conscience de ce nouveau rôle a exacerbé entre les historiens les luttes d'école, autrefois confinées à l'Académie. Les interprétations différentes de l'histoire nationale deviennent affaires nationales. D'où les batailles qui sont devenues publiques entre écoles d'historiens, et qui font rage depuis quelque temps aux États-Unis et maintenant en Israël, pour ne nommer que ces deux cas plus flagrants. D'où également l'écart bien connu entre le récit de certains événements de l'histoire américaine selon qu'il est fait par des historiens américains ou par des historiens britanniques. D'où enfin l'écart énorme entre l'interprétation d'une série des mêmes événements de l'histoire canadienne faite par des historiens canadiens-anglais et des historiens canadiens-français.

Venons maintenant au second type de relation au pouvoir, le rapport du détenteur de savoir avec des pouvoirs. Des changements d'envergure se produisent aujourd'hui dans les institutions d'enseignement supérieur et les laboratoires, dans un pays comme le Canada. Les restrictions budgétaires des différents paliers de gouvernement ont eu comme effet, d'ailleurs avec l'appui de ces gouvernements, que de nouvelles formes de partenariat avec le secteur privé se sont imposées aux chercheurs. Longtemps habitués à être subventionnés par des organismes publics, auxquels des chercheurs étaient généralement associés de diverses manières, les chercheurs doivent maintenant négocier des ententes et des contrats avec des partenaires qui ont à l'endroit de la recherche d'autres attentes que celles des organismes subventionnaires publics, des attentes généralement plus appliquées, plus pragmatiques. Une série de nouveaux problèmes de rapports avec des pouvoirs économiques se posent, qui remettent en question les critères traditionnels de la liberté universitaire et de la fonction d'enseignement que la recherche universitaire a traditionnellement assumés. Je reviendrai plus longuement sur ce thème dans un moment, pour évoquer la responsabilité du sociologue à cet égard.

Dernier exemple, qui ouvre des perspectives plus globales. On sait que toutes les politiques de développement économique des pays impliquent aujourd'hui et exigent des politiques de développement scientifique. Savoir et économie sont intimement liés, à travers une formule devenue courante, celle de la R&D, recherche et développement. Ici, pouvoirs politiques et pouvoirs économiques se conjuguent pour instrumentaliser le savoir et conscrire les chercheurs et les savants, dans le cadre d'une concurrence internationale toujours plus sauvage, en ce sens qu'elle échappe à toute forme de contrôle et devient plutôt elle-même source de nouveaux contrôles.

J'ai apporté ces exemples, qu'on pourrait aisément multiplier, en les situant à différents niveaux, depuis celui de la microsociologie jusqu'à celui de la concurrence économique internationale, pour en venir à souligner combien l'évolution du savoir à travers le XXe siècle pose au détenteur de savoir le défi d'élaborer une éthique de responsabilité. Une éthique à deux volets. Éthique de responsabilité dans l'usage du pouvoir que le savoir confère à son détenteur. Éthique de responsabilité dans les rapports que le détenteur du savoir ne peut éviter d'entretenir avec différents pouvoirs.

Herbert Marcuse était souvent inspiré par l'éthique de conviction, comme l'attestent un bon nombre de ses écrits. Mais en ce qui concerne le savoir, il faisait appel à une éthique de responsabilité, exactement telle que le définissait Max Weber. Dans une conférence de 1966 publiée en 1967, sous le titre « The responsability of Science », il écrivait : « Science (i.e. the scientist) is responsible for the use society makes of science ; the scientist is responsible for the social consequences of science ». On ne peut être plus wébérien! Et il ajoutait, d'une manière un peu plus marcusienne : « This proposition does not depend for its validity on any moral norms outside and beyond science, or on any religious or humanitarian point of view. Rather, I suggest that this proposition is dictated by the internal structure and *telos* of science, and by the place and function of science in the social reality »[3].

Le sociologue et les pouvoirs

J'ai évoqué jusqu'ici les rapports entre savoir et pouvoirs dans des termes généraux. Ayant ainsi planté le décor, venons-en maintenant à la sociologie et au sociologue. Dans la suite de la réflexion que j'ai engagée sur les rapports entre savoir et pouvoirs, la question à laquelle je voudrais maintenant répondre peut s'énoncer de la manière suivante : quelle serait l'éthique de responsabilité du sociologue à l'égard des rapports entre savoir et pouvoirs ?

Pour répondre à cette question, je reprends la distinction que j'ai utilisée plus haut entre les rapports qu'entretient le savoir sociologique avec différents pouvoirs et les rapports du sociologue avec le pouvoir attaché à son savoir.

S'agissant des rapports de la sociologie avec différents pouvoirs, je discerne trois étapes dans l'évolution historique de la sociologie. Dans un premier temps, la sociologie a dû faire face, dès ses origines, à deux pouvoirs : l'un, à l'intérieur du monde universitaire, était formé des savoirs en place ; l'autre, dans la société civile, était celui du pouvoir religieux. Dans le monde universitaire, la sociologie eut à se trouver une place, qui lui était contestée par la philosophie, l'histoire, la psychologie et le droit. Chacun de ces champs du savoir avait au moins une raison de récuser la nouvelle discipline, que ce soit au nom de la raison, de la nature humaine (la philosophie), de la « vraie » science sociale (l'histoire, la psychologie) ou de l'ordre social (le droit). L'enseignement de la sociologie put s'insérer dans le milieu universitaire soit par la porte du droit,

---

3. Herbert MARCUSE, «The responsibility of science» in *The Responsibility of Power. Historical Essay in Honor of Hajo Hobborn*, Leonard KRIEGER and Fritz STERN (eds), Garden City, New York, Doubleday and Company, 1967, ch. 24, p. 439.

comme ce fut le cas pour Weber, en Allemagne, soit par celle de l'éducation comme ce fut le cas pour Durkheim en France, soit par celle de l'histoire comme ce fut le cas pour Marshall en Angleterre. Durkheim dut s'efforcer de bien distinguer la sociologie de la psychologie, et la sociologie de Marshall a ouvert en Grande-Bretagne un débat sur les rapports entre histoire et sociologie qui fait encore rage dans ce pays[4].

Le second pouvoir que la sociologie rencontra à sa naissance est celui des théologiens, ceux de l'Église catholique surtout, qui voyaient en elle le fer de lance soit de l'anticléricalisme, soit du positivisme comtien, chez Durkheim et l'École sociologique française, soit du relativisme chez Weber, Simmel et Pareto. Au Québec, la résistance du clergé catholique, qui exerçait un grand pouvoir au début du siècle, retarda l'institutionnalisation universitaire. Les Protestants furent plus habiles que les Catholiques : ils récupérèrent la sociologie, qu'ils associèrent au travail social. C'est en symbiose avec celui-ci que la sociologie s'introduisit dans beaucoup d'universités nord-américaines, comme ce fut le cas ici à l'Université McGill de Montréal.

La deuxième phase débute avec la Deuxième guerre mondiale et va durer une trentaine d'années, à la suite de cette guerre. Ayant réussi à s'institutionnaliser, à se faire reconnaître et accepter dans le milieu universitaire, la sociologie a été confrontée à un autre pouvoir, celui de l'État, du pouvoir politique et de la bureaucratie étatique. Que ce soit par l'intervention directe du pouvoir politique et bureaucratique dans l'université, comme en Allemagne notamment, ou par les organismes publics subventionnaires de la recherche, la sociologie et les autres sciences sociales ont dû développer un « modus vivendi » de diverses natures avec ces pouvoirs. En

---

4. Voir à ce sujet le débat qu'a suscité l'article de John H. Goldthorpe «The uses of sociology : reflections on some recent tendencies» publié dans le *British Journal of Sociology* (1991), entraînant un symposium spécial sur ce thème dans le numéro de mars 1994 de la même revue.

général, la stratégie qui a le mieux réussi a été celle de l'insertion de représentants de la « République des chercheurs » dans les structures et les organismes étatiques, de manière à les faire servir les fins de la libre recherche universitaire sans engagement politique en retour. Cette stratégie a du moins pu réussir dans les démocraties bourgeoises et partiellement dans les démocraties socialistes, mais pas dans les régimes totalitaires de gauche ou de droite qui ont asservi les sciences sociales et le droit à leur idéologie. Dans les démocraties bourgeoises, les hommes et femmes politiques et les fonctionnaires étaient généralement eux-mêmes issus de l'université, au moins pour y avoir étudié sinon pour y avoir enseigné, et acceptaient de respecter la liberté universitaire. C'est durant cette période et sans doute grâce à ces stratégies et à ces attitudes que la sociologie et les autres sciences sociales ont connu la période la plus faste de leur développement et de leur expansion.

Une troisième phase s'est ouverte au cours de la dernière décennie. La crise de l'État-providence a comme effet de voir le pouvoir politique céder progressivement la place au pouvoir économique. Dans les pays anglo-saxons, à tout le moins, l'État propose lui-même aux universitaires et aux chercheurs de se tourner vers l'entreprise privée pour y chercher un nouveau régime de partenariat pour le financement des projets universitaires et de la recherche universitaire. Pour leur part, les sociologues se trouvent invités à envisager pour l'avenir un dialogue et une collaboration avec un pouvoir qu'ils n'ont pas eu l'habitude de fréquenter, jusqu'à présent, celui des entrepreneurs du secteur privé. Les habitudes de travail qu'ils avaient élaborées dans leurs contacts avec le pouvoir étatique ne leur servent plus. Ils doivent inventer un nouveau « modus vivendi » qui n'est pas encore trouvé.

Ici apparaît un important défi à l'éthique de responsabilité des sociologues. L'enseignement et la recherche en sociologie ne doivent pas plus s'inféoder aux exigences de l'économie privée qu'ils ne l'ont fait au pouvoir politique. Le défi est de taille, car les règles du jeu ne sont plus du tout les mêmes que dans les rapports avec le pouvoir politique et bureaucratique. Celui-ci, du moins dans les démocraties bourgeoises, respectait assez généralement la liberté universitaire et le rôle de la recherche dans la formation des étudiants de niveau supérieur. L'entreprise privée ne connaît pas la même tradition de respect des exigences de la production et de la diffusion du savoir dans la vie universitaire. Ainsi, l'entrepreneur privé peut s'opposer à la publication de résultats des recherches qu'il a subventionnées plutôt que de favoriser leur diffusion. Il ne voit pas non plus nécessairement d'un bon œil la part de son temps que le chercheur subventionné consacre à la formation d'étudiants et de jeunes chercheurs. Bref, les intérêts économiques de l'entreprise privée subventionnaire de recherche ne concordent pas nécessairement avec les traditions intellectuelles de la vie universitaire.

Ce défi n'est pas celui de la seule sociologie. Il concerne le présent et l'avenir de la production, la diffusion et l'utilisation de toute la recherche universitaire. Mais je soutiens que la sociologie porte une responsabilité particulière dans cette nouvelle conjoncture. Pour deux raisons. Une raison majeure s'impose : la sociologie, plus que toute autre discipline, a pour un de ses objets de recherche privilégiés d'éclairer les lieux de pouvoir, les jeux de pouvoir, les rapports de pouvoir. C'est donc en vertu de son savoir même que la sociologie doit manifester une sensibilité particulière à la nouvelle conjoncture des rapports du savoir et du pouvoir, cette fois-ci avec des pouvoirs économiques qui seront tentés de le conscrire pour soutenir leurs intérêts au détriment de l'ethos de la libre recherche intellectuelle et scientifique.

En second lieu, la sociologie a établi une longue tradition d'analyse critique. C'est ce qui fait qu'elle n'a pas toujours eu bonne presse, qu'elle a même été bannie dans certains pays et qu'elle a eu ses martyrs. C'est que la sociologie est apte à mettre à jour les intérêts cachés, les motivations réelles derrière les discours de façade, les idéologies qui ne s'affichent pas et les jeux de pouvoir dissimulés. Ce double patrimoine que détient le sociologue, d'être spécialiste de l'étude des pouvoirs et d'en aborder l'analyse d'une manière critique, lui impose, dans le nouveau contexte où se trouve le savoir, de pratiquer l'éthique de responsabilité en jetant la lumière sur les conséquences, à court et à long terme, pour le savoir et pour la société, de l'emprise que les pouvoirs économiques possèdent déjà et ne cessent d'étendre sur la production, la diffusion et l'utilisation du savoir.

Mais quel est en l'occurrence le véritable pouvoir du savoir sociologique? Le savoir sociologique a-t-il un pouvoir et, pour ce qu'il en a, comment et dans quelle direction peut-il ou doit-il l'exercer?

Le pouvoir de la sociologie est assez particulier. Il n'est pas de la même nature que celui du droit, de la science politique, ou de la science économique. Ces trois ordres de savoir entretiennent, de par leur nature même, un contact direct avec différents pouvoirs, surtout le pouvoir politique et certains pouvoirs économiques. Je dirais qu'à la différence de ces disciplines, le savoir sociologique possède un pouvoir diffus et indirect, un pouvoir qui tient en réalité davantage de l'influence que du pouvoir, lorsqu'on fait la distinction entre les deux. On trouve le sociologue dans l'« inner circle » du pouvoir beaucoup moins souvent que le juriste, l'économiste ou le politologue. On observe plutôt que son savoir, le résultat de ses recherches, ses publications, son enseignement circulent de cercle en cercle, d'auditoire en auditoire. Si bien qu'un jour on se rend compte que des notions, des observations et des conclusions élaborées dans le laboratoire du sociologue ont gagné la place publique, sont entrée dans le langage courant, sont appropriées par les journalistes, deviennent même des lieux communs, sans qu'on se souvienne de leur source. Ainsi donc, même si le sociologue n'est généralement pas un homme ou une femme de pouvoir, même s'il a plutôt l'habitude en réalité de se tenir loin des pouvoirs institués, le savoir sociologique est par lui-même doté d'un pouvoir. Et cela par la force de l'information qu'il apporte, de l'éclairage sous lequel il révèle certaines réalités et par la posture critique qu'il adopte.

Le savoir du sociologue et l'éthique de la responsabilité

C'est sous ce mode, qu'en anglais on appellerait « low profile », que le savoir de la sociologie exerce une influence, sinon un pouvoir. Dans cette perspective, j'aimerais soumettre quatre thèmes concernant le savoir pour lesquels le sociologue, compte tenu de son savoir, se doit de s'inspirer de l'éthique de responsabilité.

En premier lieu, la sociologie ne peut pas faire autrement que d'opter pour la démocratie. Et cela, parce que, malgré tout et malgré ses bavures, la démocratie demeure le mode de structure politique et de vie sociale le plus propice à la fois au respect dû au savoir et à un certain équilibre des pouvoirs, même s'il est toujours relatif et fragile. L'État totalitaire peut favoriser la production du savoir, mais c'est pour le conscrire et l'asservir à ses fins. Il revient notamment à la sociologie d'être attentive à l'écart entre l'utopie de la démocratie idéaltypique et les avatars de sa réalisation pratique et de contribuer à rapprocher la réalité du projet utopique de la démocratie. Il revient encore à la sociologie de maintenir une attitude critique et vigilante à l'endroit des accrocs à la démocratie. Il revient enfin à la sociologie d'entretenir dans l'opinion publique un respect et j'ose dire une dévotion pour la démocratie et tout particulièrement pour l'utopie de la démocratie idéaltypique. La sociologie porte donc une importante part de responsabilité dans la circulation du savoir sur la démocratie et du savoir au sein de la démocratie.

Le second thème auquel la sociologie ne peut échapper est celui du rôle croissant du savoir dans les inégalités sociales d'aujourd'hui et de demain. Les écarts de savoir au sein de la population sont plus que jamais une source principale des inégalités socio-économiques. Dans cette perspective, la justice sociale devient une préoccupation majeure et même un état d'angoisse du sociologue. C'est ce qui apparaît cette année dans le thème que l'American Sociological Association a choisi pour son congrès annuel :

> The past quarter century has witnessed rising inequality in the distribution of income and wealth and declining job stability for many groups of workers. Sociologists have been at the forefront of research on the causes of these trends, the role of social policy in intensifying or alleviating them, and the unintended consequences of policy outcomes. Sociology's presence in policy analysis, once a subject of contention, is now an established fact. Sociological research has revealed how the scarcity of jobs in inner city neighborhoods undermines public policies designed to encourage the poor to work, how constricted opportunity early in life affects the distribution of health, income, and wealth in later life, and how the process of measuring inequality influences the public agenda. Much progress has been made. Much work remains to be done. One challenge for sociology, in the words of C. Wright Mills, is to reveal how "personal troubles of milieu" are linked to "public issues of social structure." Another challenge is to help the lay public, policymakers, and public officials to recognize the relevance of sociological research for public policy. The final challenge is to confront once more an old question : What is a good society and how can sociology help create it?

Le troisième thème est d'une nature différente, en ce qu'il concerne plus spécifiquement la culture en tant qu'univers de savoir. Il s'agit du sort qui sera réservé au savoir à travers la révolution technologique que l'informatisation fait subir à la culture. Cette révolution touche évidemment d'abord la transmission et la diffusion du savoir et, par conséquent, l'accès au savoir. À cet égard, elle constitue déjà une révolution sociale de grande ampleur, dont le seul antécédent est sans doute l'invention de l'imprimerie. Mais comparée à cette dernière, la révolution technologique de l'information va beaucoup plus loin : elle vient modifier le rapport au savoir, dans la mesure où celui-ci devient rapidement accessible à la masse de la population, sans distinction de classe, alors que le produit de l'imprimerie est demeuré l'objet d'une élite sociale privilégiée. De plus, l'instantanéité de l'information, liée à l'extrême variété qu'elle présente et à la masse de savoir qu'elle charrie, sont de nature à affecter finalement le savoir lui-même, le contenu même du savoir.

L'avenir de la culture des personnes et des sociétés en sera profondément affecté, à court terme et plus encore à long terme, de diverses manières qu'il est encore difficile de prédire. Compte tenu du poste observatoire qu'occupe la sociologie sur l'évolution des cultures, elle porte la responsabilité non seulement de dire ce qui se passe mais d'en expliciter les conséquences humaines et sociales. C'est en ce sens que ce thème fait appel à l'éthique de responsabilité des sociologues.

Ce troisième thème m'amène au dernier, c'est le souci et le respect du savoir populaire, de la culture populaire. J'ai parlé jusqu'ici du savoir comme s'il n'était que celui du savant, celui qui est transmis par des institutions spécialisées dans le savoir. Mais il est un savoir qu'on peut appeler « populaire » faute d'un meilleur terme, le savoir qui circule dans le peuple, qui se transmet par les petites cellules naturelles de la société. Ce savoir porte sur un très grand nombre d'objets et de réalités, généralement utiles à la vie courante. Il s'étend des recettes de cuisine et des normes de politesse jusqu'aux valeurs morales et aux croyances religieuses, en passant par les connaissances généalogiques, les méthodes de l'artisan.

Ce savoir, plus que tout autre, forme le véritable fonds du patrimoine d'une collectivité. Il en est la mémoire vivante, la mémoire active et en même temps le terreau le plus naturel où peuvent s'enraciner l'identité collective et les solidarités communautaires.

Le sociologue ne porte pas que la responsabilité du savoir savant. Son métier et toute l'orientation de son propre savoir en font aussi un témoin de l'existence et de la valeur de cette autre culture. Il doit en particulier être attentif à ce qui en advient sous le rouleau à vapeur de l'information informatisée et sous la menace d'une hégémonie de la culture yankee aux dépens de toutes les cultures populaires.

*

* *

Je termine en revenant à une phrase de Max Weber que je citais au début de cette conférence. Après avoir fait état de « l'opposition abyssale » entre l'éthique de conviction et l'éthique de responsabilité, Weber ajoutait que « cela ne veut pas dire que l'éthique de conviction est identique à l'absence de responsabilité et l'éthique de responsabilité à l'absence de conviction ». Cette remarque de Weber rappelle fort à propos que le sociologue ne peut échapper à l'obligation de s'engager dans une réflexion éthique sur sa pratique de sociologue, c'est-à-dire sur les valeurs qui la motivent et l'animent, sur lesquelles se fondent les convictions qui sont les siennes. Car en réalité, sans conviction, l'éthique de responsabilité est vide de sens. C'est dans la conviction qu'elle trouve à la fois sa justification et son orientation.

SAVOIRS ET RESPONSABILITÉ : ÉTUDES

3

GÉNÉTIQUE, REPRODUCTION ET RESPONSABILITÉ : LES DISCOURS EXPERTS

Chantal BOUFFARD

Comment des discours si contradictoires portant sur la biomédecine génétique et reproductive, réussissent-ils à générer des arguments tous aussi convainquants les uns que les autres? Sur quoi s'appuie cette incroyable propension à convaincre? Indépendamment des enjeux défendus, les arguments peuvent-ils s'articuler autour de structures semblables? Ce n'est qu'à partir de ce premier questionnement que put émerger la notion de responsabilité et l'intérêt fut de voir si sur la scène des débats, en dehors des tables des comités d'éthique, les experts des sciences sociales, humaines et biomédicales laissaient transparaître dans leurs discours, certaines prémisses à l'élaboration d'une bioéthique de la responsabilité.

Dans un premier temps, nous présentons de brèves indications à propos des cadres théorique et méthodologique utilisés pour poursuivre, en deuxième partie, avec les principaux champs sémantiques qui structurent les discours experts. Dans la partie suivante, les discours sont différenciés en catégories distinctes, selon les représentations de la responsabilité qu'ils véhiculent[1]. En quatrième partie, avant de

---

1. Ces catégories couvrent des champs sémantiques très larges et ne sont pas exhaustives. Souvent les textes auraient pu se retrouver dans plus

conclure, nous verrons que les discours experts des sciences sociales, humaines et biomédicales peuvent recéler certaines prémisses à l'élaboration d'une éthique de la responsabilité, selon une grille d'analyse construite à partir des concepts de Hans Jonas (1990).

Cadres théorique et méthodologique

Dans ce contexte, 80 discours experts (40 en sciences sociales et humaines et 40 en sciences biomédicales), provenant d'articles, de colloques et de collectifs sur la génétique et la reproduction[2], ont été analysés et comparés dans une perspective théorique relevant d'approches structurales (LEVI-STRAUSS, 1971 ; GARDIN, 1982)et probabilistes en anthropologie (MARANDA, 1982, 1992). Dans sa forme complète, cette approche utilise des techniques sémiographiques très précises et les corpus sont traités de façon à pouvoir appliquer la théorie des diagraphes et des réseaux (MARANDA et NZE-NGUEMA, 1994). Cependant, l'objectif ne visant qu'à mieux comprendre les arguments des discours experts, les analyses qui vont suivre n'ont pas fait l'objet des différentes étapes qu'exige l'approche structurale probabiliste. Seuls les ensembles paradigmatiques ont été retenus ; les ensembles syntagmatiques n'ont pas été relevés.

Quoi que les résultats demeurent préliminaires, qualitatifs et exploratoires, pour répondre minimalement aux interrogations mentionnées plus haut, trois niveaux d'analyse ont été nécessaires. Au début, il ne s'agissait que de découvrir, par analyse de contenu, quels étaient les principaux champs

---

d'une catégorie. Leur classification ne dépend ici que des thèmes les plus fréquemment défendus.

2.   Étant donné la taille du corpus et l'espace disponible, il a été impossible d'inclure ici la liste complète des 80 références et les figures qui devraient accompagner le texte. Elles sont cependant disponibles auprès de l'auteure.

sémantiques structurants qui se dégageaient des discours experts. Ensuite, les notions de responsabilité qui ont émergé de l'étapes subséquente, ont été classifiées en types de discours. Ces derniers furent recatégorisés selon une grille d'analyse construite à partir des concepts du *Principe Responsabilité* de Jonas (1990).

Domaines sémantiques structurants dans les discours experts

Une première analyse devait nous permettre de savoir si, indépendamment des approches disciplinaires, il y avait des structures sémantiques communes aux discours experts des sciences sociales, humaines et biomédicales qui permettraient à des prises de positions opposées, d'être également justifiables.

L'analyse de contenu a fait ressortir l'importance structurante de trois domaines sémantiques : les notions de pouvoir, de vouloir et de devoir. Ces trois notions qui articulent tous les systèmes d'argumentation des discours experts, forment, à première vue, des champs sémantiques communs. Cependant, selon qu'elles proviennent des sciences sociales, humaines ou biomédicales, on observe un grande différence de signification entre les éléments qui composent les champs sémantiques. Même si partout on parle du pouvoir, on ne lui donne pas la même signification selon les cadres disciplinaires et il en est ainsi du vouloir et du devoir.

Par exemple, comme dans n'importe quel système de médecine, qu'elle soit traditionnelle ou bio, seule l'acquisition d'un pouvoir spécifique permet de soigner ou de guérir. La biomédecine génétique et reproductive n'échappe pas à de telles représentations. Sous cet angle, le pouvoir devient la clé de voûte du discours biomédical. L'efficacité thérapeutique devient conditionnelle à l'augmentation du pouvoir biotechnologique. Le pouvoir est aussi la pierre angulaire des discours des sciences sociales et humaines. Cependant, il est considéré comme exogène « autre » et « bio », à cause du désintéressement des populations pour ce qui concerne les pouvoirs et les savoirs. Dans ce cadre de références, le pouvoir biomédical est abandonné aux instances économique, étatique, professionnelle et individuelle. Défini sous le terme de biopouvoir, il peut être conceptualisé comme un objet de recherche.

La notion de vouloir va relever directement des représentations du pouvoir. Pour les sciences biomédicales, le pouvoir, tributaire du développement de la recherche fondamentale et appliquée, ne peut se maintenir que par la volonté d'accroître les connaissances et les pratiques thérapeutiques. Pour les sciences sociales et humaines, l'étude et la critique du biopouvoir va motiver la volonté d'instituer un système de contrôle social, de la progression immodérée d'une hégémonie biotechnologique qui conduit la médecine vers une économie de marché. Cette volonté d'intervention exprime le désir d'accroître les pouvoirs sociaux sur les choix et les alternatives thérapeutiques.

Traditionnellement, le principal devoir du médecin est de soulager les patients pour ensuite, si c'est possible, enrayer la maladie. Aujourd'hui les progrès de la biomédecine permettent de percevoir le devoir médical en fonction de l'engagement dans la lutte contre la maladie. Pour les sciences sociales et humaines, la notion de devoir vise à dénoncer les dérives, alerter le public et les professionnels concernés et informer à propos des problématiques génétiques et reproductives.

En somme, la diversité sémantique des notions de pouvoir de vouloir et de devoir, ne nous permet pas de parler de structures communes aux discours. Malgré tout, ce premier niveau d'analyse fait ressortir un désir partagé de définir le champ des responsabilités disciplinaires. Par conséquent, ces résultats ont suscité mon intérêt pour les représentations de la responsabilité.

Les discours comme vecteurs des représentations de la responsabilité

L'analyse précédente a permis de distinguer plusieurs catégories sémantiques et d'observer que la discrimination entre ces catégories pouvait se faire à partir des représentations de la responsabilité. La question subséquente fut donc : quelles catégories de représentations de la responsabilités sont véhiculées dans les discours qu'entretiennent les experts des sciences sociales, humaines et biomédicales à propos de la médecine génétique et reproductive?

Les discours experts des sciences sociales et humaines et les représentations de la responsabilité

En ce qui concerne les sciences sociales et humaines, on retrouve trois grandes catégories de discours : les discours de dénonciation, de victimisation et d'engagement.

a)   Le discours de dénonciation[3]

Le discours de dénonciation s'intéresse aux dynamiques des pouvoirs biomédicaux dans des contextes culturels, économiques et sociaux. On y soutient que la biomédecine génétique et reproductive s'accapare une part importante des ressources financières destinées à la santé. Elle favorise des attitudes subversives comme la sélection pré-implantatoire des embryons ou encore la thérapie génique germinale, au détriment d'autres moyens plus axés sur la guérison des maladies. Le discours de dénonciation met en garde contre les effets pervers d'une trop grande interdépendance entre la biotechnologie et la biomédecine. Les immenses ressources financières de l'industrie et de l'État, contribuent à l'institutionnalisation du biopouvoir qui pourrait se retrouver aux commandes de la destinée humaine. « [...] cette aberration en

---

3.   BOUCHARD, 1990 ; DORÉ et ST-ARNAUD, 1995 ; GARDNER, 1995 ; GOLDWORTH, 1995 ; HANDWEKER, 1995 ; KUTUKDJIAN, 1994 ; PLAUCHU et PERROTIN, 1991 ; ROY et DE WACHTER, 1985 ; SFEZ, 1995 ; VANDELAC, 1990.

terme d'allocation des ressources, tient certes à l'ampleur des enjeux économiques, mais tient aussi à la fascination de la « fabrication » du vivant, à la volonté de « forcer », de « maîtriser » la reproduction, projet aux accents guerriers qui n'est pas sans rappeler celui de la « maîtrise scientifique de la nature ». (VANDELAC, 1990, pp. 186-187.) Dans ce type de discours, on réfère souvent au *Meilleur des mondes* de Huxley (1939).

Dans une voie moins futurologiste, certains discours des sciences sociales s'interrogent sur les conséquences de l'exportation de ces pouvoirs mais la plupart préviennent des désirs d'eugénisme associés à l'État. Ils dénoncent aussi l'eugénisme, plus subtil, relié aux désirs parentaux. On craint qu'un accès trop facile aux prouesses de la médecine génétique favorise l'intensification d'une mentalité de chosification de l'humain et conséquemment, l'abandon de son corps ou de ses biomatériaux à la pratique ou à la recherche. On s'interroge aussi sur les effets sociaux de la dissociation de la procréation et de la sexualité. On dénonce l'émergence de nouveaux critères de normalité, édifiés à partir de concepts biomédicaux objectivistes, minimisant ceux plus subjectivistes de la personne, de ses droits, de son rapport à la morale, à la civilisation et à l'éthique. Les discours de dénonciation mettent aussi en garde contre l'illusion du partage des pouvoirs et contre les stratégies de fragilisation des individus stériles ou porteurs de tares génétiques transmissibles. Ce qui nous mène vers le discours de victimisation.

   b)   Le discours de victimisation[4]

Dans cette catégorie, les couples qui réfèrent à la médecine génétique et reproductive, sont considérés comme des victimes. On en relève quatre types : les victimes de la

---

4.   DELAISI de PARSEVAL, 1990 ; GAVARINI, 1990 ; HIGGINS, 1990 ; SANTIAGO DELEFOSSE, 1995.

biomédecine, de la nature, de leurs propres désirs et des rapports de domination hommes/femmes.

Les victimes de la biomédecine seraient des couples infertiles, parents potentiels, plus ou moins conscients des pouvoirs qu'on exerce sur eux. Ils se voient échoir la responsabilité des décisions à prendre et des gestes à poser lorsqu'il s'agit du sort de l'embryon. Cette attitude laisserait les couples sans moyens devant des situations intenables. Leur détresse en ferait des objets de recherche dociles, plus ou moins informés et exposés aux excès de la recherche. « [...] la génétique prédictive [...] se présente comme le « Savoir absolu » mais elle s'adresse au sujet en lui faisant porter perversement tout le poids du pouvoir de vie ou de mort, alors même quelle court-circuite ses possibilités d'élaboration et de référence à une limite » (HIGGINS, 1990, pp. 434-435).

Les victimes de la nature, devant l'impossibilité de réaliser leur désir d'être parents d'un enfant normal, seraient soumises et consentantes aux plus dangereuses expérimentations bio-médicales. Elles seraient prêtes à tous les sacrifices pour obtenir ce qu'elles veulent et seraient plus ou moins conscientes des effets néfastes qu'entraînent les biotechnologies médicales.

Les victimes de leurs propres désirs sont considérées comme des consommatrices de services relatifs à l'obtention d'un produit désiré : l'enfant parfait. Ces victimes s'apparentent à celles qui précèdent mais adhéreraient déjà à une mentalité de chosification de l'humain.

Enfin, les victimes des rapports de domination hommes/femmes, s'inscriraient sur le terrain privilégié de la reproduction. Ici, on verrait l'expression des désirs d'appropriation par les hommes des pouvoirs reproductifs des femmes, à travers la disponibilité de leur corps.

c)   Le discours d'engagement[5]

Les discours des sciences sociales et humaines ne prétendent pas se limiter à des mises en garde et à des recommandations. Les discours d'engagement par exemple, orientent leurs démarches vers deux directions : l'action législative et l'action sociale. Le droit y est représenté comme une forme instituée de l'expression des décisions sociales. Même si ici, les sciences humaines et sociales sont en mesure d'exercer leur pouvoir d'action, on convient qu'aucun groupe spécifique n'est en mesure ou en droit de détenir l'exclusivité des pouvoirs de définition des nouvelles normes biomédicales. La nécessité d'une responsabilisation bioéthique est dominante, mais les comités devraient avoir suffisamment de pouvoirs pour veiller à ce que ni l'État, ni la biomédecine, ni les milieux financiers n'augmentent leurs pouvoirs sur la vie individuelle, la pratique médicale, la recherche et la vie sociale. Il ne faut pas se contenter de dénoncer les dérives, il faut développer une attitude qui tient compte des bénéfices et des risques.

Les représentations de la responsabilité dans les discours experts des sciences biomédicales

Les représentations de la responsabilité dans les discours des sciences biomédicales forment deux univers différents. Dans le premier, on croit que nos pouvoirs de vaincre la maladie sont tributaires du devoir de développer des biotechnologies médicales de plus en plus performantes. Ici, le développement des pouvoirs est justifié par le devoir de soigner ou de soulager, c'est ce que j'appelle le discours affirmatif. Dans le second, on soutient que nous sommes dans l'obligation de reconsidérer la définition des devoirs médicaux devant la croissance de nos nouveaux pouvoirs. Le discours interrogatif se concentrera sur la redéfinition des devoirs de la

---

5.   KAUFMAN, 1989 ; LENOIR, 1994 ; LENOIR et STURLÈSE, 1991 ; RABINOW, 1992 ; ROCHER, 1991 ; TAGUIEFF, 1994.

médecine qui devront guider le développement et les applications des pouvoirs biomédicaux.

a)   Le discours affirmatif

Le discours affirmatif prône qu'il faut tout mettre en oeuvre pour combattre la maladie. Cependant, de ce principe découlent deux sous-discours opposés : l'un à caractère idéologique et l'autre à caractère philosophique.

L'orientation à caractère idéologique soutient le concept de biopouvoir[6]. On croit que l'expertise médicale suffit pour décider du choix des pratiques et définir les critères de normalité. La compétence reconnue de la médecine lui permettrait d'être mandatée pour contrôler la qualité des biomatériaux qu'elle manipule et, plus spécifiquement, de ceux devant servir à la reproduction. Dans cette position extrême, le droit à la vie devient relatif à la reconnaissance du sujet comme être humain, désignation conditionnelle à sa dotation génétique correspondante aux représentations biomédicales de la santé. On vient remettre en question le droit de se reproduire d'une façon aléatoire et irréfléchie. De plus, on ne tolère aucun système de contrôle social, considéré comme de l'ingérence publique. On craint que les régulations sociales, trop influencées par les croyances et limitées par l'ignorance, aillent à l'encontre des réalités médicales et des intérêts des patients. « La plupart des risques génétiques pourront être dépistés grâce à l'analyse des aberrations chromosomiques. Mais le progrès scientifique risque d'être freiné par des interdits sociaux ou religieux. » (GALJAARD, 1994, p. 17) Pour se protéger des critiques du public, on propose un contrôle consensuel interne, qui chapeauterait les activités médicales de la publication des taux de réussites aux applications biomédicales.

---

6.   CHELMOW, 1996 ; CONRAD, FINE, HECHT et PERGAMENT, 1996 ; GALJAARD, 1995 ; JONES, 1996.

Les discours à tendances philosophiques[7] prônent la nécessité des pouvoirs biotechnologiques mais soutiennent qu'ils doivent d'abord répondre aux devoirs de la médecine : combattre la maladie et éliminer la souffrance. Si le médecin connaît un moyen de traiter ou de prévenir une maladie, il est dans l'obligation d'offrir le traitement aux patients. Cependant, on s'oppose au totalitarisme exprimé plus haut. On ne place pas la médecine en position de supériorité devant une population ignorante, elle fait partie de l'ensemble social. La capacité de la société à prendre des décisions en ce qui concerne le développement biomédical n'est pas remise en question

Dans cet univers de représentations, la biomédecine est bonne et altruiste. L'eugénisme peut être doux et la médecine génétique et reproductive bénéfique, si développée sous l'aile de la démocratie. En considérant la biomédecine comme fondamentalement bonne et maintenue dans cette voie par la population, on se sent à l'aise pour demander une surveillance sociale. Dans cet esprit, de nouvelles techniques, comme la maîtrise de la thérapie génétique, aideraient à soulager les fardeaux de l'humanité tout en permettant de rêver de sociétés sans pathologies. Cette représentation de la responsabilité tient compte du risque comme d'un mal nécessaire. « C'est donc avec sérénité qu'il faut considérer la révolution à laquelle nous assistons aujourd'hui, une révolution qui doit être mise au service des hommes et conduire à ce que nous espérons tous : une longue vie, heureuse et sans troubles pathologiques.» (DAUSSET, 1994, p. 11)

Dans les discours idéologique et philosophique, la médecine est idéalisée mais une grande différence existe entre les deux. Le discours idéologique affirme la suprématie de la biomédecine et de ses compétences actuelles et futures sur une population ignorante. Elle est la chasse gardée des chercheurs

---

7.   DAUSSET, 1994 ; DULBECCO, 1994 ; KAPLAN, 1987 ; SHER et FEINMAN, 1995 ; WAGNER, 1997.

et des médecins. Dans le discours philosophique, la biomédecine s'ancre dans une tradition médicale découlant du serment d'Hippocrate. Elle représente une des meilleures choses que l'humanité ait inventée et mise à son service. Même si on ne remet pas la biomédecine en question, on acquiesce à un partage des pouvoirs entre la biomédecine et la société. Ce deuxième type de discours prépare le discours interrogatif.

b) Le discours interrogatif

Par le biais du discours interrogatif, les experts des sciences biomédicales s'interrogent sur les pouvoirs qu'ils développent et les intentions qui les motivent. Ils réfléchissent sur les possibilités de dérives qui peuvent surgir de la nécessité de combattre la maladie à tout prix. L'axe central du discours interrogatif tend à ce que la raison prime sur l'efficacité. Cette intention de rationalisme se dessine par le biais de deux alternatives : le discours humaniste et le discours humanitaire.

Au sein du discours humaniste[8], on préconise aussi le développement des biotechnologies médicales mais avec une infinie prudence. Le respect de l'humanité et de son devenir doit demeurer prioritaire. On met en garde contre une civilisation du gène qui offrirait à la fois des services théra-peutiques et des services de transformations génétiques standardisées et préprogrammées. « [...] il sera sans doute difficile de tracer la frontière entre une vrai médecine dirigée vers la prévision (et la prévention) de maladies génétiques graves et un façonnage plus ou moins conscient d'enfants (génétiquement) conformes aux souhaits de leurs géniteurs et – qui sait, même – à ceux d'une société donnée » (GROS, 1993, p. 286).

Pour ces experts, rêver d'enrayer toutes les maladies relève de l'utopie. La vigilance et l'humilité sont indissociables

---

8.   BERNARD, 1987 ; COHEN et LEPOUTRE, 1987 ; GROS, 1993 ; JACQUARD, 1987 ; JONSEN, 1990 ; LABERGE et KNOPPERS, 1992 ; MÉLANÇON, LECLERC, GAGNÉ et NOOTENS, 1991 ; POTHIER, 1992.

dans la reconnaissance que nos pouvoirs dépassent nos connaissances. Le développement des connaissances doit s'étendre au-delà des savoirs biotechnologiques. Dans ces conditions, il devient nécessaire de tenir compte des représentations collectives de la santé et des soins, pour être en mesure de contrôler les orientations de la médecine prédictive et d'anticiper toutes les dérives économiques ou eugénistes qui pourraient en découler. Pour ce qui concerne la santé publique, le débat prend place dans un autre type de discours : le discours humanitaire.

Les experts du discours humanitaire[9] font prévaloir le secteur de la santé publique. Leurs préoccupations sont bien ancrées dans la résolution des problèmes actuels. On soutient qu'on ne peut sérieusement travailler au nom de la santé publique quand maladie et prédiction de la maladie sont confondues et sans tenir compte des causes multifactorielles des maladies. Ces experts croient que c'est autour de la multifactorialité pathogène que la biomédecine devrait concentrer ses interventions préventives et non, sur des approches hautement biotechnologiques comme la sélection ou le tri des embryons. De plus, on se demande si on n'entretient pas trop d'illusions face aux retombées réelles de ce type de médecine. On déplore l'absence d'études socio-économiques ou biostatistiques sur les bénéfices réels pour les populations, études qui permettraient de justifier ou non certaines pratiques que l'on s'apprête à rendre disponibles. « [...] nous ignorons toujours sur quelles études socio-économiques s'appuie le bel optimisme voulant que la médecine prédictive permette de réduire considérablement les coûts de santé...» (VANDELAC et LIPPMAN, 1992, p. 91). Ici, la notion de responsabilité s'élargit au-delà de la profession et du rapport aux patients, on est

---

9. HUBBARD, 1995 ; JOUANNET et DAVID, 1991 ; LAMBERT et MÉLANÇON, 1991 ; MAUL, 1996 ; SAMSIOE et ABREG, 1996 ; VANDELAC et LIPPMAN, 1992.

proche du discours des sciences sociales et humaines[10]. La biomédecine doit être au service de la société qui a le devoir de fixer elle-même les nouvelles normes. Dans ces conditions, les médecins et chercheurs doivent dénoncer les dérives et se prononcer publiquement sur la notion de thérapie médicale. On soutient que la santé et la maladie doivent prendre leur sens dans la culture et faire l'objet d'un mandat social.

Prémisses à l'élaboration d'une éthique de la responsabilité dans les discours experts

Ces représentations de la responsabilité, malgré leur appartenance à cinq formes de discours, ne montrent pas encore les structures communes qui pourraient démontrer des rapports de cohérences entre les arguments paradoxaux des discours experts. Définir les cadres des responsabilités a créé des catégories dans les champs disciplinaires mais n'a pas suffi à identifier des structures partagées. Les représentations de la responsabilité en tant que telles n'étaient pas encore les formes structurantes que je cherchais. Cependant, un troisième niveau d'analyse a mené à des structures plus fondamentales, à partir desquelles les représentations de la responsabilité s'articulent. Cette fois, indépendamment des disciplines et en deçà des prises de positions, trois axes majeurs émergent de la distinction des représentations de la responsabilité : éviter le pire, protéger les victimes et la nécessité de responsabilisation. Ces trois axes étant essentiels dans le paradigme de la responsabilité de Jonas, pourrait-on trouver dans les discours experts, des champs sémantiques structurants qui démontreraient, toutes disciplines confondues, le partage de certaines prémisses à l'élaboration d'une éthique de la responsabilité selon Hans Jonas?

---

10. Il y a d'ailleurs plusieurs articles et textes écrits en collaboration.

Le Principe Responsabilité de Hans Jonas

Parce que le principe de responsabilité totale ne peut être appliqué dans son intégralité, je n'entends pas utiliser l'ensemble de ses constituants comme grille d'analyse mais seulement les notions issues des contenus des discours : l'heuristique de la peur, la notion de vulnérabilité et l'imputation de responsabilité totale. À l'aide de ces trois notions, les discours vont se regrouper par domaines d'appétences sémantiques, indifféremment des appartenances disciplinaires. Voyons maintenant ce que sous-tendent ces trois concepts.

a)   L'heuristique de la peur

L'heuristique de la peur est la prise en compte des menaces que font peser sur l'humanité, les nouveaux pouvoirs technoscientifiques. Ces menaces, même si elles demeurent des probabilités doivent, selon Jonas, inspirer la construction des principes éthiques conséquents aux obligations qu'entraînent de nouveaux pouvoirs. L'heuristique de la peur considère le risque d'éliminer ou d'affecter non seulement l'être humain physique mais aussi les diverses représentations de son essence. Selon Jonas, il faut tenir compte de l'un et de l'autre pour élaborer une éthique du respect. Dans cette association de la crainte et du respect, les pronostics du malheur sont prioritaires à ceux du bonheur. Il serait plus facile de prévoir les conséquences que nous ne voulons pas que celles que nous voulons. L'heuristique de la peur consiste à imaginer le pire et à s'entendre sur ce que nous voulons préserver. En ce sens, la peur ne se veut pas une fin mais un moyen.

b)   La notion de vulnérabilité

La notion de vulnérabilité relève de la prise en considération du fragile et du périssable. Pour Jonas, le devoir est prioritaire à la responsabilité. Ainsi, je suis responsable de l'autre dont j'ai la charge, je suis responsable du fragile. La responsabilité dépasse les rapports entre l'auteur et les effets de ses actions et s'établit entre l'auteur de l'action et les effets sur celui ou celle qui subit. La personne ou la chose qui est sous notre garde devient ainsi l'objet direct de notre responsabilité. Un rapport de non-réciprocité s'oblige entre celles et ceux qui ont le pouvoir et celles et ceux qui en vivent les effets. Dans cette perspective, on ne pourrait permettre que des patient(e)s soient seuls responsables des choix quand ils s'en remettent aux soins de la biomédecine. Avec la notion de vulnérabilité le devoir-être de l'objet prévaut sur le devoir-agir du sujet (DAMMASCHKE, GRONKE et SCHULTE, 1994).

c) L'imputation de responsabilité totale

L'imputation de responsabilité totale est proportionnelle à l'étendu des répercussions de nos actes. Aujourd'hui, la sphère de nos responsabilités traverse les limites de l'espace par la possibilité de s'étendre sur la planète entière, et les limites du temps par les impacts sur les générations futures. Au delà de l'utopie, la notion de responsabilité totale comporte un effet de continuité. Cette forme d'imputation évite d'extirper un acte de ses contextes et des conséquences qui en découlent. Elle doit tenir compte du caractère cumulatif des décisions que nous prenons. Ainsi, il faut prévoir que l'agir du premier acteur et son intention initiale peuvent être complètement transformés par les effets cumulatifs des découvertes et des applications (RICŒUR, 1994).

Des représentations aux objets de la responsabilité

Si les précédents découpages n'ont pas permis d'observer des similarités entre les discours des sciences sociales, humaines et biomédicales, ce troisième niveau d'analyse démontre qu'il y a quand même des structures communes aux discours experts. Avec ces trois concepts de Jonas, nous passons des représentations de la responsabilité aux objet de la responsabilité, c'est-à-dire : ce au nom de qui ou de quoi on prétend vouloir se battre. Rappelons que la question était de savoir si certaines prémisses à l'élaboration d'une éthique de la responsabilité se retrouveraient dans les discours experts. En fait, nous pouvons croire que ces concepts s'y trouvent. Cependant, leur présence dans les débats n'apparaît pas comme un moyen ou une ligne de conduite menant à la construction d'une éthique de la responsabilité. Ici, l'heuristique de la peur, la vulnérabilité et la responsabilité semblent être utilisés à la fois comme cheval de bataille et comme enjeux. En d'autres mots, on semble plus en présence d'objets sur lesquels doit porter la responsabilité que de moyens pour définir et développer une responsabilité commune.

a)   Éviter le pire et l'heuristique de la peur : l'objet d'intégrité de l'être humain et de l'espèce

Les discours de dénonciation des sciences sociales et affirmatif idéologique des sciences biomédicales s'appuient tous les deux sur l'heuristique de la peur. Sous ce même concept, et malgré des visions antagonistes, on tient compte des pires scénarios pour l'humanité. Pendant que le discours de dénonciation nous met en garde contre les spectres d'un eugénisme d'État, du développement d'une idéologie de chosification du sujet, d'une vision réductionniste de l'humain et de l'illusion des pouvoirs partagés, le discours affirmatif idéologique agite les affres de la procréation aléatoire, les dangers d'une gestion sociale des compétences médicales, les gouffres où peuvent nous précipiter la suprématie de la croyance sur la connaissance, sans oublier le devoir ultime de lutter contre la maladie : ennemie de l'espèce. Dans les deux cas, on fait étalage de ce qu'on veut préserver du pire. La confrontation entre les discours « anti » et «pro» maîtrise du vivant semblerait se faire sur le territoire de l'heuristique de la peur. Tous deux ont des objectifs à longue portée mais présentent des prévisions assez apocalyptiques.

b)   La fragilité des victimes et la notion de vulnérabilité : l'objet de l'individu victimisé

Nous retrouvons ici le discours de la vulnérabilité, du fragile et du périssable. Cette fois les « pro » et les « anti » sciences s'affrontent sous la bannière des victimes. Les sciences sociales et humaines, par le discours de victimisation (la plupart des discours féministes s'y retrouvent), distinguent quatre « espèces fragiles », maintenues dans des rapports hiérarchiques dominant/dominé : les victimes du biomédical, de la nature, de leurs désirs et des rapports de force hommes/femmes.

Pour les sciences biomédicales les victimes sont les mêmes, ce sont les agents victimisateurs qui changent. Par exemple, le discours affirmatif philosophique soutient que tout doit être mis en œuvre pour sauver les victimes de maladies et de tares héréditaires. La médecine est un moyen que la société s'est donné pour lutter contre la maladie et en limiter les désastres. Éviter de mettre consciemment au monde d'autres victimes fait partie des représentations de ce type de discours. Dans cette optique, la recherche clinique est considérée comme un mal nécessaire.

Qu'il porte sur les emprises du biopouvoir, de l'économie de marché, de la nature, des désirs ou encore des maladies, le discours de la vulnérabilité se structure autour du danger des décisions humaines pour des victimes réelles ou potentielles. La responsabilité de l'application des pouvoirs s'étend aux répercussions sur le bien-être et le devoir-être des individus qui sont confiés à l'expertise biomédicale. Cependant, étant donné que le patient est considéré comme une victime d'une façon ou d'une autre, il ne peut s'établir de rapports de réciprocité entre l'individu et le système de médecine. À cause de ses possibilités subversives, il me semble que c'est le plus dangereux des discours. Si on se définit responsable des autres à cause de ses connaissances ou compétences professionnelles, qu'elles soient sociales ou biomédicales, et qu'on y ajoute que le devoir est prioritaire à la responsabilité, dans tous les cas, les victimes sont maintenues dans la fragilisation. On fait appel à la vulnérabilité physique et psychique des êtres et on propose les bienfaits de son univers de pratique respectif pour enrayer la victimisation... On fait appel à la conscience et à la conscientisation mais on ne fait pas confiance à la victime pour décider de ce qui va lui arriver. Malgré de louables intentions, le discours de la vulnérabilité ne propose rien pour améliorer les conditions de connaissances des individus désignées comme victimes.

c) La construction d'une conscience collective et l'imputation de responsabilité totale : l'objet de continuité entre individu, société et espèce

Les discours d'imputation de responsabilité totale n'annoncent ni le Ciel ni l'Enfer mais tiennent compte que l'avènement du premier est moins probable que celui du second. La prise en compte du pire, l'idée de dangerosité et la considération des victimes sont présentes comme guide à la réflexion et non comme axe central du discours, comme c'est le cas pour les deux premières catégories. On dépasse l'inventaire des dérives par des efforts concertés pour se prémunir contre les conséquences néfastes des biotechnologies médicales. Ce qui est central, c'est que la représentation de l'humain s'articule autour des notions d'individu, de société et d'espèce. Sur cette base, on cherche à établir des consensus pour baliser les applications biomédicales, de la recherche à la clinique, dans une perspective historique qui tient compte des dangers totalitaristes respectifs d'un biopouvoir hégémoniste ou d'une attitude anti-sciences dogmatique.

Le discours d'engagement des sciences sociales et humaines soulève l'urgence d'informer adéquatement les populations, afin de constituer un dispositif de surveillance bioéthique, pluridisciplinaire et représentatif de la société. On se méfie de l'institution de comités d'experts qui ne tiendraient pas compte des réalités individuelles et culturelles, tout en maintenant le savoir du côté du pouvoir. On rappelle qu'ici, le pouvoir et l'action sociale ne sont possibles que par la connaissance et le droit. L'engagement se doit d'être à la fois social et juridique.

D'un autre côté, le discours humaniste des sciences biomédicales veille à ce que la médecine n'oublie pas que ses devoirs et ses responsabilités ne se limitent pas au soulagement d'individus souffrants. Ils doivent s'étendre au bien-être des générations suivantes et à l'assurance d'une humanité future. Ainsi, la standardisation des critères de santé ne doit pas être laissée entre les mains de l'institution biomédicale. On rappelle que l'élimination de toutes les maladies est une utopie et que de trop risquer pour rejoindre cet objectif est inutile et dangereux. On assume que la génétique médicale porterait une charge subversive due au caractère confondant de l'acte thérapeutique qui pourrait servir à justifier la transformation et l'élimination de certains caractères humains, culturellement déterminés. Dans ces représentations de conscientisation et d'imputation de responsabilité, on veut dépasser les visions progressistes, obscurantistes ou relevant de la science-fiction. Il faut y prendre conscience de notre implication directe dans le destin de l'humanité et de l'imputation de responsabilité que nous portons en regard des conséquences de nos choix.

Pour le discours humanitaire des sciences biomédicales, la priorité est de replacer la médecine génétique dans un contexte de santé publique. On soutient qu'il est plus important pour les générations futures de corriger les problèmes immédiats, c'est-à-dire la pauvreté, l'insalubrité, le suicide etc., et de réussir à soigner les gens qui sont déjà malades. Ce discours met en garde contre les transferts sémantiques trop généralisants, comme confondre le fait d'être porteur de gènes défectueux et celui d'être malade. Ici on est ni pour ni contre la maîtrise de la vie, mais on se questionne sur les bienfaits et sur les dérives du développement biotechnologique en tenant à évaluer le prix à payer pour de tels progrès.

L'idée de développer une éthique de la responsabilité est très présente dans ces derniers discours, on y retrouve même des prémisses au concept de responsabilité totale qui engage envers les générations futures. Qu'ils soient engagés, humanistes ou humanitaires, ces discours font appel à la prudence, au partage des pouvoirs et des connaissances entre le social et le biomédical et à la solidarité dans les prises de décisions. Les guerres disciplinaires n'ont pas de place dans ce type de collaboration où on tente de développer un langage commun.

*

*   *

Rappelons que l'objectif était de comprendre pourquoi des discours si contradictoires pouvaient générer des arguments aussi convainquants? À un premier niveau d'analyse, nous avons observé que les notions de pouvoir, de vouloir et de devoir, s'articulaient autour des représentations de la responsabilité sans revêtir le même sens selon la provenance disciplinaire. Au deuxième niveau, nous avons vu plus précisément qu'elles étaient ces représentations de la responsabilité, en les distinguant par catégories de discours. Encore là, ce sont les différences qui se sont accentuées et non les similarités. Ces différences sont apparues dans les enjeux qui sous-tendaient les différents discours soit : éviter le pire, protéger les victimes et la nécessité de responsabilisation. Cette étape cruciale a permis de travailler sur un troisième niveau, à la lumière d'une grille d'analyse où se retrouvaient les principaux concepts du *Principe Responsabilité*. Malgré que les résultats ne soient qu'exploratoires, il me semble qu'ils aient le mérite de revoir les débats sur une autre base que celle du conflit.

Enfin, nous pouvons croire que les discours experts des sciences sociales, humaines et biomédicales possèdent des structures communes basées, non pas sur des arguments rationnels, disciplinaires, médicaux ou sociaux mais, sur des émotions profondes, collectivement partagées et culturellement développées en valeurs morales et éthiques. On y retrouve : l'idée de préservation par la notion de l'heuristique de la peur : préserver l'espèce contre les maladies ou contre la biotechnologie ; l'idée d'altruisme avec la notion de vulnérabilité : défense des victimes de la fatalité biologique ou de la biomédecine ; l'idée du partage des responsabilités avec l'imputation de responsabilité totale : partage des pouvoirs et des responsabilités envers les individus et les sociétés du présent et de l'avenir et évaluation en considération des court et long termes.

Fondamentalement, les discours font appel à ce que nous concevons comme faisant partie du bien et que j'associe à l'utilisation d'éléments du *Principe Responsabilité*. Ces éléments forment des structures qui prennent racines en deçà des niveaux intellectuels, en s'articulant autour de sentiments culturellement acquis. Ils semblent référer à ce que Moreux (1978) appelle l'idéologie primaire. Par conséquent, nous pouvons croire qu'au départ nous partageons des vecteurs de motivation communs ; ce ne serait qu'à partir des objectifs de développements et d'applications disciplinaires que l'opposition se construirait. Ainsi on peut mieux comprendre pourquoi ces discours sont si convaincants.

Cependant, la plupart des discours étudiés ici étant à l'image de l'éthique que nous connaissons, on peut se demander avec Bourgeault (1994) ce qui adviendrait d'une éthique à l'interrogatif, sans cesse remise en question? Le développement des biotechnologies médicales est tellement rapide et transgresse tellement de limites qu'il faut s'y réajuster constamment tout en prenant garde que l'éthique ne devienne une mode ou qu'elle ne serve qu'à ajuster notre conscience collective à nos pratiques sociales à risques. L'éthique de la responsabilité devrait servir une humanité à la fois unique et diverse, passée, présente et à venir, jamais arrêtée. L'éthique d'aujourd'hui pour demain devra se mettre « [...] à l'épreuve dans un tissu de relations humaines, et le plus souvent aux moments où celui-ci se délite, se fragilise ou s'inquiète. » (BOURETZ, 1995).

Quoique les discours les plus récents dans cette exploration datent de 1996 et que les choses aient quelque peu changé depuis, nous avons vu que les discours experts se réduisent souvent à des débats déontologiques, à des conflits disciplinaires ou à des entreprises de démolition. Par delà la présence latente de prémisses à l'élaboration d'une éthique de la responsabilité, on a tendance à l'atrophier des discours, en oubliant la sollicitude, l'amour et le respect, en voulant pratiquer une éthique qui utilise la rationalité comme un placebo sur la conscience, comme si : « [...] le « savoir » ne nous apprend rien » (ABEL, 1994).

Bibliographie

ABEL, Olivier

1994   « La responsabilité incertaine », in *Esprit*, 206, novembre, pp. 20-27.

BERNARD, Jean

1987   « La révolution thérapeutique et ses conséquences », in *Les scientifiques parlent*, sous la direction de Albert Jacquard, Hachette, pp. 103-124.

BOUCHARD, Louise

1990   *L'institutionnalisation de la procréation artificielle, une monographie d'une clinique québécoise de fécondation in vitro*, Mémoire de maîtrise, Département de sociologie, Université de Montréal, 144 p.

BOURETZ, Pierre

1995   « Désir de transparence et respect du secret », in *Esprit*, 211, mai, pp. 47-54.

BOURGEAULT, Guy

1994   « L'émergence d'une éthique nouvelle », in *Entre droit et technique : enjeux normatifs et sociaux*, Montréal, Les Éditions Thémis.

CHELMOW, David

1996   « Outcomes research applied to obstetrics-gynecology » in : *Contemporary OB/GYN* : 41, 4, pp. 131-143.

COHEN, Jean et Raymond LEPOUTRE

1987   *Tous des mutants*, Paris, Éditions du Seuil, 285 p.

CONRAD, Wliabeth A., Beth FINE, Bryan R. HECHT et Eugene PERGAMENT

1996 « Current practices of commercial cryobanks in screening prospective donors for genetic disease and reproductive risk », in *International Journal of Fertility and Menopausal Studies*, 41, 3, pp. 298-303.

DAMMASCHKE, Mischka, Horst GRONKE et Christoph SCHULTE

1994 « Surcroît de responsabilité et de perplexité. Entretien avec Hans Jonas », in *Esprit*, 206, novembre, pp. 8-19.

DAUSSET, Jean

1994 « Des questions pour le présent et pour le futur », in *Le génome humain une responsabilité scientifique et sociale*, Sainte-Foy, Les Presses de l'Université Laval, pp. 37-48.

DELAISI de PARSEVAL, Geneviève

1990 « Le désir d'enfant géré par la médecine et par la loi », in *Le Magasin des Enfants*, sous la dir. de J. Testart, Gallimard, Coll. Folio/Actuel, pp. 368-385.

DORÉ, Chantal et Pierre ST-ARNAUD

1995 « La procréation médicalement assistée au prisme de la logique constructiviste », *Recherches sociographiques*, sept-déc., XXXVI, 3, pp. 505-526.

DULBECCO, Renato

1994 « Thérapie génique : mode d'emploi », in *Le courrier de l'Unesco, Bioéthique Naître ou ne pas Naître. A-t-on le droit de manipuler la vie?*, Sept., pp. 12-16.

GALJAARD, Hans

1995 « Diagnostic prénatal chronique d'une vie annoncée », in *Le courrier de l'Unesco, Bioéthique Naître ou ne pas Naître. A-t-on le droit de manipuler la vie?*, septembre, pp. 17-19.

GARDNER, William

1995 « Can human genetic enhancement be prohibited? », *The Journal of the Medecine and Philosophy*, 20, 1, février, pp. 85-106.

GAVARINI, Laurence

1990 « Experts et législateurs », in *Le Magasin des Enfants*, sous la dir. de J. Testart, Gallimard, Coll. Folio/Actuel, pp. 217-249.

GARDIN, Jean-Claude

1982   *Les analyses de discours*, Neûchatel, Delachaux & Nestlé, 178 p.

GOLDWORTH, Amnon

1995   « Informed consent in the human genome enterprise », in *Cambridge Quarterly of Healthcare Ethics*, Cambridge Press, 4, 3, pp. 296-303.

GROS, François

1993   *Regard sur la biologie contemporaine*, Gallimard et Unesco, Folio Essais, p. 318.

HANDWEKER, Lisa

1995   « Social and ethical implications of in vitro fertilization in contemporary China », *Cambridge Quarterly of Healthcare Ethics*, Cambridge Press, 4, 3, pp. 355-363.

HIGGINS, Robert William

1990   « Désir de savoir et obscurité de l'origine », in *Le Magasin des Enfants*, sous la dir. de J. Testart, Gallimard, Coll. Folio/Actuel, pp. 421-446.

HUBBARD, Ruth

1995   « Transparent Women, Visible Genes, and New Conceptions of Disease », *Cambridge Quarterly of Healthcare Ethics*, Cambridge Press, 4, 3, pp. 291-295.

HUXLEY, Aldous

1939   *Le Meilleur des Mondes*, Paris, Plon, 331 p.

JACQUARD, Albert

1987   « La devise de la république a-t-elle encore un sens? », *Les Scientifiques parlent...*, sous la dir. de Albert Jacquard, France, Hachette, pp. 299-332.

JONAS, Hans

1990   *Le Principe Responsabilité. Une éthique pour la civilisation technologique*, Paris, Les Éditions du Cerf, p. 336.

JONES, Howard W.

1996   « The time has come » in *Fertility and Sterility*, American Society for Reproductive Medecine, 65, 6, pp. 1090-1092.

JONSEN, Albert R.

1990 *The New Medicine and the Old Ethics,* Cambridge (Mass.), Harvard University Press, 171 p.

JOUANNET, A. et G. DAVID

1991 « Les recherches en biologie de la reproduction dans l'espèce humaine », in *Aux frontières de la vie : paroles d'éthique,* Tome II, Coll. Des rapports officiels, Rapport au Premier ministre, La documentation Française, pp. 141-160.

KAPLAN, Jean-Claude

1987 « L'ADN déchiffré : espoirs et périls », in *Les Scientifiques parlent...,* sous la dir. de Albert Jacquard, Hachette, pp. 75-102.

KAUFMAN, Nicolas

1989 « Questions fondationnelles pour la bioéthique, illustrées à partir du cas de la thérapie génétique de la lignée germinale », in *Bioéthique Méthodes et Fondements,* sous la dir. de M.-H Parizeau, Montréal, ACFAS, Les cahiers scientifiques, pp. 143-151.

KUTUKDJIAN, Georges B.

1994 « La biologie au miroir de l'éthique », in *Le courrier de l'Unesco, Bioéthique Naître ou ne pas Naître. A-t-on le droit de manipuler la vie?,* septembre, 1994, pp. 23-25.

LABERGE, Claude et Barta Maria KNOPPERS

1992 « Rationale for an integrated approach to genetic epidemiology », *Bioéthics,* 6, 4, pp. 317-330.

LAMBERT,Raymond D. et Marcel J. MÉLANÇON

1991 « Un mouvement Québécois pour la responsabilité scientifique : Le MURS-QUÉBEC », *Interface,* 12, 3, pp. 43-44.

LENOIR, Frédéric

1994 *Le temps de la responsabilité,* Paris, Fayard.

LENOIR, Noëlle et Bruno STURLÈSE

1991 *Aux frontières de la vie : une éthique biomédicale à la française,* Tome I, Coll. Des rapports officiels, Rapport au Premier ministre, La documentation Française, 237 p.

MARANDA, Pierre

1982   « Champs sémantiques et identité culturelle », in *Identité culturelle : Approches méthodologiques*, C.I.R.B. et I.D.H.E.R.I.C., pp. 79-133.

1992   « Mother Culture is Watching Us : Probabilistic Structuralism, in Nardocchio », in Elaine (ed.), *Reader Response to Litérature. The Empirical Dimension*, Mouton de Gruyter, pp. 173-192.

MARANDA, Pierre et Fidèle-Pierre NZE-NGUEMA

1994   *L'unité dans la diversité culturelle Une geste bantu*, Sainte-Foy, Les Presses de l'Université Laval, 231 p.

MAUL, Armand

1996   « L'IAD en question », *La recherche*, Paris, janvier, 283, pp. 7-8.

MÉLANÇON, Marcel J., Bruno LECLERC, Richard GAGNÉ et Suzanne NOOTENS

1991   « Une probématique éthique et sociale », *Interface*, mai-juin, 1991, 12, 3, pp. 39-42.

MOREUX, Colette

1978   *La conviction idéologique*, Sillery, Les Presses de l'Université du Québec, 126 p.

PLAUCHU, Henri et Catherine PERROTIN

1991   « Les demandes de diagnostic anténatal et les conditions éthiques du discernement », in *Contribution à la réflexion bioéthique, Dialogue France-Québec*, sous la dir. de G. Durand et C. Perrotin, Montréal, Fides, Coll. Vie, Santé et Valeurs, pp. 37-51.

POTHIER, François

1992   « De l'animal à l'humain? Un regard sur l'avenir », in *Le génome humain une responsabilité scientifique et sociale*, Sainte-Foy, Les Presses de l'Université Laval, pp. 57-72.

RABINOW, Paul

1992   « Artificiality and enlightenment : From sociobiology to biosociality », in CRARY et KWINTER (eds), *Incorporations*, New York, Zone, pp. 234-252.

RICOEUR, Paul

1994 « Le concept de responsabilité. Essai d'analyse sémantique », *Esprit*, 206, novembre, pp. 28-48.

ROCHER, Guy

1991 « Les comités d'éthique dans les hôpitaux du Québec et leurs concurrents », in *Contribution à la réflexion bioéthique, Dialogue France-Québec*, sous la dir. de G. Durand et C. Perrotin, Montréal, Fides Coll. Vie, Santé et Valeurs, pp. 23-24.

ROY, David J. et Maurice A. M. De WACHTER

1985 « Biomédecine, éthique, anthropologie », in *Traité d'anthropologie médicale, l'institution de la santé et de la maladie*, sous la dir. de Dufresne, Dumont et Martin, Québec, Presses de l'Université du Québec et Institut québécois de recherche sur la culture, pp. 1189-1218.

SAMSIOE, Göran et Anders ABREG

1996 « Ethical issues in Obstetrics », *International Journal of Fertility and Menopausal Studies*, 41, 3, pp. 284-287.

SANTIAGO DELEFOSSE, Marie

1995 *Fécondation in vitro. Demande d'enfant et pratiques médicales*, Paris, Anthropos, 271 p.

SFEZ, Lucien

1995 *La santé parfaite. Critique d'une nouvelle utopie*, Paris, Seuil, 398 p.

SHER, Geoffrey et Michael FEINMAN

1995 « The Day-to-Day Realities : Commentary on The New Eugenics and Medicalized Reproduction », *Cambridge Quarterly of Healthcare Ethics*, Cambridge Press, 4, 3, pp. 313-315.

TAGUIEFF, Pierre-André

1994 « Retour sur l'eugénisme. Question de définition (Réponse à Jacques Testart) », in *Esprit*, 200, mars-avril, p. 193.

VANDELAC, Louise

1990 « L'embryo-économie du vivant... ou du numéraire aux embryons surnuméraires », in *Le Magasin des Enfants*, sous la dir. de J. Testart, Gallimard, Coll. Folio/Actuel, pp. 161-193.

VANDELAC Louise et Abby LIPPMAN

1992   « Questions d'éthique et d'évaluation sociale des technologies »,
             Le Génome Humain. Une responsabilité scientifique et sociale, Sainte-
             Foy, Les Presses de l'Université Laval, pp. 83-100.

WAGNER, John A.

1997   « Gene therapy is not eugenics », in *Nature Genetics*, 15, p. 234.

4

SYSTÈMES ADMINISTRATIFS INTÉGRÉS: FORME STANDARD, FORME D'ÉQUITÉ ET FORME DE JUGEMENT

Louise Jeanne CARON

Parler de systèmes de gestion intégrée de l'information apparaît, aujourd'hui, comme une forme conventionnelle de télétravail. Conçus, développés et implantés aux cours des années 84-93, les systèmes d'information intégrés ont permis, notamment dans l'administration publique québécoise, de passer d'une forme bureaucratique classique à une forme bureaucratique intégrée impliquant un nouveau rapport à la législation. Pour situer notre objet d'étude, soit l'analyse du processus de construction des systèmes administratifs informatisés dans un ministère, nous ferons, dans un premier temps, un bref rappel des approches auxquelles nous nous sommes référées. La particularité de ces approches est qu'elles mettent l'emphase sur les systèmes d'information et l'organisation comme processus et systèmes d'action. Puis, nous ferons un retour sur notre démarche empirique basée sur les concepts de métaphore et d'investissement de forme. Troisièmement, nous proposons une lecture des nouvelles formes de travail en contexte gouvernemental ayant permis d'aboutir à une forme bureaucratique intégrée. Enfin, une synthèse des changements introduits par cette forme bureaucratique intégrée et la formulation de quelques pistes de recherche compléteront notre exposé.

Les fondements épistémologiques d'un processus de construction de systèmes administratifs informatisés (SAI)

Nous avons emprunté à l'interactionnisme symbolique l'approche de l'action sociale pour comprendre la construction des systèmes informatiques. Chez les interactionnistes, rappelons que c'est l'expérience des acteurs eux-mêmes dans l'appréhension de leurs activités quotidiennes, en tant que porteuses de significations, qui constitue l'objet à étudier. Transposée dans l'étude d'un processus de construction des SAI d'un ministère, cela voulait dire cerner la nature des éléments hétérogènes constitutifs des SAI, tout en retraçant les modalités socio-historiques qui étaient à leur origine, ce qui, par extension, nous permettait d'en évaluer les impacts. À terme, il s'agissait de montrer le passage d'une forme socio-technique de travail à une autre comme réflexion d'un nouvel ordre contingent aux conditions particulières dans lesquelles les acteurs baignent.

Dans cette veine, l'ethnométhodologie a permis de mettre en lumière les variations possibles des modèles de comportement des acteurs à travers ce que Garfinkel (1967) reconnaît comme étant leurs régularités, c'est-à-dire dans ce qui est « observable » et « rapportable ». Concrètement, il s'agissait de définir, comprendre et interpréter les éléments compris dans un processus de manière à rendre compte de la disposition des acteurs à définir le sens de l'action de la même façon. S'inspirant des travaux de Schutz sur le sens émanant de la vie quotidienne, Garfinkel s'est intéressé à la pertinence et à la transparence du sens de l'action en tant que connaissance ordinaire et condition d'opérations de l'acte singulier. Pour Garfinkel, la logique des acteurs se construit à partir de références à des considérations de sens commun, c'est-à-dire un sens compris et partagé de tous, lesquelles considérations sont accessibles à toute personne qui aurait pu se retrouver dans la même situation ou une situation similaire. Selon Schutz et Garfinkel, ce sens commun se présente, à la limite, comme un donné (*taken for granted*), d'où l'importance de saisir l'intelligibilité de cette action dans l'articulation des formes d'interprétation et d'action singulières visant justement à établir des normes ou des règles en vue de la maintenir. Intuitivement, nous avons alors présumé que la norme ou la règle n'a pas nécessairement un caractère obligatoire mais un caractère contextuel.

Élargissant le concept de règle à celui de convention (THÉVENOT, 1986a, 1986b), nous avons alors considéré cette dernière comme principe et justification de l'action pouvant, en retour, contribuer à l'édification d'un nouveau type d'ordre. Ainsi, nous avons eu recours aux travaux de Boltanski et Thévenot tels que développés dans le livre *De la justification : les économies de la grandeur* comme fondement culturel et normatif des transformations comprises dans les formes émergentes des systèmes d'information de gestion qui, sans cette référence, apparaissaient comme une réplique de formes plus anciennes.

Par ailleurs, comme les acteurs s'expriment à travers des formes langagières, gestuelles et matérielles, nous avons fait appel à l'approche constructiviste qui prend en compte le sens de l'action, à travers ces formes d'expressivité, comme énonciation des intentions des acteurs même dans ce qui n'est pas a priori « dit » ou « écrit » explicitement. Dès lors, l'approche constructiviste nous renvoyait à une forme d'indexicalité de l'action, c'est-à-dire à la capacité qu'ont les acteurs à mettre leurs actions en catégories de plus en plus abstraites. Ainsi, il devenait théoriquement possible de rendre compte des aspects transactionnels des relations de catégories d'acteurs, lesquels pouvaient être mis en équivalence dans des formes dites « discrètes ». Quant aux formes elles-mêmes, nous avons eu recours à la phénoménologie husserlienne comme explication des choses tout autant que des personnes, pris comme des éléments indissociables de l'action humaine. Pour entrer au cœur de notre objet d'étude, y compris les objets eux-mêmes, il nous a donc fallu remettre en cause ce que Husserl considérait comme des *évidences*, c'est-à-dire la « relative concordance entre le visé et le donné comme tel ». En ce sens, nous avons suivi la proposition de Callon et Latour (1986), à savoir : « étudier les objets à l'état de projet ». De cette manière, nous pouvions retrouver ce que Husserl avait formulé comme étant la nature du projet d'intention des acteurs où la part d'intuition fondée sur l'anticipation de l'objet à partir de pré-données vient à se confondre, la plupart du temps, dans la matérialisation de résultats concrets aux besoins implicites à leurs propres expériences.

Ainsi, nous étions en mesure d'étudier la spécificité des SAI à partir de la formation des réseaux socio-techniques et leurs stratégies de mise en œuvre, notamment le processus de traduction et d'articulation de différentes logiques d'action (Callon, 1986) que nous avons analysées, en termes d'une logique d'investissement et d'une logique de projet. À un premier niveau d'analyse, ces deux logiques d'action faisaient, en effet, ressortir la notion de prévision sous-jacente à celle de l'investissement au sens économique du terme et une notion de changement, comme rupture avec une situation antérieure. À un second niveau d'analyse, la prise en compte de ces logiques ne voulait pas uniquement dire mettre en place de nouvelles équipes de travail en vue de la réalisation d'un produit, mais une action où les acteurs s'investissent, un énoncé d'intention ou leitmotiv qui mobilise les personnes et les ressources vers l'atteinte d'un but et une visée anticipatrice d'une forme d'objet qui se situe dans un univers du possible (ALSÈNE, 1990 ; LIMOGES, 1987 ; LATOUR, 1988 ; LYOTARD, 1969).

Dans cette perspective, il nous fallait retrouver, outre le modèle « ritualisé » de la construction des objets techniques, c'est-à-dire le modus operandi d'une forme de rationalisation des modèles de comportement (patron, tendances fortes à la généralisation, à la routinisation et à la mythologisation), les événements (personnes, choses, circonstances), qui font des systèmes administratifs informatisés des systèmes intégrés. Cependant, en arrière-plan des formes concrètes en émergence, se profilait une autre discussion relative à ce que les inter-actionnistes appellent la connaissance tacite locale des acteurs (*local understanding knowledge*), s'inscrivant à la fois comme une procédure qui venait prescrire le sens de l'action et comme une forme tangible de l'expression d'un rapport d'autorité ou de légitimation. C'est pourquoi nous avons cherché à expliciter ce que Boltanski (1982) appelle un modèle de compétence des acteurs orienté vers une finalité au sens wébérien du terme ou éthique. En effet, nous avons constaté que cette éthique dont l'agencement des éléments socio-techniques incorporés à une forme standard supposait, à l'instar des analyses de Boltanski (1982) sur le travail d'ingénierie et des ingénieurs, un principe d'ordre, donnant lieu à une forme d'autorité et une forme de jugement, les trois formes étant imbriquées l'une dans l'autre. Mais avant d'aborder les résultats de notre recherche, nous décrirons brièvement notre démarche d'analyse.

Notre démarche d'analyse

D'entrée de jeu, mentionnons que cette recherche de type ethnographique a été réalisée en temps réel, ce qui signifie que nous avons effectué la cueillette de données et l'analyse au moment où les acteurs étaient eux-mêmes en train de concevoir, réaliser et implanter les SAI à l'étude. Par conséquent, nous n'avions pas, au départ, de protocole clairement défini afin de pallier aux impondérables inhérents à une telle recherche. Cela étant dit, nous avions quand même prévu trois étapes :1) faire la cartographie des objets et des personnes compris dans le processus de construction des SAI et, par extension, celle de l'organisation ; 2) repérer la chronologie des événements qui ont marqués le processus de construction des SAI et par ricochet, cerner la nature des objets en construction ; 3) focaliser sur la mise en forme du dossier électronique, défini comme l'une des pierres d'assise de la refonte. Cette enquête-terrain a nécessité trois cueillettes de données sur une période de cinq ans. L'ensemble des données recueillies combine un inventaire des documents à caractère technique et à caractère administratif, des entretiens qui se voulaient une prise de contact auprès des différentes catégories de personnes afin de dégager l'avancement de certains travaux ou objets d'analyse, des entrevues de type « conversation » au sujet de la mise en forme du dossier électronique et l'observation de quelques séances d'informations destinées aux personnels d'encadrement, de quelques postes de travail et des lieux de travail de certains groupes de personnels.

Deux concepts ont été à la base de notre analyse : la représentation sous forme de métaphore (LAKOFF et JOHNSON, 1980) et l'investissement de forme décortiquée en équivalences de formes ou formes intermédiaires (THÉVENOT, 1984, 1985). La particularité de ces concepts est qu'ils permettent de lier une représentation sociale à une forme technique et de suivre leurs transformations. Nous entendons par représentation, les idées que les acteurs se font de leurs activités, lesquelles peuvent être exprimées sous la forme de schémas, diagrammes, organigrammes, différents types de textes, etc. (GERSON et STAR, 1987, 1988). Cela supposait aussi une forme matérielle qui incorpore des éléments hétérogènes et traduise les représentations des acteurs. Ces objets - logiciels à base de menu, transactions, pages-écrans, équipements, etc.- se comparaient, en l'occurrence, à des inscriptions (LATOUR, 1986, p. 14 ; LATOUR, 1986 cité par GERSON et STAR, 1987, p. 1 ; LATOUR (1986) cité par FUJIMURA, STAR et GERSON 1987, p 69 ; LYNCH et WOOLGAR, 1988, p. 103) qui traduisent l'idée que les acteurs se font des éléments-clés du processus de construction d'un SAI dans ce que ces éléments techniques et sociaux sont ou devraient être. Le suivi et la comparaison de ces équivalences pouvaient ainsi donner lieu à de nouvelles représentations et de nouvelles formes d'objets jusqu'à ce qu'ils atteignent une forme suffisamment définitive pour être implantée.

À partir des principes de la *Grounded Theory* ou théorie ancrée et de l'ethnométhodologie, nous avons procédé à une analyse manuelle et automatisée de nos données. Premièrement, nous avons exploré et codifié manuellement notre matériel, notamment celui des deux premières cueillettes de données, autour des mots-clés ou concepts que les acteurs utilisent comme action et justification. Cependant, la somme importante des catégories d'analyse comprises dans le matériel d'entrevues nous a incitée à faire l'expérimentation du logiciel NUDIST[1] qui reproduisait dans sa structure la théorie ancrée. À l'aide de ce logiciel, nous avons repris et complété la liste de ces catégories descriptives. Deuxièmement, un traitement itératif des catégories d'analyse et des résultats à l'aide des différentes possibilités offertes par le logiciel NUDIST a permis d'aboutir à des catégories génératives induisant une chaîne de représentations et d'actions. Ainsi, nous avons pu maintenir une logique inductive qui a favorisé l'analyse des données autour de cinq dimensions : la gestion des activités de bureau, l'étude des conventions à travers la formation des réseaux socio-techniques, la mise en forme des techniques elles-mêmes ou le caractère politique des objets techniques, la relation instrumentale des systèmes d'information de gestion et la valeur symbolique comprise dans un investissement de forme en termes de modèle de compétence et d'équité.

Appliquant la méthode de la triangulation, nous avons alors retrouvé la métaphore structurante, devant conduire à une forme d'investissement intégrée, qu'est le ministère, à savoir : la métaphore du « service à la clientèle ». Dans la section qui suit, nous n'aborderons pas spécifiquement comment s'est construite la métaphore du « service à la clientèle », ni la mise en forme des SAI qui en découle, ni des réseaux socio-techniques et de leurs registres d'actions, ni de l'implantation des SAI proprement dite et de leurs ajustements. En revanche, nous résumerons, au risque de court-circuiter l'analyse, une partie de nos résultats de l'analyse autour de

---

1. Nudist est un logiciel pour organiser et supporter l'analyse de données qualitatives non-structurées. Son nom est une abréviation des termes suivants: « Non-numerical Unstructured Data Indexing, Searching and Theorising », Richards, Lyn et Tom Tichards, Manuel d'utilsation de NUDIST, 1991, p. 4.

trois points : une forme standard, une forme d'équité et une forme de jugement.

La mise en forme des SAI dans une forme bureaucratique intégrée

Une forme standard

Dans notre étude de cas, la construction des SAI tels que définis par les acteurs de la refonte consistait à décloisonner le ministère afin de se donner une vision d'ensemble ou « portrait global de la clientèle » du ministère en redéfinissant la gestion des activités administratives autour de la notion de fonction, d'une part, et de la notion de gestion du changement, d'autre part. Fortement inspirée d'un ordre industriel, nous avons vu que l'architecture des SAI vise à offrir un « meilleur service aux usagers », notamment à faciliter les échanges d'informations entre les ministères, les organismes gouvernementaux, les institutions financières, les entreprises et le public en général grâce à l'accroissement de la transmission électronique de l'information afin de mieux percevoir les revenus de l'État. À première vue, cette vision architecturale se présente donc comme un travail de remodélisation des objets techniques et sociaux, comme s'il s'agissait de reprendre conscience de la raison d'être de l'organisation, c'est-à-dire un principe d'ordre civique, qu'est le rapport à la législation, et dont la gestion des SAI serait paradoxalement indépendante. En effet, la particularité de cette architecture tient au fait que ce ne sont plus les lois au sens strict qui fondent l'intégration des activités du ministère, mais l'information contenue dans des systèmes autonomes et structurés autour d'une plate-forme centrale et la construction d'un ensemble d'interfaces selon un principe d'ordre, caractéristique de l'idée que les acteurs se font d'une relation de service à la clientèle. À ce propos, nous avons démontré (CARON, 1998) que le service n'existait pas en tant que tel, mais ce qui existait, en revanche, était une représentation générique des relations entre les utilisateurs et les usagers médiatisés par les SAI, d'où la métaphore du service à la clientèle.

Or, pour réaliser cet ambitieux projet de réingenierie, les ingénieurs-architectes s'engagent dans la construction d'une banque de données unique et homogène pour chaque bureau régional réparti sur le territoire, laquelle banque sera reliée vers le haut à un centre de traitement central et vers le bas à un poste de travail multifonctionnel. Toutefois, c'est la structure du bureau régional qui assurera l'intégration des divers paliers organisationnels précédemment cités, suite à la mise en place de systèmes de télécommunications par serveurs via le réseau téléphonique. Dès lors, l'action collective comprise dans les activités de bureau se présente comme un « mythe rationnel », en proposant une nouvelle forme de télétravail et par extension, une reformalisation des compétences des membres de l'organisation, ce qui ne les rallie pas tous. Par ailleurs, ce qui fait consensus est l'idée d'une uniformisation-standardisation des rapports usagers-utilisateurs, devant servir à la gestion des comptes de l'usager, laquelle relation aboutira à une succession de traductions des codes de l'organisation ou à une réingénierie des processus et des produits.

Du coup, un ensemble de réseaux socio-techniques s'organise et élabore de nouveaux principes de coordination à travers la gestion quotidienne des dossiers de l'usager, devant conduire à la mise en forme d'un dossier électronique unique pour chaque usager, capable de créer des liens entre les entités incorporées aux SAI. Par usager, les acteurs entendent ici une personne ou un collectif de personnes ayant un statut légal auquel se greffe un ensemble de comptes à recevoir. À un premier niveau d'analyse, il s'agissait de définir un nouveau principe d'identification de l'usager, d'une part, et d'autre part, un nouveau principe de vérification des relations à l'usager afin d'augmenter la prédicabilité de son comportement, gage d'efficacité et d'efficience d'une organisation centralisatrice des rapports à l'autorité. À un autre niveau, l'ordonnancement de séquences de travail par transactions devait déterminer le site d'action (KNORR-CETINA, 1983) où se prendront désormais les décisions en fonction de l'entrecroisement d'une suite d'interventions et d'événements pré-programmés d'un système donné. Paradoxalement à l'idée traditionnelle que l'on se fait d'une relation de service (GADREY, 1988, 1994), la construction des SAI ne vise pas à coproduire une relation d'échanges au sens strict. Au contraire, la mise en forme de systèmes intégrés suppose implicitement un principe d'inclussion-exclusion d'une personne ou collectif de personnes ou plus exactement, l'incorporation d'un ensemble de cas d'exceptions dans une univocité des rapports à l'usager. À sa base, cela suppose alors un principe intégrateur dans l'élaboration d'un ensemble de taxinomies, qui hiérarchise et coordonne leur usage comme autant d'affichages à l'écran d'un ordinateur, et dont l'accès se réalise à travers une double combinaison, soit le numéro de l'usager et le numéro de l'utilisateur.

Pour que s'accomplissent les systèmes administratifs dits « intégrés », tout le processus de construction sera axé sur la mise en forme de nouvelles actions cognitives, afin de se donner une forme de cohérence dans la conduite des activités de bureau, c'est-à-dire un espace-temps continu et contigu aux personnes et collectifs de personnes rejointes par le ministère. Dans cette perspective, la construction du système « enregistrement », ou dossier électronique, est apparue comme le fer de lance de cet investissement dans la mesure où, par sa forme et son contenu, s'édifiait une nouvelle façon de rendre un jugement en combinant deux types de conventions, soit le geste administratif, soit la fonction. Dans le cas du ministère, ces deux conventions ne constituent pas un bouleversement des processus de travail, mais une optimalisation de ceux-ci dans la mesure où leur prise en compte favorise une intégration des principes de fonctionnement manuels et automatisés de l'organisation dans leur nécessaire cohabitation (ATTEWELL et RULE, 1989 ; HATCHUEL et WEIL, 1992, TERSSAC, de , 1992). À terme, cette reconfiguration de l'organisation prendra ici tout son sens dans la nomination d'un propriétaireutilisateur de systèmes, laquelle nomination vient apparemment contrebalancer les nouvelles formes d'autorité incorporées aux SAI par une gestion locale du travail au sein d'une unité administrative, introduisant ainsi une gestion objectivée, certes, mais discrétionnaire (INBAR, 1979). Car au-delà de ces conventions, cette forme standard, y compris dans le mode de gestion qu'elle propose, nous renvoyait aux effets des SAI lesquels supposent, dans ce cas-ci, une forme politique spécifique, c'est-à-dire une forme d'équité.

Une forme d'équité

Il s'avère en effet que la conception de cet investissement de forme intégrée est vue comme autant de moyens de discipliner le comportement de l'usager en fonction d'une relation de service préalablement définie dans l'intersubjectivité de ses échanges d'informations. Pour ce faire, les acteurs ont d'abord redéfini le citoyen comme un client et un fraudeur, reprenant ainsi la tradition de l'ordre civique, qui consiste à abstraire les individus dans une figure ayant un caractère binaire (LUHMANN, 1981, p. 240). Car, en contexte d'informatisation de décisions d'ordre légal, l'information peut être vue comme un ensemble de régulations fondées sur des jugements circonstanciés sur les personnes et les objets compris dans et hors l'organisation de manière à en faire la correspondance (KARPIK, 1989 ; LUHMANN, 1981 ; MECHIERS et PHARO, 1992). Dans cette perspective, l'enjeu de la construction de SAI consiste alors à construire une forme d'indexicalité de l'action à travers un ensemble de système de points de contrôle des SAI. Autrement dit, il fallait, selon les acteurs, construire la performance de l'organisation, qui pour les uns renvoyait concrètement à la rapidité des enchaînements des séquences de travail et à leur simplicité d'exécution tandis que, pour d'autres, cela voulait dire obtenir une exactitude des résultats grâce à la synchronisation des rapports établis aussi bien horizontalement que verticalement. Car, à terme, la métaphore du « service à la clientèle » avait pour but de refaire la crédibilité du ministère comme modèle bureaucratique en redéfinissant une éthique basée sur l'équité (CARON, 1998). En effet, ce n'est plus la valeur d'égalité qui justifie l'éthique bureaucratique dans ce ministère, mais la valeur d'équité vue comme un service équilibré et un service équitable. Progressivement, le ministère dont les activités de bureau s'inscrivait dans un principe de généralité, visant à saisir le comportement du citoyen, s'est réarticulé autour d'un principe d'exception, notamment celui du fraudeur.

Dans la construction des SAI du ministère du Revenu, précisons que le principe intégrateur s'est construit à partir d'un sens ordinaire donné à un geste administratif à valeur monétaire relatif à la vie publique et privée des personnes ou collectifs de personnes qui entrent en relation avec le ministère. À ce sujet, les activités administratives du ministère ont été effectivement revues en fonction d'une séquence unique et ordonnée autour des notions, telles que « payer » et « compenser ». Du coup, le service équilibré s'est construit dans une représentation commune des relations internes et externes à l'organisation, laquelle se dissociait d'une logique distributive relative à la condition socio-économique des citoyens pris au sens large. Plus précisément, le service équilibré prend ici l'allure d'une gestion rentable ou plus exactement une gestion des relations payantes de l'organisation, laquelle sera traduite en économies d'échelle, en barèmes et en taux de cotisation ou encore en coûts et bénéfices. En ce sens, il faut reconnaître que les régulations comprises dans un service équilibré s'appuient, en contexte de restrictions budgétaires des finances publiques et de lutte au déficit, dans un contrôle qualitatif et quantitatif de ses ressources de toutes natures, concrétisant ainsi certaines intentions de départ, c'est-à-dire d'ordonner un code légal de manière à concrétiser une nouvelle forme économique, opérationnelle et juridique rentable.

Toutefois, si l'idée d'un service équilibré apparaît justifiable, il se doit par ailleurs d'être équitable. Concrètement, un service équitable s'arrime ici dans la maîtrise des échanges d'informations relatives à la gestion des comptes d'un usager, c'est-à-dire dans sa relation instrumentale à la fois triviale et complexe. Par exemple, s'acquitter d'une facture ou d'un avis de cotisation, produire un rapport ou administrer un programme socio-fiscal, etc., sont autant de moyens de construire une relation de service. Autrement dit, il s'agit de combiner le « juste à temps » avec le « juste et le faux » dans une forme de système à double entrée. Dans cette veine, la gestion de l'information s'est élaborée à travers un processus de validation des résultats et de « vérifiabilité » d'un comportement particulier par rapport à un comportement général (lequel processus sera reconnu plus tard comme étant un système d'approbation ou audit), où l'utilisateur des SAI en est le maillon et le propriétaire des SAI, le juge. En contexte gouvernemental, précisons que l'utilisateur est, en l'occurrence, un membre des personnels et le propriétaire, le gestionnaire, responsable d'une unité administrative où se concentreront les activités de bureau spécifiques à un SAI donné. En effet, si la mise en forme d'interfaces permet l'émergence d'un nouveau principe d'universalité de la relation à un tiers, le suivi automatisé d'un dossier-usager en assurera la prise en charge à proximité et à distance. Dès lors, cette forme de coordination des activités de bureau consiste à traiter l'information brute produite par l'usager et l'information encodée produite par les SAI, comme une connaissance partagée entre les objets et les personnes rattachées à une unité administrative. S'ensuit alors une formalisation ou reformalisation de la compétence basée sur deux grands paramètres : la décision humaine et l'indécision technique. La première renvoie à la prise en compte de l'information en fonction de certains critères de complétude de l'information reçue et échangée dans un délai (système fermé), alors que la seconde renvoie à la prise en compte de la conformité d'une relation par rapport au recoupement de deux ou plusieurs types d'informations (système ouvert). Ainsi, s'articule une logique d'un service équitable, quoiqu'elle met, par ailleurs, en œuvre l'édification d'une responsabilité équivoque dans ses rapports à l'usager. À terme, ce service

« équitable » alloue à l'usager, notamment aux individus, une responsabilité hors du commun.

Une forme de jugement

Par rapport à la métaphore du service à la clientèle, rappelons que les SAI apparaissent comme une nouvelle manière de poser la réciprocité des rapports usagers-utilisateurs, à la suite de l'intégration de plate-formes multiples créant des liens *intra*, *inter* et *extra* systèmes. Autrement dit, tout est mis en œuvre pour construire de nouveaux rapports à distance. Il appert toutefois que, dès la phase de conception, le processus de construction des SAI se fonde sur une reformalisation de la compétence des membres de l'organisation qui, paradoxalement, concurrencent le jugement de l'utilisateur impliqué dans une relation à proximité et, par extension, celui de l'usager à travers l'émergence de systèmes de sens commun dont l'implantation progressive a permis d'en déplacer la gestion hors les murs de l'organisation. À cet égard, soulignons que ces systèmes sont le résultat d'un ensemble d'interprétations visant à prendre en compte le meilleur choix possible, une fois que toutes les autres possibilités ont été mises à l'épreuve. Ces décisions, que nous qualifierons, à la suite de Knorr-Cetina (1983), de décisions d'imprégnation, constituent, somme toute, le rapport à l'autorité qui vient abstraire le site de l'action collective, comme un ensemble de sites de contrôle. En contexte gouvernemental, rappelons que l'action collective prend la forme de lois ou de textes d'ordre légal dont la formalisation est le résultat d'une expérience cumulative des acteurs internes et externes à l'organisation ministérielle. Cependant, on peut dire que ces décisions d'imprégnation proposent une interprétation de l'expérience collective telle que vécue par les membres de l'organisation qui n'évite pas, à d'autres moments, le piège de la généralisation hâtive.

Définie a priori comme une conséquence, la gestion des lois sous une forme intégrée tend à se *dé-thématiser* (LUHMANN, 1981), c'est-à-dire à construire une ordonnance sans rapport de forces. Dès lors, les actes administratifs présentés comme un fait accompli, se décomposent et s'interprètent comme ayant une valeur unique et universelle. Cette façon de faire permet, en effet, d'appréhender la relation usager-utilisateur comme une procédure intégrant l'aspect cognitif et normatif de la compétence des acteurs à travers le langage ordinaire, un langage perceptible (BOLTANSKI et THÉVENOT, 1991 cité par BERTEN, 1993, p. 73-75 ; INBAR, 1979, HÉTU, 1987 ; LUHMANN, 1981). Progressivement, des ensembles de décisions sont incorporés comme de véritables index gradués permettant, ainsi, de définir la délégation d'autorité au regard des collectifs de travail reconstitués. Dans notre étude de cas, la construction des SAI met donc à l'épreuve non pas un type de raisonnement ou de connaissances particulières, mais un ensemble de jugements à travers la gestion des messages d'erreurs.

Cependant, si cette forme de jugement à valeur unique conduit à un état de généralité ou à un type d'ordre à travers la formation d'une connaissance commune (*common knowledge*) des acteurs ; à d'autres égards, elle ne favorise pas la prise en compte de facteurs contingents à la situation de l'usager qui commandent des ajustements continuels. Si l'ordonnancement de la temporalité dans un espace flou est un enjeu important, l'interprétation donnée des résultats produits par les SAI en est un autre. En effet, on peut dire que la synchronisation des rapports usagers et utilisateurs telle que comprise dans les SAI s'arrime mal ou difficilement à la complexité des situations socio-économiques définies à la fois individuellement et régionalement. Pour recontextualiser l'information propre à un dossier de l'usager, les acteurs envisagent deux possibilités : 1) diviser les cas d'usagers en termes d'exclus et d'inclus par rapport à un groupe homogène et 2) assurer la cohérence des interventions des utilisateurs à travers des systèmes communs via la création d'un poste de pilote de systèmes ou de coordonnateur de systèmes. À ce propos, mentionnons toute l'ambiguïté de cette forme socio-technique de télétravail, qui implique une maîtrise des paramètres (codes d'accès, indicateurs de gestion, demandes de changements aux systèmes, etc.) d'un système autonome mis en relation avec d'autres systèmes destinés précisément à la gestion des activités dites opérationnelles au regard de la gestion des lois. Dans cette forme de télétravail, le modèle de compétence qui prime apparaît comme ayant un caractère technique, bien qu'il fasse appel à des éléments stratégiques internes et externes à l'organisation. À cet égard, l'introduction progressive du *Web model* révèle justement l'émergence de nouvelles catégories professionnelles dont le pilote est apparu comme le véritable intégrateur des visées socio-techniques comprises dans les SAI, assurant la continuité et le changement d'une forme bureaucratique classique à une forme bureaucratique intégrée. Étant donné la participation d'un grand nombre d'intervenants et ce, dès les phases de conception des SAI, on peut dire toutefois que cette position intermédiaire représente une mémoire vivante du processus qui l'a vu naître. Néanmoins, cette forme de télétravail qui accentue, sans contredit, l'intégration technique, administrative et légale des activités de bureau contribue en contrepartie à une atomisation de l'identité collective, en favorisant une mythologisation du client dans une relation unitaire et singulière, d'une part, et l'édification d'un ensemble de cas d'exceptions comme gestion normative de l'action collective, d'autre part. Bref, on peut s'interroger sur la valeur *ajoutée* d'un travail en réseau (KLING, 1987, 1982), lorsque cette toile de relations vise essentiellement à contrebalancer le principe de présomption compris dans la gestion des lois, soit le rapport à la législation dans sa dimension prospective.

*

*   *

Plusieurs changements ont été introduits lors de la refonte des systèmes administratifs informatisés du ministère et ils en font désormais une forme bureaucratique intégrée. D'abord, l'apparition d'un rapport homme-machine bâti sur une hybridation des sciences de l'information et des technologies des télécommunications, permettant une centralisation accrue des bases de données et leur transmission ; la définition d'un nouveau rapport à l'usager vu comme client et comme fraudeur ; l'instauration d'un nouveau rapport institutionnel, visant la synchronisation d'un ensemble de régulations à travers une reconfiguration de l'espace et du temps comprise dans les SAI ; l'émergence de formes de télétravail où le contrôle social et individuel repose principalement sur une responsabilisation définie a priori comme médiatique mais sans rapport de forces ; l'accroissement de positions intermédiaires comme révélatrices de zones d'interventions communes mais différenciées selon les séquences de travail ; le renouvellement d'un rapport à la législation, inversant le principe d'universalité vers la prise en compte d'un plus grand nombre de cas d'exception et enfin, une définition du rapport à l'éthique où le sens de l'équité se concrétise dans une perception des comportements visant à l'exclusion. Bref, l'idée de service à la clientèle dans une forme bureaucratique intégrée s'arrime donc à une nouvelle architecture automatisée comme une promesse d'un nouvel ordre ralliant l'efficacité technique à l'intégration sociale.

Par ailleurs, si la construction d'une forme bureaucratique intégrée a permis une coordination des relations internes et externes du ministère autour de systèmes communs et d'une loi unique, en l'occurrence, la taxe de vente du Québec ou TVQ, conduisant à une prise en charge élargie des finances publiques par les individus ou collectifs de personnes, que se passe-t-il, lorsqu'une loi, et les SAI qui en font la gestion, vise un sous-ensemble de la population, notamment dans le cas des programmes sociaux? Cette forme intégrée dont l'ordre civique est basé sur la valeur d'équité viserait-elle à discipliner l'usager au point de l'exclure de façon systématique? À ce propos, on peut s'interroger sur la tendance récente des politiques gouvernementales qui visent à accroître la gestion centrale des banques de données évitant, par ailleurs, tout débat public sur une réingenierie des lois sous-jacentes à ces formes automatisées du travail. À plus long terme, on peut se demander s'il existe une limite à la centralisation des activités, notamment à l'intégration des banques de données et des traitements qui, en contexte démocratique, tend à gruger les univers privés et dont le contrôle technique tend à rivaliser avec les solidarités collectives locales. À d'autres égards, on peut se demander, en effet, si la domesticité des rapports à l'usager dont la vision dite holistique se réalise à travers un ordre marchand fondé sur les échanges réciproques d'expertises ne tend pas, à un autre niveau, à creuser des écarts entre les réseaux réels et virtuels, entraînant du coup une nouvelle forme de privatisation vers les groupes corporatifs intermédiaires, comme ce fut le cas dans le domaine de la santé. Somme toute, si la centralisation de l'information a favorisé un meilleur contrôle préventif dans la gestion quotidienne des activités de bureau, on peut se demander comment cette gestion automatisée à l'heure des technologies holographiques affectera, à l'avenir, le jeu d'équilibre dans la relation trinitaire entre l'état, la législation et le citoyen. À l'ère des gigantesques banques de données, des communications internautes et de la tendance forte à la réduction des univers privés, le partage des responsabilités tient-il essentiellement à un savoir particulier ou à un accès à une plate-forme multi-diversifiée ou encore à une forme de médiation?   Entre ces possibilités, le débat nous apparaît à peine amorcé.

BIBLIOGRAPHIE

ALSÈNE, Éric

1990 *L'évaluation anticipatrice des impacts sociaux du changement technologique en entreprise*, Manuscrit, 10 p.

ATTEWELL, Paul et James RULE

1989 « What Do Computer Do? », *Social Problems*, 36, 3, pp. 225-241.

BERTEN, André

1993 « D'une sociologie de la justice à une sociologie du droit. À propos des travaux de Luc Boltanski et Laurent Thévenot », *Recherches sociologiques*, 1-2, pp. 69-89.

BOLTANSKI, Luc

1982 *Les cadres : la formation d'un groupe social*, Paris, Éditions de Minuit.

BOLTANSKI, Luc et Laurent THÉVENOT

1991 *De la justification : les économies de la grandeur*, Paris, Éditions Gallimard, (2ième édition).

CALLON, Michel

1986 « Éléments pour une sociologie de la traduction. La domestication des coquilles Saint-Jacques et des marins-pêcheurs dans la Baie de Saint-Brieuc », *L'Année sociologique*, 36, pp. 169-208.

CALLON, Michel et Bruno LATOUR

1986 « Les paradoxes de la modernité », *Prospectives et Santé*, 36, pp. 13-26.

CALLON, Michel et John LAW

1987 *On the Construction of Sociotechnical Networks : Content and Context Revisited*, Manuscrit, 35 p.

1982 « On Interests and their Transformation : Enrolment and Counter Enrolment », *Social Studies of Sciences*, 12, pp. 615-625.

CARON, Louise Jeanne

1998 *Le processus de construction des systèmes administratifs informatisés dans un ministère*, thèse de doctorat, Montréal, Université du Québec à Montréal, 492 p. et 4 annexes.

DEWEY, John

1965   *Reconstruction in Philosophy*, Boston, The Bacon Press (3e édition).

1931   *Philosophy and Civilization*, New York, Putman.

1923   « Values Liking and Thought », *The Journal of Philosophy*, Adline Publihers co., XX, 23, pp. 617-622.

FUJIMURA, H. Joan, Susan L. STAR et Elihu M. GERSON

1987   « Méthodes de recherche en sociologie des sciences : travail, pragmatisme et interactionnisme symbolique », *Cahiers de recherche sociologique*, 5, 2, pp. 63-83.

GADREY, Jean

1994   « La modernisation des services professionnels », *Revue française de sociologie*, XXX, pp. 163-195.

1992   *L'économie des services*, Paris, Collection Repères.

1988   « Des facteurs de croissance des services aux rapports sociaux de service », *Revue d'économie industrielle*, 43, pp. 34-48.

GARFINKEL, Harold

1967   *Studies of Ethnomethodology*, Englewood Cliffs, New-Jersey, Prentice Hall.

GLASER, G. BARNEY et Anselm L. STRAUSS

1967   *The Discovery of Grounded Theory : Strategies for Qualitative Research*, New Jersey, Aldine Publishing co.

GERSON, M. Elihu et Susan L. STAR

1988   « The Sociology of Science and Technology », *Social Problems*, 35, 3, pp. 197-205.

1987   *Representation and Re-Representation in Scientific Path*, San Francisco, Tremont Research Institute, Manuscrit, 23 p.

HATCHUEL, Armand et Benoît WEIL

1992   *L'expert et le système. Gestion des savoirs et métamorphose des acteurs dans l'entreprise industrielle suivi de quatre histoires de systèmes-experts*, Paris, Économica.

HÉTU, Chantale

1987 *Skills, Knowledge and Models : An Ethnographic Study of Conversation among Engineers and Workers in the Semi-conductor Industry*, Chicago, Congrès de l'Americain Sociological Association, Manuscrit, 31 p.

INBAR, Michael

1979 *Routine Decision-Making : The Future of Bureaucracy*, Beverly Hills, Sage Publications, 74 p.

KARPIK, Lucien

1989 « L'économie de la qualité », *Revue française de sociologie*, XXX, pp. 187-210.

KEEN, G. W. Peter

1991 *Shaping the Future. Business Design Through Information Technology*, Boston, Mass., Harvard Business School Press.

KNORR-CETINA, D. Karin

1983 « The Ethnographic Study of Scientific Work : Towards a Constructivist Interpretation of Science », in Knorr-Cetina, D. Karin et Aaron V. Cicourel (dir.), *Science Observed : Perspectives on The Social Study of Science*, Londres, Sage Publications, pp. 115-140.

KLING, Rob

1987 « Defining the Boundaries of Computing across Complex Organizations », in Boland jr., J. Richard et A. Rudy. Hirschheim (éd.), *Critical Issues in Information Systems Research*, Chichester, New York, John Wiley et Sons, pp. 307-362.

KLING, Rob et William H. DUTTON

1982 « The Computer Package : Dynamic Complexity », in Danziger, N. James, William H. Dutton, Rob Kling et Kenneth L. Kraemer, *Computers and Politics. High Technology in American Local Government*, New York, Columbia University Press, pp. 23-50.

LAKOFF, Georges et Mark JOHNSON

1980 *Metaphors, We Live By*, Chicago, University of Chicago Press.

LATOUR, Bruno

1988   « The Politics of Explanation : An Alternative », in Woolgar,
        Stephen (éd.), *Knowledge and Reflexivity : New Frontiers in the
        Sociology of Knowledge*, p. 155-176, Londres, Sage Publishers.

LIMOGES, Camille

1987   « De la technologie comme objet problématique à l'évaluation
        sociale des technologies », in D. G. Tremblay (ed.), C. St-Pierre
        (coll.) A. Silem (coll.) *Diffusion des nouvelles technologies. Stratégies
        d'entreprises et évaluation sociale*, Numéro Hors Série de la revue
        Interventions économiques, Montréal, Éditions Saint-Martin, pp. 171-
        183.

LUHMANN, Niklas

1981   « Communication about Law in Interaction Systems », in Knorr-
        Cetina, D. Karin et Aaron. V. Cicourel (dir.), *Advances in Social
        Theory and Methodology : Toward an Integration of Micro- and Macro-
        sociologies*, Boston, Routledge & Kegan Paul, p. 234-256.

LYOTARD, Jean-François

1969   *La phénoménologie*, Paris, Presses universitaires de France.

LYNCH, Micheal et Steve WOOLGAR

1988   « Introduction : sociological orientations to representational
        practice in science », *Human Studies*, 11, pp. 99-116.

MEAD, H. Georges

1967   *L'esprit, le soi et la société*, Paris, Presses universitaires de France.

MERCHIERS, Jacques et Patrick PHARO

1992   « Éléments pour un modèle sociologique de la compétence
        d'expert », *Sociologie du travail*, 30, 1, pp. 47-63.

MORGAN, Gareth

1989   *Images de l'organisation*, Sainte-Foy, Les Presses de l'Université
        Laval.

PONSARD, Jean-Pierre

1994   « Formalisation des connaissances, apprentissage organisationnel
        et rationalité interactive », in André Orléan (dir.), *Analyse
        économique des conventions*, Paris, Presses universitaires de France,
        pp. 169-185.

RICHARDS, Lyn et Tom RICHARDS

1991 a   *Manuel d'utilisation du logiciel NUDIST*, Australie, Victoria, La Trobe University.

1991b   « The Transformation of Qualitative Method : Computational Paradigms and Research Processes », in N. G. FIELDING, G. NIGEL et Raymond M. LEE (éds.), *Using Computers in Qualitative Research*, Londres, Sage Publications, pp. 38-53.

SCHUTZ, Alfred

1987   *Le chercheur et le quotidien : phénoménologie des sciences*, Traduction de *Collected Papers* (1962-1966), Paris, Méridiens Klincksieck.

TERSSAC de, Gilbert

1992   *Autonomie dans le travail*, Paris, Presses Universitaires de France.

THÉVENOT, Laurent

1986a   « Économie et formes conventionnelles », in THÉVENOT, Laurent et Salais, ROBERT (éds.) in *Le travail, Marchés, Règles et conventions*, Paris, Economica, Centre national de recherche scientifique (CNRS), pp. 196-215.

1986b   « Introduction : Pour une analyse des différentes espèces de convention et de leurs économies respectives », *Cahiers du Centre d'étude de l'emploi, Conventions économiques*, Paris, Presses universitaires de France, 21, pp. I-XVII.

1985   « Les investissements de forme », *Cahiers du Centre d'études de l'emploi, Conventions économiques*, Paris, Presses universitaires de France, 29, pp. 21-71.

1984   « Rules and Implements : Investment in Forms », *Social Sciences Information*, 23, 1, pp. 1-45.

5

LE SECRET, L'INTIME ET LE PRIVÉ : LA « PROBLÉMATISATION » SOCIALE DE LA VIOLENCE EN MILIEUX CONJUGAL ET FAMILIAL

Daniel TREMBLAY

Que veut-on savoir de la violence en milieux de vie conjugal et familial ? Il n'est pas très courant, sauf dans la recherche d'inspiration foucaldienne (FOUCAULT, 1976), d'associer connaissance et volonté. Il se peut donc que cette question soit jugée étonnante, voire intempestive. Pourtant, elle se justifie pleinement, du moins en ce qui a trait à l'objet visé ici. La violence en milieux de vie conjugal et familial constitue en effet une réalité bien connue, du moins dans plusieurs sociétés occidentales, où elle se voit d'ailleurs attribuer le caractère d'un « problème social » nécessitant des efforts de prévention, d'intervention et de recherche qui ont connu un développement remarquable depuis le début des années 60. Paradoxalement, cette problématique n'occupe toujours qu'une place relativement limitée dans ce que l'on pourrait appeler, par commodité, l'« espace public contemporain ». Le fait est que la famille conserve, aux yeux de la plupart des gens, l'image assez stéréotypée d'un havre de paix, d'affection et de sécurité (FAHEY, 1995 ; Secrétariat à la famille, 1994). Pour paraphraser la formule de Christopher Lasch (1979), le mythe de l'ultime « refuge dans un monde cruel » continue à séduire et ce, même si plusieurs chercheurs soutiennent pour leur part, et depuis déjà un bon moment, que l'univers familial serait en réalité l'un des milieux de vie les plus touchés par la violence (STEINMETZ et STRAUS, 1974).

Le secret, l'intime et le privé

La distinction privé/public est relativement difficile à cerner avec précision. Aujourd'hui, cette dichotomie est néanmoins considérée comme fondamentale dans toutes les sociétés libérales (BENN et GAUS, 1983 ; WEINTRAUB, 1997). L'objet de ce texte n'étant pas d'approfondir la question, on se contentera de l'évoquer, en soulignant qu'il existe plusieurs façons d'aborder cette dichotomie et d'en définir les termes : juridique, politique, morale, économique, historique, sociologique...

Les notions de secret, d'intime et de privé sont encore plus difficiles à distinguer que les sphères du privé et du public. L'exercice semble même d'intérêt si théorique qu'on l'escamoterait volontiers. Pourtant, le thème de la violence en milieux de vie conjugal et familial exige qu'on s'y attarde. Si cette réalité existe et que sa prévalence est considérable, ainsi que tendent à le démontrer de nombreux travaux de recherche, c'est notamment parce que l'univers familial bénéficie d'une « représentation collective » à toute épreuve et que le secret, par conséquent, semble constituer un véritable terreau pour la plupart des manifestations de la violence en milieux de vie conjugal et familial. Le secret, cependant, tire une partie de son efficacité du caractère privé ou soi-disant privé de ces milieux de vie. Il est donc essentiel de clarifier la signification de chacun de ces concepts, tout en admettant qu'il est impossible de les distinguer de façon catégorique.

En simplifiant, on peut d'abord dire que les notions de privé et d'intimité, du moins dans les sociétés libérales, jouissent d'une connotation plutôt positive alors que la notion de secret a une connotation plutôt négative. C'est du moins ce qui ressort de la plupart des écrits traitant de ces questions. Le privé et l'intime sont fortement associés à la famille moderne (ARIÈS, 1973 ; LASLETT, 1973). Cela dit, il ne faudrait pas exagérer le caractère privé de la famille contemporaine (GIROUX, 1992). Nous vivons dans des sociétés où les cloisons sont d'une étanchéité plus relative que jamais et où la famille, ne serait-ce qu'en raison du développement de l'État-providence (cf. fiscalité, protection de segments de population jugés vulnérables, éducation, prévention) ou de la pénétration des nouvelles technologies de communication dans l'espace domestique, est exposée à des regards et à des interventions extérieurs dont la fréquence et l'intensité sont sans comparaison avec la situation que connaissait la famille d'autrefois (BERARDO, 1998 ; DONZELOT, 1977 ; FLICHY, 1991).

La notion de privé, lorsqu'elle est associée au couple et à la famille, fait généralement référence à cette partie des activités sociales qui échappent ou, pour aborder la question de façon plus réaliste, qui ne sont qu'indirectement soumises aux normes des systèmes économique et politique prédominant au sein des sociétés libérales. Certains auteurs, dont plusieurs affichent une position féministe, opposent par exemple l'univers familial en le taxant de privé à celui de la « société civile » qui est donc assimilé à la sphère du public. Le privé, dans cette optique, est un univers où le rôle de la femme a traditionnellement été beaucoup plus important que dans le domaine public, lequel a été et reste fortement dominé par l'homme. Plusieurs féministes voient ainsi dans la dichotomie privé/public un principe qui viendrait occulter l'inégalité des sexes et écarter de l'espace public des problèmes plus susceptibles d'être vécus par les femmes que par les hommes (FAHEY, 1995 ; PATEMAN, 1983 ; SCHNEIDER, 1994 ; WEINTRAUB, 1997).

Cette façon de poser le problème est bien connue aujourd'hui puisqu'elle constitue l'un des principaux leit-motive du discours tenu par le mouvement des femmes depuis les années 60. Elle n'est cependant pas représentative de l'ensemble du discours social sur la dichotomie privé/public. Le privé, en général, jouit au contraire d'une bonne réputation et sa « légitimité » fait même l'objet d'un « large consensus » dans les sociétés libérales (NOCK, 1998). Associé à l'individu, on lui attribue souvent des caractéristiques comme la liberté, l'autonomie ou la protection ; associé au couple et à la famille, on lui accole spontanément des vertus comme l'affection, l'harmonie, la loyauté, la confiance, la sécurité, etc. Cette vision du couple et de la famille peut paraître bien stéréotypée, mais les enquêtes démontrent qu'elle reste populaire. Croire de la famille qu'elle possède un caractère essentiellement privé, pour la plupart des gens, semble plus rassurant que la perspective de ne plus avoir de « refuge » dans un monde où, dit-on, le sentiment d'insécurité serait croissant (CHEAL, 1991 ; SENNETT, 1980). Il est d'ailleurs notoire que le concept de « chez-soi » (*home*) connaît depuis quelques années un vif regain d'intérêt et ce, malgré les profonds changements qu'a subis l'institution familiale au cours des dernières décennies (BERARDO, 1998 ; KUMAR, 1997).

Le concept d'intimité est souvent assimilé au privé et peut effectivement être utilisé pour faire référence aux milieux de vie conjugal et familial. Les deux concepts deviennent alors synonymes ou quasi-synonymes (en anglais, le terme *privacy* peut d'ailleurs être utilisé dans les deux sens, même si le terme *intimacy* existe également). Certains auteurs jugent cependant utile de distinguer les deux concepts. L'intime, suggère-t-on, aurait un caractère encore plus intense ou aigu que le privé. La frontière entre les deux concepts semble bien difficile à tracer de manière formelle, mais sur le plan par exemple des relations interpersonnelles, l'intimité exigerait des individus impliqués qu'ils sacrifient l'essentiel de leur droit à une vie privée personnelle au bénéfice de leur relation. L'intimité serait en quelque sorte affaire de sentiment ou d'émotion, condition que ne présuppose pas forcément la notion de privé (BROWN-SMITH, 1998). Pour chercher à illustrer la nuance, on peut aussi évoquer les « règles » entourant l'usage et le partage de certaines « commodités » par les membres d'une unité familiale (van MANEN et LEVERING, 1996). Rappelons en outre que

Edward T. Hall (1971), dans *La dimension cachée*, jugeait nécessaire de distinguer les notions de « distance intime » et de « distance personnelle ». Bref, le privé et l'intime peuvent sans doute être distingués de façon utile. Cependant, ils sont tous deux porteurs de la connotation positive évoquée plus haut, privilège que ne partage habituellement pas la notion de secret.

D'entrée de jeu, le concept de secret ne suscite guère la sympathie. L'objet du secret, sans même qu'en soit précisée la nature, baigne dans une aura un peu trouble. Il n'est pas rare que l'on fasse appel aux notions de dissimulation, de séparation, voire de ségrégation pour essayer de le définir (BOK, 1982 ; IMBER-BLACK, 1993 ; WARREN et LASLETT, 1980). En 1976, un auteur français allait même jusqu'à conclure à « la parenté étymologique entre [les mots] secret et excrément » (LÉVY, 1976 : 118). Par rapport au savoir, le secret agit un peu à la manière d'un repoussoir. Si l'on reprend par exemple la question formulée au début de ce texte : *Que veut-on savoir de la violence en milieux de vie conjugal et familial?* Le mot « tout » ne représente-t-il pas la seule réponse acceptable du strict point de vue de la connaissance. De là à voir dans le secret l'envers ou même l'ennemi du savoir, il n'y a qu'un pas et il ne semble guère difficile à franchir.

Pourtant, le privé, l'intime et le secret sont des notions qui sont loin d'être étrangères l'une à l'autre. Un examen sommaire de la littérature sur le sujet démontre même que les liens qui les unissent, à condition de les appréhender sans jugement de valeur, sont étroits. Il s'agit toujours de préserver, de protéger, de contrôler (etc.) l'accès à des éléments de connaissance qui peuvent, selon le cas, prendre la forme de zones d'activité, de modes de vie, d'attitudes ou d'opinions, d'informations, etc. Par ailleurs, c'est à partir du moment où l'on introduit la question de la « légitimité » que les frontières entre le privé, l'intime et le secret font aussitôt leur apparition et que la problématique se polarise, généralement au profit de ce qui tombe sous la rubrique du privé et de l'intime et au détriment de ce qui tombe sous la rubrique du secret (BOK, 1982 ; NOCK,

1998 ; WARREN et LASLETT, 1980). Inutile sans doute de préciser que ce tamisage s'effectue sous l'influence de facteurs aussi divers que changeants : circonstances, milieu de vie, époque, paramètres culturels, cadre juridique, etc.

En matières conjugale et familiale, la notion de secret peut être utilisée à plusieurs fins. Elle est, dans ce contexte comme ailleurs, généralement marquée d'une connotation péjorative. On aura l'occasion, au cours de cet exposé, de constater qu'elle y est par exemple fortement associée au thème de la violence. Avant d'aborder la question, il convient toutefois de préciser que le secret, en contexte conjugal ou familial, peut se manifester à plusieurs niveaux, chacun d'eux soulevant des enjeux qui lui sont propres (BERARDO, 1998 ; BROWN-SMITH, 1998 ; IMBER-BLACK, 1993 ; KARPEL, 1980).

-Le secret peut d'abord y être appréhendé au niveau individuel. L'objet du savoir est alors monopolisé par son détenteur.

-À un deuxième niveau, que l'on pourrait taxer d'interindividuel, le secret fait l'objet d'un certain partage au sein de la cellule familiale. Le savoir, dans ce cas-ci, est détenu par une partie des membres de la cellule, les autres membres en étant donc tenus à l'écart.

-À un troisième niveau, l'objet du savoir est partagé par l'ensemble des membres de la cellule conjugale ou familiale, mais limité à cet ensemble. Dans la littérature, qu'elle soit de type scientifique, clinique ou même populaire, on y fait régulièrement référence en utilisant l'expression « secrets de famille ».

-À un quatrième niveau, l'objet du savoir déborde le cadre conjugal ou familial, mais l'accès y est limité à des acteurs sociaux bien précis et qui, pour des raisons diverses et qui peuvent être par exemple d'ordre accidentel (situation de promiscuité) ou professionnel (intervention psychoso-ciale), partagent le secret sans le divulguer. L'expression

« secret professionnel » pourrait, dans une partie des situations visées, servir à décrire ce cas de figure.

-À un cinquième et dernier niveau, l'objet du savoir, tout en étant formellement considéré comme secret, est ou peut être dans les faits aisément accessible à quiconque le souhaite. En un sens, c'est à ce type de situation que renvoie l'expression « secret de Polichinelle ».

Objectifs de recherche et approches méthodologiques

Sur la base de ces considérations conceptuelles, essayons maintenant de faire le jour sur la relation qui existe entre, d'une part, les notions de secret, d'intime et de privé et, d'autre part, l'univers de la violence en milieux de vie conjugal et familial. Les données utilisées dans la suite de cet exposé proviennent de deux projets de recherche.

L'un de ces projets avait pour objectif principal de faire le point, par le biais d'une recension des écrits de langues française et anglaise, sur l'état des connaissances scientifiques et cliniques se rapportant au thème du « secret entourant la violence en milieux de vie conjugal et familial » (TREMBLAY, 1998).[1] Les écrits recensés (plus de 600 références bibliographiques) portent sur toutes les formes de violence (physique, sexuelle, psychologique, négligence, etc.) susceptibles de se produire en milieux conjugal et familial, ce dernier incluant les unités de type nucléaire, monoparental ou « recomposé ». Trois stratégies de recherche ont été utilisées : consultation de « bases de données » spécialisées (ex. *Psyclit, Sociofile, Current Contents*), dépouillement des principaux ouvrages de type scientifique ou clinique consacrés aux violences conjugale et familiale, consultation d'organismes publics ou communautaires québécois susceptibles de produire

---

1. La réalisation de ce projet a été rendue possible grâce au soutien financier du Conseil québécois de la recherche sociale.

ou de « parrainer » la production de travaux pertinents. Les documents recueillis ont été soumis à une grille d'analyse spécifiquement conçue pour la réalisation du projet. Cette grille avait pour objet de faire ressortir ce qui, à l'intérieur de chacun des documents retenus, peut être considéré comme une contribution significative à la connaissance du sujet traité. L'ensemble du matériel a finalement été répertorié et analysé en fonction de deux variables : d'une part, les types de violence examinés et, d'autre part, le profil des victimes (enfant, parent, conjoint-e, membre de la fratrie, grands-parents, etc.). En simplifiant considérablement, on pourrait dire que ce projet s'intéresse davantage à la dimension privée du phénomène de la violence en milieux de vie conjugal et familial.

Le second projet, en apportant toujours les nuances nécessaires puisque la frontière qui sépare les deux sphères de vie est loin d'être étanche, s'intéresse davantage à la dimension publique du phénomène. Ce projet visait en effet à analyser le traitement que les médias d'information accordent aux incidents de violence qui se produisent en milieux de vie conjugal et familial (TREMBLAY, 1996).[2] Pour ce faire, l'ensemble du « contenu rédactionnel et iconographique » des cinq quotidiens les plus lus au Québec (en ordre décroissant, selon l'importance de leur tirage en jour de semaine : le *Journal de Montréal*, *La Presse*, *The Gazette*, le *Journal de Québec* et *Le Soleil*) a été soumis à un examen systématique, et ce, pendant une période d'exactement six mois (du 13 décembre 1993 au 12 juin 1994). Le corpus obtenu regroupe la totalité des unités d'information (plus de 1 700) rapportant ou commentant, en termes explicites, au moins un incident concret et virtuellement vérifiable de violence impliquant des personnes vivant ou ayant déjà vécu en couple ou en famille. Les milieux de vie conjugal et familial retenus sont les mêmes que dans le cadre du premier projet. Cependant, seules les violences de types

---

2.   La réalisation de ce projet a été rendue possible grâce au soutien financier de l'Université du Québec à Hull.

physique et sexuel ont été retenues pour l'analyse du traitement médiatique. Ce dernier choix s'appuie essentiellement sur des motifs d'ordre méthodologique. Tenant compte de la nature et de la présentation de l'information médiatique, il est en effet extrêmement difficile, voire impossible, de cerner avec rigueur les violences qui se manifestent de manière plus abstraite (psychologique, verbale, négligence affective...). L'ensemble du matériel recueilli a été compilé et traité au moyen d'une grille d'analyse conçue aux fins spécifiques de ce projet. Cette grille a notamment été utilisée pour : identifier et décrire de façon standardisée les unités d'information pertinentes (aspects substantiels et formels), analyser la description des actes de violence posés et subis, cerner l'explication éventuelle des incidents et de leurs conséquences, tracer le profil des acteurs directement et indirectement impliqués, faire ressortir les circonstances et le contexte de la violence, etc.

La réalisation de ces deux recherches a donc permis d'obtenir une quantité appréciable d'informations relatives à la manière dont se construit, aujourd'hui, ce que l'on pourrait appeler le « savoir collectif contemporain »[3] sur le phénomène de la violence en milieux de vie conjugal et familial. Il va de soi que ces recherches sont loin d'épuiser le sujet. Non seulement les contributions scientifique, clinique et médiatique à la construction de ce savoir débordent-elles le cadre de la problématique retenue ici, mais elles sont également en constante évolution. Qui plus est, ces contributions se distinguent nettement par leurs mandats, leurs objets, leurs

---

3. L'expression «savoir collectif contemporain» est utilisée ici pour faire référence, de façon globale, à l'état actuel des connaissances théoriques, scientifiques, cliniques et médiatiques sur le phénomène de la violence en milieux de vie conjugal et familial. Ce savoir, dans notre esprit, interagit avec son environnement. Il n'est donc pas imperméable aux valeurs, perceptions, priorités sociopolitiques, idéologies, réalités économiques etc. qui caractérisent cet environnement aussi complexe que fluctuant.

modes et leurs rythmes de production, leurs usages etc. respectifs. On peut néanmoins voir dans chacune de ces contributions un affluent du « savoir collectif contemporain » sur le phénomène de la violence en milieux de vie conjugal et familial. Le débit de ce savoir a connu, au cours des dernières décennies, une croissance phénoménale. Le paradoxe, comme nous l'avons vu, réside dans le fait que le couple et la famille restent perçus, et peut-être même plus aujourd'hui que naguère, comme des milieux de vie à caractère bien davantage privés que publics. Singulier objet de connaissance...

Quelques paradoxes du « savoir collectif contemporain » sur les violences conjugale et familiale

Sans vouloir abuser du mot « paradoxe », il n'empêche que c'est celui qui nous semble le plus adéquat pour décrire de façon sommaire le croisement des savoirs scientifique, clinique et médiatique sur le phénomène de la violence en milieux de vie conjugal et familial. On persiste à associer cette violence au secret alors qu'elle fait l'objet d'une attention considérable. Réflexions à caractère théorique, travaux de recherche empirique, approches et observations cliniques portant sur la problématique de la violence en milieux de vie conjugal et familial sont légion à mettre l'accent sur l'importance du rôle joué par le secret dans l'émergence et la pérennisation de cette problématique. Les médias d'information, pour leur part, laissent rarement passer une journée sans évoquer au moins un incident de cette nature. À l'échelle du « savoir collectif », on peut dire en d'autres termes, que ce secret, ou bien n'en est pas vraiment un, ou bien l'est mais dans un sens particulier.

Les risques de l'« isolement social » et du « Temps des fêtes »

En fait, aborder la problématique en l'associant au secret équivaut aujourd'hui à faire un usage purement métaphorique de ce concept. La violence en milieux conjugal et familial – ou du moins certains aspects de cette problématique comme on aura l'occasion de le constater un peu plus loin – n'est un secret que pour ceux qui refusent d'en admettre l'existence et la prévalence. Il est socialement utile, sans doute, d'entretenir l'idée que cette violence est un phénomène marginal et qu'elle ne constitue une menace que pour les milieux de vie conjugal et familial échappant à la norme du « foyer refuge et havre de paix ». Cette approche, que l'on pourrait qualifier de « pathologisante », est d'ailleurs l'une des mieux enracinées dans la « sociologie des problèmes sociaux » (RUBINGTON et WEINBERG, 1995). Elle incite par exemple à mettre l'accent sur les effets pervers du droit au respect de la vie privée qui, dans nombre de travaux scientifiques ou cliniques, est perçu comme l'un des vecteurs de l'« isolement social », lui-même perçu comme un terreau d'élection pour les violences conjugale et familiale. Les médias d'information, pour donner un autre exemple de cette tendance, s'« intéressent » moins facilement à l'abandon d'un enfant par ses parents qu'au fait que ce genre de situation puisse se produire durant la « période des Fêtes » ; ce qui laisse d'ailleurs l'impression que ce moment de l'année s'accompagne d'une « vague d'abandons », phénomène d'un « intérêt médiatique » certain. La violence est ici mise en relation avec des réalités qui ont moins vocation à expliquer son incidence qu'à la rendre plus facilement concevable. Bien sûr, l'idée n'est pas de la justifier. Il s'agit plutôt d'en permettre l'appréhension sans avoir à questionner le contexte dans lequel la violence émerge et s'installe. Ce n'est pas le caractère privé du milieu familial qui est mis en cause, mais l'isolement social, ce qui aide à esquiver bien des questions plus embarrassantes et d'une portée nettement plus macrosociologique. De même, ce n'est pas le problème de la négligence de certains enfants par leurs parents que tend à soulever le traitement médiatique, mais celui plus facilement concevable des débordements propres à la « période des Fêtes » et qui font de cette dernière un moment de l'année un peu particulier. Il est rassurant, somme toute, de pouvoir se dire que l'isolement social n'est pas le lot de tous les couples et de toutes les familles ou que les choses reviendront à la « normale » une fois passée la « période des Fêtes ».

Le caractère secret de l'abus sexuel en milieu familial

De façon assez prévisible, il ressort de notre recension que la majorité des écrits scientifiques et cliniques établissant un lien entre secret et violence portent sur les agressions et abus de nature sexuelle. L'argument qui sous-tend cette vision des choses est fort simple. Il consiste, dans un premier temps, à rappeler le principe voulant que les milieux de vie conjugal et familial sont censés baigner dans une aura de confiance, d'harmonie, de solidarité, etc., principe que vient d'ailleurs sanctionner le droit au respect de la vie privée. Le principe une fois établi, on y confronte ce que l'on pourrait appeler avec une certaine candeur, la « réalité », à savoir que la prévalence des agressions et abus sexuels en milieux conjugal et familial est considérable et qu'elle est en outre nettement et systématiquement sous-estimée. Bref, le phénomène serait répandu mais confiné au secret. Une bonne illustration de ce raisonnement nous est offerte avec le « syndrome d'accommodation », thèse proposée par le clinicien américain Roland C. Summit en 1983 et qui, depuis, a été abondamment utilisée et commentée, peut-être même un peu trop aux yeux de son propre auteur (SUMMIT, 1983 et 1992).

Cette thèse attribue au secret un rôle de première importance en matière d'abus sexuel. Pour résumer, la thèse consiste à expliquer que le secret constitue l'un des éléments structurants de l'abus sexuel dont peut être victime un enfant, particulièrement en contexte familial. L'enfant victime d'abus sexuel fait face à une situation dont les adultes ne lui ont jamais parlé et dont ils évitent même de parler entre eux (l'inceste figure en tête de liste dans ce qu'une certaine littérature appelle les « secrets de famille »). Selon Summit, devant l'inconfort ou l'incrédulité des seuls adultes auxquels il a le sentiment de pouvoir s'adresser, l'enfant serait souvent amené à s'« accommoder » de la situation, ce qui pourrait expliquer par exemple, comme le font abondamment ressortir les écrits scientifiques et cliniques sur le sujet, que les situations d'abus sexuel, selon le cas, ou sont ignorées indéfiniment, ou perdurent pendant de longues années, ou font l'objet de tentatives de confidences et de rétractations répétées de la part de la victime, ou sont dévoilées à l'issue de pratiques thérapeutiques controversées, etc.

Bien sûr, l'objet de cet exposé n'est pas de discuter la thèse de Summit. Cette dernière n'est évoquée ici que pour illustrer comment, dans la littérature clinique en particulier, s'établit le lien entre le secret et la violence, en l'occurrence l'inceste intergénérationnel. La recension des écrits scientifiques et cliniques fait ressortir que ce dernier constitue, et de loin, la forme de violence à laquelle on associe le plus fréquemment et systématiquement le secret. On pourrait donc s'attendre à ce que le « savoir collectif » sur la violence en milieux de vie conjugal et familial reflète cette situation, par exemple en cherchant à occulter la question de l'inceste ou du moins en l'abordant avec pudeur ou prudence. Contre toute attente, et la tentation est forte ici de recourir à nouveau au mot « paradoxe », l'analyse du traitement médiatique révèle que les agressions et abus sexuels occupent, par rapport à d'autres formes de violence, une place de premier plan dans l'information médiatique. On peut même constater que ce sont les enfants qui, plus que tout autre membre de la famille, sont identifiés par les médias d'information comme étant les plus susceptibles d'être victimes d'abus sexuel. Notons au passage que ce dernier, depuis quelque temps, bascule même de plus en plus régulièrement dans l'espace médiatique, et pas toujours à des fins d'information (MASUY, 1996). Pourtant, en consultant les statistiques québécoises les plus récentes, on constate que l'abus sexuel ne figure pas parmi les cas de mauvais traitements les plus « retenus par les Centres de protection de l'enfance et de la jeunesse ». Dans ces statistiques, l'abus sexuel vient même assez loin derrière la négligence et l'abus à caractère physique (ÉTHIER et COUTURE, 1998). Il y a, semble-t-il, un fort contraste entre d'une part le traitement médiatique de l'inceste et, d'autre part, la propension qu'ont nombre d'auteurs d'écrits scientifiques et cliniques à insister sur le lien qui associerait d'une manière quasi naturelle inceste et secret. Mais à bien y penser, le contraste n'est peut-être pas si marqué. Après tout, les chercheurs et les cliniciens font, eux aussi, état d'un « intérêt » assez peu discret pour la question de l'inceste. Leur insistance à y relier la notion de secret cache mal le fait que, dans la littérature consacrée au thème de la violence en milieux de vie conjugal et familial, ce sujet est sans doute l'un de ceux sur lesquels il s'est publié le plus de travaux au cours des vingt dernières années.

Victimes de la violence ou du secret qui l'entoure?

L'un des leitmotive de la littérature scientifique et clinique sur la violence en milieux de vie conjugal et familial consiste à rappeler que la prévalence et l'incidence du problème sont mal connues et très vraisemblablement sous-estimées (OHLIN et TONRY, 1989). La plupart des auteurs, raisonnements et illustrations à l'appui, s'entendent pour dire par exemple que les études épidémiologiques butent sur des difficultés d'ordre méthodologique et éthique majeures, que les statistiques sur la criminalité ou provenant des organismes de protection ne décrivent qu'indirectement et très partiellement (ou même partialement) la réalité, que les enquêtes réalisées à ce jour se fondent sur des définitions discutables ou recourent à des instruments de collecte et de mesure insatisfaisants, etc. Bref, il y a consensus autour du fait que la prévalence et l'incidence de la violence en milieux de vie conjugal et familial, même après des décennies de recherche, sont l'objet d'une connaissance qui, au mieux, reste imprécise et incomplète.

C'est aux enfants victimes de violence et d'abus de la part de leurs « parents » que s'intéressent le plus les écrits scientifiques et cliniques portant sur le thème du secret associé à la violence en milieux de vie conjugal et familial. Ces écrits se comptent par centaines. Par ailleurs, les médias d'information s'intéressent beaucoup au sort de ces enfants. Ces derniers représentent à eux seuls plus de la moitié des victimes auxquelles il est fait référence dans le corpus de presse que nous avons analysé. Ils devancent sensiblement les victimes de violence conjugale (un peu plus du tiers des victimes recensées), et de très loin (en ordre décroissant) les parents victimes de violence de la part de leurs enfants, les enfants victimes de violence de la part d'un frère ou d'une sœur, de même que les grands-parents victimes de leurs petits-enfants. Les victimes auxquelles la littérature scientifique et clinique associent le plus régulièrement le secret sont, en d'autres termes, celles que les médias d'information évoquent le plus fréquemment. De façon évidente, ce n'est donc pas à l'échelle collective que les violences infligées aux enfants par leurs parents constituent un secret.

Cette observation, qui peut encore une fois paraître un peu paradoxale, reflète pourtant bien l'évolution qu'a connue la « problématisation » sociale de la violence en milieux de vie conjugal et familial au cours des dernières décennies. « Découvertes » successives des mauvais traitements physiques infligés aux enfants par leurs parents (début des années 60), de la violence conjugale (début des années 70), des abus sexuels en milieu familial (seconde moitié des années 70), des abus subis par les personnes âgées (années 80) et, plus récemment et de manière nettement plus velléitaire, des violences et abus subis par les parents, les adolescents et les conjoints de sexe masculin. Le caractère cumulatif de ces « découvertes » confère à la problématique de la violence en milieux conjugal et familial l'importance qu'on lui attribue aujourd'hui.

Cette évolution, est-il besoin de le préciser, serait bien difficile à expliquer par l'évolution correspondante de l'incidence de chacune des violences concernées. Les données nécessaires à une telle vérification seraient, de toute façon, elles-mêmes influencées par cette évolution puisque, règle générale, les efforts déployés pour observer et améliorer l'observation d'un phénomène sont assez directement tributaires de l'« intérêt » accordé à ce phénomène. Difficile, en d'autres mots, de démontrer de façon certaine que l'inceste frère/sœur ou l'exploitation financière des parents âgés est plus fréquent aujourd'hui qu'à l'époque où l'on ne s'«intéressait» pas à de telles réalités. Force est de conclure, nous semble-t-il, que l'un des facteurs importants dans l'association que le «savoir collectif contemporain» tend à établir entre le secret et la violence en milieux de vie conjugal et familial, découle directement de la signification et de l'importance attribuées à cette violence et à chacune de ses multiples manifestations. C'est sans doute ce qui explique que les victimes de certaines des violences les plus répandues selon les enquêtes sociologiques (par exemple, celles impliquant les membres d'une fratrie) restent toujours, malgré de nombreuses et intensives années de recherche sur la problématique de la violence familiale, qualifiées de «victimes cachées» (GELLES, 1997) et que les médias d'information s'y «intéressent» si peu.

Que veut-on savoir de la violence en milieux de vie conjugal et familial?

Il ressort clairement des recherches effectuées ici que le «savoir collectif contemporain» sur la violence en milieux de vie conjugal et familial est loin d'avoir pour seuls fonction et intérêt d'élargir l'univers de la connaissance. Ce savoir témoigne également d'un effort pour proposer une certaine représentation de la violence qui menace ou frappe ces milieux de vie. Ces derniers, qui profitent de la protection qu'est censé leur assurer le droit au respect de la vie privée, sont la cible depuis quelques décennies d'efforts de recherche et d'intervention sans précédent. On leur prêtait des vertus (affection, harmonie, confiance...) apparemment inaccessibles aux autres institutions, et voici qu'une impressionnante légion de chercheurs, d'intervenants de tous niveaux et même de journalistes donnent l'impression, au nom de principes tout à fait nobles (connaissance, prévention, dépistage, droit à l'information, etc.), de vouloir miner les fondements du couple et de la famille.

Mais que veut-on savoir, au juste, de la violence en milieux de vie conjugal et familial? Est-ce un problème d'ordre privé ou public? Ce genre de distinction, d'ailleurs, peut-il encore être utilisé pour cerner des réalités – le couple et la famille – dont on sait maintenant qu'elles jouissent d'une représentation collective fortement idéalisée? N'est-ce pas finalement aux dépens des victimes d'une violence apparemment jugée plus honteuse que les autres que l'on persiste à entretenir ce mythe? On s'emploie à faire comme si cette violence appartenait toujours au monde du secret alors que ce dernier, à vrai dire, n'est le lot que des victimes. En nourrissant le mythe, et donc en persistant à taxer de secrète une réalité qui ne l'est plus vraiment, on se donne collectivement les moyens de continuer à légitimer les institutions du couple et de la famille. Les victimes de la violence sont ainsi encouragées ou incitées par la force des choses à faire preuve d'une certaine discrétion, ce qui nous permet par ailleurs de continuer à recourir à la métaphore du secret pour évoquer une réalité qui, aujourd'hui, n'est secrète que pour qui veut l'ignorer.

Bibliographie

ARIÈS, P.

1973   *L'enfant et la vie familiale sous l'Ancien Régime*, Paris , Seuil.

BENN, S. I. et G. F. GAUS, eds.

1983   *Public and Private* in *Social Life*, London , Croom Helm.

BERARDO, F. M.

1998   « Family Privacy, Issues and Concepts », *Journal of Family Issues*, 19, 1, pp. 4-19.

BOK, S.

1982   *Secrets : On the Ethics of Concealment and Revelation*, New York, Pantheon Books.

BROWN-SMITH, N.

1998   « Family Secrets », *Journal of Family Issues*, 19, 1, pp. 20-42.

CHEAL, D.

1991   *Family and the State of Theory*, Toronto, University of Toronto Press.

DONZELOT, J.

1977   *La police des familles*, Paris, Éd. de Minuit.

ÉTHIER, L. S. et G. COUTURE

1998   « Environnement familial et développement de l'enfant en situation de risque : comprendre, prévenir, intervenir », *Réseau*, 29, 5, pp. 14-19.

FAHEY, T.

1995   « Privacy and the Family : Conceptual and Empirical Reflections », *Sociology*, 29, 4, pp. 687-702.

FLICHY, P.

1991   *Une histoire de la communication moderne : espace public et vie privée*, Paris , La Découverte.

FOUCAULT, M.

1976   *La volonté de savoir. (Histoire de la sexualité 1)*, Paris, Gallimard.

GELLES, R. J.

1997   *Intimate Violence in Families,* Thousand Oaks, Sage.

GIROUX, G.

1992   « La place de la famille aux confins du privé et du public », in G. Pronovost, dir., *Comprendre la famille,* Ste-Foy, Presses de l'Université du Québec, pp. 21-36.

HALL, E. T.

1971   *La dimension cachée,* Paris, Seuil. (trad.)

IMBER-BLACK, E., *ed.*

1993   *Secrets in Families and Family Therapy,* New York, W. W. Norton & Company.

KARPEL, M. A.

1980   « Family Secrets », *Family Process,* 19, pp. 295-306.

KUMAR, K.

1997   « Home : The Promise and Predicament of Private Life at the End of the Twentieth Century », in J. Weintraub et K. Kumar (eds), *Public and Private in Thought and Practice : Perspectives on a Grand Dichotomy,* Chicago, The University of Chicago Press, pp. 204-236.

LASCH, C.

1979   *Haven in a Heartless World : The Family Besieged,* New York, Basic Books Inc.

LASLETT, B.

1973   « The Family as a Public and Private Institution - An Historical Perspective », *Journal of Marriage and the Family,* 35, pp. 480-492.

LÉVY, A.

1976   Évaluation étymologique et sémantique du mot « secret », *Nouvelle Revue de Psychanalyse,* 14, pp. 117-129.

MASUY, C.

1996   « Dire l'indicible, montrer l'immontrable : comment la télévision évoque l'abus sexuel », *Service social dans le monde.* 1/2, pp. 24-35.

NOCK, S. L.

1998   « Too Much Privacy? », *Journal of Family Issues,* 19, 1, pp. 101-118.

OHLIN, L. et M. TONRY, eds.

1989   Family Violence : Crime and Justice, A Review of Research, Chicago, University of Chicago Press.

PATEMAN, C.

1983   « Feminist Critiques of the Public/Private Dichotomy », in S. I. Benn et G. F. Gaus, (eds), Public and Private in Social Life, London, Croom Helm, pp. 281-303.

RUBINGTON, E. et M. S. WEINBERG, eds.

1995   The Study of Social Problems : Seven Perspectives, New York, Oxford University Press.

SCHNEIDER, E. M.

1994   « The Violence of Privacy », in M. Albertson Fineman et R. Mykitiuk, (eds), The Public Nature of Private Violence : The Discovery of Domestic Abuse, New York, Routledge, pp. 36-58.

Secrétariat à la famille

1994   Familles en tête 1995-1997 : les défis à relever, Québec, Gouvernement du Québec.

SENNETT, R.

1980   La famille contre la ville : les classes moyennes de Chicago à l'ère industrielle, 1872-1890, Paris, Recherches. (trad.)

STEINMETZ, S. K. et M. A. STRAUS, eds.

1974   Violence in the Family, New York, Harper & Row.

SUMMIT, R. C.

1992   « Abuse of the child sexual abuse accommodation syndrome », Journal of Child Sexual Abuse, 1, 4, pp. 153-163.

SUMMIT, R. C.

1983   « The child sexual abuse accommodation syndrome », Child Abuse and Neglect, 7, pp. 177-193.

TREMBLAY, D. et al.

1998   La divulgation et le dépistage de la violence familiale (Rapport remis au Conseil québécois de la recherche sociale), Hull, Université du Québec à Hull.

TREMBLAY, D.

1996   *La représentation médiatique d'un problème social : les violences conjugale et familiale*, Hull, Géris, Université du Québec à Hull.

VAN MANEN, M. et B. LEVERING

1996   *Childhood's Secrets : Intimacy, Privacy, and the Self Reconsidered*, New York, Teachers College Press.

WARREN, C. et B. LASLETT

1980   « Privacy and Secrecy : A Conceptual Comparison », in S. K. Tefft, (ed.), *Secrecy : A Cross-Cultural Perspective*, New York, Human Sciences Press, pp. 25-34.

WEINTRAUB, J.

1997   « The Theory and Politics of the Public/Private Distinction », in J. Weintraub et K. Kumar, (eds), *Public and Private in Thought and Practice : Perspectives on a Grand Dichotomy*, Chicago, The University of Chicago Press, pp. 1-41.

6

DE LA CULTURE POPULAIRE ET DE SON INDIFFÉRENCIATION CROISSANTE AVEC LA « GRANDE » CULTURE

Andrée FORTIN

Pourquoi poser encore la question de la définition de la culture populaire ? La question n'est pas nouvelle, c'est le moins que l'on puisse dire, et la réponse en gros a toujours été la suivante : à l'usage, même si certaines pratiques et artefacts s'y rattachent de façon intuitivement évidente, il semble impossible de parvenir à une définition satisfaisante de la culture populaire autrement qu'en opposition à une autre culture...

Cela dit, dans la dernière moitié du siècle qui s'achève, sont apparus des changements qui font que ce qui semblait intuitivement évident ne l'est plus et que le concept n'est plus opérationnel. Certains de ces changements sont « internes » au champ culturel mais d'autres sont plus globaux, avec le résultat que désormais la culture populaire semble absorber l'ensemble de la culture rendant toute distinction impossible en son sein. Pratiques et artefacts semblent tous participer de la même logique, nous amenant à revoir les concepts.

La culture populaire versus la culture

Si on veut opposer culture « populaire » (la culture au sens anthropologique, qui est l'univers des valeurs et des significations dans lesquelles nous habitons et que nous construisons à la fois) à culture « savante », cela suppose que ces pôles soient bien définis. Or cette distinction a toujours été piégée, et ce dès le moment où elle a été établie. C'est ce que plusieurs auteurs ont montré à l'envie, en particulier Robert Laplante (1982) : la culture populaire est toujours ainsi distinguée par rapport à une autre qui n'a pas besoin d'être définie, spécifiée : c'est la culture « savante », « d'élite », la *high culture*, la « grande » culture, laquelle serait la vraie, la culture-tout-court...

La culture populaire est toujours la culture de l'autre que celui qui en parle. Objet d'étude ou d'analyse privilégié... quand elle est menacée ou en voie de disparaître (la beauté du mort). Pire, il s'agit parfois d'une censure, d'une désappropriation de ceux à qui elle appartenait. On tire la culture populaire de son contexte, et le monde savant se la réapproprie dans un nouveau contexte où change son sens ; c'était parole, communication, signification, cela devient artefact, objet pour esthètes. L'art d'élite se nourrit ainsi de l'art populaire qu'il contribue à mettre à mort en le tirant de son contexte.

Si la distinction a toujours été piégée, c'est encore plus vrai actuellement car les deux pôles de culture populaire et culture-tout-court sont en redéfinition sous l'effet de différents facteurs. J'ai déjà cherché en vain la différence entre l'art populaire et l'art-tout-court (FORTIN, 1992) ; elle ne passe pas par l'objet éventuel, par le rapport de l'artiste à l'œuvre ni de l'artiste au public, ni par la reconnaissance... Guy Bellavance (1997) la cherche entre la tradition et l'innovation, entre l'originalité de l'art contemporain et l'authenticité de l'art populaire, pour récuser à son tour ces critères.

Est-il possible de penser la culture populaire en elle-même et non en regard de quelqu'autre ? Quelques distinctions seront utiles ici : celle entre la culture produite et consommée ; par le peuple ou par l'élite ; une culture vivante ou du passé, voire muséifiée ; une culture subventionnée et une autre, autofinancée. Ces quatre distinctions ne se recoupent pas entièrement.

Il y a des genres qui sont par définition destinés à la consommation (téléséries, musique pop) et d'autres qui peuvent être pratiqués par des amateurs même si on a tendance à les rattacher à l'art d'élite (musique classique, peinture) ; d'autres encore ne sont destinées qu'à la production dirait-on, leur consommation se subsumant avec leur production (*patentes*, graffiti, performance) ; enfin certains modes de consommation peuvent devenir une production (collages musicaux rave).

L'opéra est consommé par l'élite ; cela dit, il est en règle générale soutenu financièrement par l'État. Le populaire est-il ce qui n'a pas besoin de subvention parce qu'il s'autofinance ? Ce qui est subventionné par l'État devrait-il plaire à tous les contribuables ? Et l'art amateur, les orchestres symphoniques amateurs, voire l'opéra amateur : s'agit-il d'art populaire ou d'art d'élite ; de production de culture ou de loisir ? L'art du passé qui se retrouve dans les musées n'est plus destiné qu'à la consommation. Si l'art n'est plus vivant, peut-on encore le dire « populaire », comme c'est le cas du patrimoine et des *patentes* qui entrent au Musée ? Comme si les distinctions entre la culture populaire et la culture-tout-court n'étaient pas déjà embrouillées, elles se complexifient actuellement.

La culture, objet de consommation

Une « mutation » importante de la culture en cette fin de XXe siècle, c'est son industrialisation, qui fait que même la grande culture, même la culture d'élite, est désormais objet de consommation. Cela prend diverses formes, mais la mise en marché de la culture-tout-court est de plus en plus comparable à celle des produits de l'industrie culturelle, voire des biens de consommation en général. Cela s'observe tant du côté des arts de la scène, où le spectacle, fut-il élitiste ou expérimental, se prête à la mise en marché que dans des domaines qu'on aurait pu en croire préservés, comme les arts visuels ou le livre.

Dans les arts de la scène, on cherche à remplir des salles et à vendre des billets. Il y a belle lurette qu'on utilise toutes les ruses du marketing et du vedettariat. Mais ce qui semblait réservé aux plus populaires des arts de la scène pénètre désormais l'ensemble du secteur, jusqu'à l'opéra, le plus distinctif des genres distinctifs au sens de Bourdieu. Ainsi « le disque des trois ténors » a-t-il été enregistré en public devant plus de 50,000 personnes. Puis il a été distribué comme un disque pop-rock... (BENHAMOU, 1996, p. 27).

On pense aussi aux expositions blockbusters dans les Musées, mises en marché à coup de publicité dans les médias et d'objets dérivés (concours dans les journaux, tirages à la radio, t-shirts, tapis de souris d'ordinateur, etc.). On « vend » une exposition de Picasso, de Rodin, des impressionnistes, voire de Wharol, de la même façon ou presque qu'un film à grand déploiement. Cela dit, même des expositions « ordinaires » sont mises en marché comme des téléséries : les critiques sont invités à une avant-première, à une visite avant le vernissage, ce qui leur permet d'en parler dans les médias avant même l'ouverture.

Les disques et les livres deviennent des biens de consommation comme les autres, non seulement parce qu'on les achète le cas échéant en faisant son épicerie[1], mais dans la façon dont on les propose aux lecteurs. Il faut lire le dernier Stephen King comme le dernier Eco, ou le dernier Tremblay. Bantam Books investit quelques millions pour lancer un livre dudit King (BENHAMOU, 1996, p. 67). L'accent dérive de l'œuvre à son auteur, car il est plus facile de parler de l'auteur que du « produit ». Bref l'écrivain fait une tournée des médias et des régions... comme une vedette rock ou du cinéma. Il ne faut pas y voir que machiavélisme commercial ; en effet, dans la période actuelle dite postmoderne, l'art ne reflète plus la société, mais l'authenticité de son auteur, comme personne (laquelle peut être, il est vrai, une « représentante » d'un

---

1.   Après la « littérature de gare », celle d'épicerie !

groupe, d'une communauté, de préférence dominée). De plus, dans la conception actuelle, la création ne réside plus dans l'artefact mais dans le geste, c'est-à-dire, ultimement dans l'artiste qui est un créateur au sens le plus fort du terme.

Le domaine de l'édition ne fait que rendre le processus général plus visible : ce qu'on consomme ce sont davantage des artistes que des œuvres. Les œuvres, le cas échéant, sont hermétiques ; on y a accès par les auteurs, c'est eux qu'il faut chercher à connaître ou à comprendre. Avant, pour comprendre une œuvre on passait par son œuvre : « Untel, sa vie, son œuvre » ; désormais, nous voici un cran plus loin : « Untel, sa vie, c'est son œuvre ». Le vedettariat et le *star system* ne sont plus l'apanage de la culture populaire.

En fait, l'industrie culturelle absorbe toute la culture. Les directeurs de musées en deviennent les « gestionnaires ». Tout est subsumé dans la catégorie d'entreprise culturelle ; Roland Arpin, du Musée de la Civilisation, évoque le

> mouvement visant à susciter une pénétration des techniques de gestion et de mise en marché dans des organismes de production et de diffusion de théâtre, de musique traditionnelle ou contemporaine, de danse, d'arts visuels, etc. (ARPIN, 1992, p. 177).

Selon lui,

> une industrie culturelle est celle qui doit naviguer dans un environnement où la concurrence est présente et la rentabilité économique réelle et réaliste. Dans un tel environnement, la rentabilité est déterminée par la taille des marchés, par des technologies de reproduction et de consommation, par des économies d'échelle. (ARPIN, 1992, p. 178).

Dans le même sens, Martine-Andrée Racine de la SODEC, explique :

> L'approche d'affaires de la SODEC permet d'évaluer une demande en la positionnant dans le contexte de l'entreprise (sur la base d'un plan d'affaires), de mieux saisir les

> véritables occasions d'affaires au regard de sa mission et de ses orientations stratégiques, de bien cerner les risques qui y sont associés, et ainsi de répondre adéquatement à ses besoins, en complémentarité avec les institutions financières traditionnelles. (RACINE, 1996, p. 214).

Cet « environnement » industriel fait qu'on cherche de plus en plus à quantifier la culture ; ainsi l'INRS-Culture et société arrive à la conclusion que la culture dans la région de Québec et Chaudière-Appalaches « vaut » 650 millions de dollars et 12 000 emplois.

> Dans la grande région de Québec, un dollar dépensé dans le secteur culturel est plus performant qu'un dollar dépensé dans nos trois principaux secteurs manufacturiers : l'industrie alimentaire, le secteur du papier et celui du matériel de transport. » (*Le Soleil*, 8 nov. 1996).

Dans un tel exercice, toute la culture entre sous le même chapeau, les distinctions entre la culture populaire et la culture-tout-court s'effaçant devant l'équivalent général.

Désormais, donc, la culture en général, ce qui comprend la culture-tout-court, est conçue comme produit *merchandisable* et éventuellement économiquement rentable. S'agit-il d'un argument pour les-grandes-personnes-autrement-insensibles-à-la-beauté-de-la chose, pour parler comme Saint-Exupéry, ou d'une mutation de la culture qui dissocierait radicalement cette culture prête-à-consommer de la culture au sens anthropologique ?

Certains ont parlé de Tchernobyl culturel à propos d'Eurodisney, mais si les méthodes Disney pénètrent l'ensemble du secteur culturel, qu'en penser ? La culture n'est plus qu'un divertissement dans la *Société du spectacle* (DEBORD, 1971) ; elle s'adresserait à des consommateurs dans le but de faire de l'argent. Bien. Et qu'advient-il au moment de la consommation ? Consomme-t-on nécessairement idiot ? Les théories de la réception prétendent que ce n'est pas nécessairement le cas.

La culture consommée

L'industrialisation de la culture a eu un effet marqué sur les pratiques culturelles des générations plus jeunes, en particulier, mais aussi de tous. J'ai évoqué les trois ténors. Si l'opéra est « traditionnellement » réservé à l'élite, ce n'est plus vrai quand il devient objet de consommation. La mise en marché des objets de consommation culturelle tend à utiliser les mêmes méthodes quel que soit l'objet et donc, à la limite, vise le même « marché ».

Il y a ici à l'œuvre un processus de démocratisation de la culture. Désormais les chefs-d'œuvre ne sont plus réservés à une élite ; grâce à la reproduction (disques, livres de poche, vidéos), le coût des œuvres n'est plus un obstacle pour y avoir accès ; cela dit, si la possibilité d'avoir accès aux œuvres existe bel et bien, cela ne signifie pas que tous en profiteront, ni qu'ils le feront de la même manière, le cas échéant. La disponibilité ne garantit pas la popularité.

Indépendamment de la mise en marché et des publics visés, des effets de génération modifient la consommation. Les jeunes de tous les milieux ont été exposés à la culture populaire à partir des années 1960. Les vedettes rock ont touché les jeunes de tous les milieux sociaux à partir des Beatles (mais dès Elvis...). La culture populaire serait-elle celle de tous alors que la culture-tout-court serait réservée à l'élite ? Mais qu'est-ce qui est désormais réservé, et surtout qu'est-ce que l'élite ? J'y reviendrai.

Actuellement, les clivages entre des publics aux comportements différents sont moins marqués que dans la vision bourdivine (enquêtes réalisées dans les années 1960, où l'effet « classe sociale » jouait de façon plus marquée), ce que montrent les travaux de Donnat (1994) en France et de Bellavance au Québec. Bien sûr, certains ne consomment pas de produits culturels, mais parmi les autres, « chez tous les publics, malgré des préférences, c'est l'éclectisme qui domine »

(Bellavance, 1996, p. 33). Cet éclectisme est multiforme. Il concerne d'abord les disciplines :

> Près des 3/4 de l'ensemble du public de ballet sont formés en réalité de gens qui sont aussi allés à une pièce de théâtre (74%) et à près des 2/3 par des gens qui ont aussi assisté à un concert de musique classique (60%). (Bellavance et al., 1996, p. 51).

Cela, dira-t-on, n'est pas vraiment surprenant, ces pratiques s'intégrant dans une logique, dans un tout. Mais que penser de la forme suivante d'éclectisme, où on observe un recoupement de registres et de publics ?

> Il y a beaucoup de recoupements entre le théâtre et les concerts rock et pop. Il y en a aussi entre le rock et l'opéra [...] Plus du tiers de ceux qui disent être allés au moins une fois à un concert pop rock ou folk disent également être allés à l'opéra au cours de la même période. (Bellavance et al., 1996, p. 53).

Cet éclectisme des pratiques renvoie bien entendu à des publics qui n'adoptent pas nécessairement des pratiques « distinctives » au sens de Bourdieu, malgré leur revenu élevé.

> Et ceux qui croient que la fréquentation de spectacles populaires est réservée à un public populaire, au sens culturel comme au sens économique, doivent revoir ici leur hypothèse. Le revenu moyen de ce marché s'avère en effet le plus élevé, avec celui des branchés. (Bellavance, 1996, p. 32).

Éclectisme, oui mais encore ? Plusieurs facteurs expliquent l'éclectisme qui d'après Bellavance caractérise les publics et leurs pratiques. Tout d'abord, le sens des pratiques se modifie, et certains arts mineurs deviennent majeurs : on entend du jazz dans les grandes salles de concert ; la BD s'expose au Musée... Il peut aussi y avoir un effet de génération. Si les lecteurs de BD vieillissent, apparaîtra une BD pour adultes. Mais il y a aussi une professionnalisation des divers genres qui s'accompagne d'une institutionnalisation.

Bref, les pratiques de consommation, pas plus que celles de « mise en marché » ne suivent le clivage « populaire »/« tout-court ». Et, chose intéressante, les pratiques de consommations ne suivent pas nécessairement non plus les prescriptions de l'industrie. Une fois établi ce constat d'éclectisme, il faut s'interroger sur sa signification. L'éclectisme est-il le signe du passage au consumérisme ou au contraire d'une appropriation ?

Quoi qu'il en soit de la distinction ou de la dissociation entre la culture prête-à-consommer et la culture au sens anthropologique, il n'en demeure pas moins que dans les deux cas la culture est porteuse de sens, de visions du monde. La culture n'est pas seulement un objet de consommation, pas seulement un « produit culturel » destiné à un « marché ».

Et la culture n'est pas consommée passivement (le fût-elle déjà ?) avec le *zapping* et diverses formes de participation[2]. On ne croit pas nécessairement tout ce qu'on voit. On n'adhère pas de façon spontanée à tous les contenus diffusés. Les études de réception montrent que même des « produits » culturels aux messages apparemment univoques peuvent être appropriés diversement ; ainsi des téléséries comme Dallas et Dynasty, cette dernière étant devenue une série culte chez les gais américains. Il est plus facile de faire une analyse de contenu des messages que de leur réception.

L'éclectisme va aussi et surtout de pair avec un pluralisme accru. Il y a deux sortes de pluralismes : un « individuel » (tous les goûts sont dans la nature ou *anything goes*, qui fait que vont naître des réseaux hyperspécialisés), et un « collectif ». Qu'est-ce à dire ?

---

2. Sur lesquelles l'espace me manque ici pour développer (voir FORTIN, 1999).

Pluralisme et particularismes

On assiste aujourd'hui à un glissement qui fait passer la question du pluralisme et du relativisme des cultures (vieilles querelles d'anthropologues), à un pluralisme et à un relativisme des personnes, des individus et de leur authenticité. La culture comme « œuvre » révèle l'authenticité de son créateur ; la culture « consommée » correspond pour sa part à un *lifestyle* et, encore une fois, à une authenticité. L'authenticité est-elle affaire de « personnalisation » de la consommation, fut-elle consommation de la culture la plus industrialisée et la plus « mise en marché » ?

En effet, possibilités de personnalisation il y a. Les satellites capables de retransmettre les signaux de quelque 300 chaînes de télévision ne font pas qu'introduire les grandes chaînes américaines, auxquels le câble donnait déjà accès de toutes façons, mais amène une pléiade de canaux. Avec la multiplication des canaux, laquelle va de pair avec leur spécialisation, les auditoires sont d'autant fractionnés. Le câble avait lancé le processus : canal universitaire, canal famille, canal sportif, canal des petites annonces, de la rencontre, etc. Les « mass-médias » ne s'adressent plus à des masses, mais à des publics spécialisés. S'il y a industrialisation et mondialisation, il n'y a pas pour autant massification et uniformisation. L'éclectisme est favorisé par l'industrialisation de la culture.

La culture de masse est de moins en moins homogène, même s'il existe des phénomènes de masse comme le disque des trois ténors. Et les généralisations sur la culture de masse ou la culture populaire diffusée par les médias sont risquées ; les contenus sont divers, tous comme les modes de consommation. Paradoxe d'une identité et d'une authenticité qui s'affirment dans la consommation.

Le pluralisme et la circulation internationale des « produits culturels » viennent également brouiller la question de l'authenticité des cultures nationales, populaires. Toute la logique de la postmodernité, emprunts et collages, citations, œuvres hybrides ou multimédias d'une part, mais aussi circulation internationale, fait que les artistes s'approprient divers codes nationaux ou non, populaires ou non et les font circuler. Il n'y a pas ici reproduction des cultures « traditionnelles » ou « ethniques », mais réinterprétation. S'agit-il alors encore de culture populaire ou leur circulation les aspire-t-elle dans un autre registre ? Chose certaine, tout ceci favorise, renforce le pluralisme et l'éclectisme,

Comment dans ce contexte pluralisme et d'éclectisme établir une hiérarchie entre les goûts, entre les cultures, entre les modes et les genres : tout se vaut, et tout relève potentiellement de la grande culture, de la culture de l'élite, mais l'élite dont il s'agit n'est pas la même qu'au début du siècle. Élite économique ou culturelle ? Élite de spécialistes ?

Spécialisation des pratiques

Les transformations de la culture que je viens d'évoquer sont liées à des transformations sociales, et pas uniquement aux nouveaux moyens de communication et aux nouvelles tendances de la consommation. Elles sont liées à une redéfinition des identités collectives et individuelles et à la recherche de l'authenticité. Mais aussi à des changements dans la structure sociale qui font que l'on ne sait plus qui fait partie de l'élite. Si le revenu n'a jamais dépendu du diplôme, le diplôme était jusqu'à il y a peu, une garantie de revenu. Il y a dissociation claire entre les deux. De plus, le diplôme n'est pas une garantie de savoir spécialisé, et inversement des « spécialistes » apparaissent qui n'ont pas de diplômes. Je poserais l'hypothèse que le goût moyen dont parlait Bourdieu qui était la mauvaise façon d'avoir accès à la culture – connaissance des discographies, par exemple, par opposition à l'analyse musicale –, se répand.

Mais surtout, la spécialisation des divers domaines du savoir et de la culture fait que tous sont des experts ou des savants en quelque domaine et des profanes dans les autres. Voilà certes une piste à creuser.

Les moyens de reproduction de la parole et de l'écrit rendent désormais possibles un nouveau rapport à la culture et l'augmentation de la production culturelle à un niveau inédit. C'est une autre mutation de la société actuelle : la production culturelle n'est plus le seul fait des artistes et intellectuels « patentés », et corrélativement se transforment les modalités de la production culturelle, tout comme ses destinataires. Les nouveaux moyens de communications ne favorisent pas que la réception des mêmes messages sur toute la planète ; ils facilitent aussi l'expression de différents groupes. Peut-on alors parler de culture populaire à propos de toutes ces prises de parole ?

On assiste à l'affirmation sans précédent des cultures, des langues et des traditions nationales et mêmes régionales, même dans des cultures qui jusqu'à il y a peu, restaient orales[3]. Pensons à l'utilisation des médias, les leurs et ceux des blancs par les Autochtones, ou à littérature imprimée dans les langues baltes qui atteint des sommets depuis quelques années.

*

*   *

La culture populaire, au fond, est-elle celle dont il est possible de s'approprier, sous un mode ou l'autre (de la pratique en amateur, à l'organisation, à l'appréciation esthé-tique, à la participation à la création ou à la controverse) ? Il faut ouvrir de nouvelles pistes pour comprendre la culture et l'art actuels.

Parler d'acteur culturel plutôt que d'artiste ou de créateur. Plutôt que de distinguer une culture populaire, ne vaut-il pas mieux opposer les profanes aux spécialistes ? Car tous désormais sont profanes en quelque chose...

---

3.   Il y aurait lieu de s'interroger, mais cela nous entraînerait très loin, sur certains traditionalismes (autochtones aussi bien qu'islamistes) qui sont une invention moderne au sens où Hobsbawn parle « d'invention de la tradition ».

Bibliographie

ARPIN, Roland

1992   « Notes sur les industries culturelles », dans Denis SAINT-JACQUES
            et Roger DE LA GARDE (dirs), *Les pratiques culturelles de grande
            consommation. Le marché francophone*, Québec, Nuit Blanche,
            pp. 177-203.

BELLAVANCE, Guy

1997   « Culture populaire et art contemporain. L'original, l'authentique
            et le vrai », communication présentée dans le cadre de l'événe-
            ment Les Lieux communs, Saint-Jean-Port-Joli, Centre de
            sculpture Est-Nord-Est, 16 août.

BELLAVANCE, Guy

1996   « La culture québécoise et ses politiques : entre mainstream
            mondial et contre-courants identitaires », *Musées*, 18, 1, pp. 30-34.

BELLAVANCE, Guy, Marcel FOURNIER et Daniel LATOUCHE

1996   « Les publics des arts à Montréal : le cas des chevauchements de
            publics » dans Jean-Paul BAILLARGEON (dir.), *Les publics du secteur
            culturel*, Québec, PUL/IQRC, pp. 29-57.

BENHAMOU, Françoise

1996   *L'économie de la culture*, Paris, La Découverte, (collection Repères).

de GROSBOIS, Louise, Raymonde LAMOTHE et Lise NANTEL

1978   *Les Patenteux du Québec*, Montréal, Parti Pris.

DEBORD, Guy

1971   *La société du spectacle*, Paris, Éditions Champ libre.

DONNAT, Olivier

1994   *Les Français face à la culture. De l'exclusion à l'éclectisme*, Paris, La
            Découverte.

FORTIN, Andrée

1999   *Nouveaux territoires de l'art*, Québec, Éditions Nota bene.

FORTIN, Andrée

1992   « Braconnages », dans : Jacques Hamel et Louis Maheu (dirs), *Hommage à Marcel Rioux. Sociologie critique, création artistique et société contemporaine*, Montréal, Éditions Saint-Martin, pp. 95-120.

HORKHEIMER, Max et Theodor W. ADORNO

1974   *La dialectique de la raison*, Paris, Gallimard, 1974.

LAPLANTE, Robert

1982   « Sur la notion de culture populaire », dans Jean-Pierre DUPUIS, Andrée FORTIN, Gabriel GAGNON, Robert LAPLANTE, Marcel RIOUX, *Les pratiques émancipatoires en milieu populaire* Québec, IQRC, pp. 13-44.

RACINE, Martine-Andrée

1996   « La notion d'entreprise culturelle », *Actes du colloque Recherche : Culture et communications, 64e congrès de l'ACFAS*, Québec, Ministère de la culture et des communications et Bureau de la statiques du Québec, pp. 213-226.

7

L'ÉCOLE : UN LIEU D'EXPRESSION DE LA TENSION DÉMOCRATIQUE EN ACADIE

Annie PILOTE

L'école peut-elle contribuer au développement de la démocratie? Formulons l'hypothèse que l'école peut y parvenir en devenant le lieu d'expression d'une tension entre des tendances universalistes et des tendances particularistes. Deux exemples de cette tension et de ces conséquences sont examinés ici à l'occasion de deux événements : la réforme McKenna en éducation au Nouveau-Brunswick et le projet de fermeture d'écoles dans la péninsule acadienne.

La réforme en éducation entreprise par le gouvernement McKenna en 1996 a suscité de vifs débats. Le principal point de litige concernait la réorganisation des structures de gestion scolaire. Avec cette réforme, le gouvernement néo-brunswickois abolissait les conseils scolaires pour implanter une nouvelle structure de participation parentale. Les critiques de la communauté francophone ont porté essentiellement sur le rôle consultatif de cette structure. Plusieurs organismes acadiens ont d'ailleurs fait front commun pour contester cette loi en vertu de l'article 23 de la Charte canadienne des droits et libertés qui attribue un droit de gestion exclusif des écoles aux membres de la minorité.

L'autre événement où s'est manifestée cette tension est survenu au printemps 1996 lorsque le gouvernement du Nouveau-Brunswick, dans une tentative de rationalisation des effectifs scolaires, a annoncé des fermetures d'écoles. Des groupes au sein de deux communautés rurales francophones de la péninsule acadienne se sont vivement opposés à cette initiative. Ils ont manifesté leur désaccord par une série de moyens de pressions qui ont culminé lors d'une manifestation populaire interrompue par l'escouade anti-émeute de la GRC. L'argument soulevé était que la survie de ces communautés dépendait de l'école considérée comme « le cœur de la communauté ». On contestait aussi que la décision était imposée d'en-haut et que la population n'avait pas été écoutée par les autorités.

Par ces critiques, les francophones ont manifesté leur désir de participer aux décisions en matière scolaire et, par le fait même, de participer au devenir collectif. C'est pourquoi il est important de regarder cette question à la lumière d'une réflexion générale sur l'école et la démocratie. Dans une première partie, nous dégagerons la problématique scolaire au sein de la théorie démocratique. Dans une deuxième partie, il sera question de voir comment la tension démocratique a caractérisé les rapports entre la société civile acadienne et l'État néo-brunswickois à partir d'une approche historique de la question scolaire[1].

L'école dans la théorie démocratique moderne

L'école occupe une place centrale dans la théorie démocratique. C'est un lieu où différentes identités se rencontrent en vue d'élaborer un projet collectif. C'est aussi par l'école que les individus sont intégrés à la communauté politique et deviennent citoyens. Dans ce sens, l'école est incontestablement parmi les institutions piliers de tout régime qui se veut démocratique. Si la théorie a beaucoup fait état de ce lien

---

1.   Ce texte est basé sur le mémoire *École, démocratie et identité : le cas de l'école francophone au Nouveau-Brunswick* réalisé pour la maîtrise en sociologie, Université d'Ottawa, 1998.

entre l'éducation et la démocratie, on peut dégager deux traditions dominantes : *l'individualisme démocratique* et la *démocratie libérale* (THÉRIAULT, 1997).

L'école dans l'individualisme démocratique

Le courant de l'individualisme démocratique, issu de la philosophie des Lumières, met l'accent sur une citoyenneté et un projet national développés dans l'abstrait. Tout être humain peut devenir citoyen en autant qu'il accepte les principes de cette société. Dans ce projet démocratique, l'école exerce une fonction essentielle car elle doit transmettre les connaissances nécessaires à la citoyenneté. L'objectif est de faire de chacun un individu autonome dont la raison est suffisamment développée pour participer aux décisions publiques (KINTZLER, 1987).

Dans ce courant de pensée, on tend généralement à exclure l'identité particulière des individus de la définition du citoyen au nom du principe de l'égalité. Chacun doit être reconnu pour ses capacités et non pour des caractéristiques qui pourraient éventuellement lui porter préjudice. Microcosme de la société politique, l'école doit donc préparer l'enfant à dépasser son contexte immédiat afin de participer à une nation abstraite (SCHNAPPER, 1994, p. 133). L'instruction publique a pour fonction de créer artificiellement un lien national et de former des citoyens soucieux de préserver la nation.

L'école dans la théorie libérale

Pour les libéraux, la citoyenneté ne doit pas se développer dans l'abstrait, elle doit tenir compte des solidarités déjà présentes dans la société. La reconnaissance du contexte dans lequel évolue l'individu est vue comme une condition pour lui permettre d'affirmer sa liberté, c'est-à-dire faire des choix par et pour lui-même en libre conscience (KYMLICKA, 1989). L'école libérale cherche à développer le sentiment d'appartenance à la communauté immédiate et à développer la citoyenneté par la pratique.

On développe la citoyenneté en impliquant la communauté dans la vie scolaire et en préparant l'étudiant à participer à une collectivité dont il se sent solidaire (GEOFFROY, 1996). C'est pourquoi on favorise la multiplication des lieux de pouvoir et la décentralisation afin que tous puissent prendre part aux décisions qui les affectent (CHABOT, 1993). C'est donc à partir de leurs appartenances spécifiques que les individus deviendront des citoyens, sinon *éclairés*, du moins *impliqués*.

La tension démocratique moderne

Si ces traditions s'opposent entre elles sur certains points, elles coexistent au sein de la modernité et semblent également importantes pour l'avenir de la démocratie. Chacune de ces traditions comporte des limites qui ne pourront être dépassées que par une combinaison équilibrée des valeurs de liberté et d'égalité, de même qu'entre les besoins d'identification et d'intégration.

En se concentrant sur l'unité nécessaire à toute communauté démocratique et sur l'égalité formelle des citoyens, l'individualisme démocratique néglige l'importance des solidarités réelles présentes dans la société (SANDEL, 1996). Pour s'accomplir la démocratie a besoin d'un terrain commun sur lequel tous les citoyens sont des égaux, mais elle doit aussi permettre le développement d'un sentiment d'appartenance authentique.

Le libéralisme démocratique présente une difficulté en portant le germe de la division. Dans une société où chacun décide de vivre encloisonné dans des ghettos identitaires, il n'y a plus de projet rassembleur ni de terrain sur lequel les différentes valeurs peuvent être débattues rationnellement et démocratiquement (GAUCHET, 1985). Le repli communautaire ou ethnique peut répondre à des besoins émotionnels à court terme, mais il s'accompagne également d'une surveillance constante par les membres du groupe qui menace la liberté individuelle (SENNETT, 1979).

Lieu de médiation entre l'universel et le particulier, l'école est projetée au cœur de la tension qui caractérise la démocratie moderne. L'école doit assurer le maintien d'un espace public dans lequel les gens peuvent s'ouvrir les uns aux autres. Elle doit préserver un espace de liberté et de contact entre des individus d'appartenances diverses dans le respect mutuel. Si l'école est étroitement liée à l'identité d'un peuple, elle est aussi responsable de former des critiques de la société (WALZER, 1983). L'école doit donc s'assurer que différents types d'étudiants se rencontrent et apprennent à vivre ensemble afin de rendre possible l'implication de tous les groupes et la coopération mutuelle. C'est pourquoi il est nécessaire de trouver un juste équilibre entre l'unité et la diversité de la société.

La tension entre le particularisme et l'universalisme recoupe la tension opposant le domaine privé (représenté par la famille) et le domaine public (représenté par l'État) (WALZER, 1983). La famille a un intérêt premier dans l'éducation des enfants dans la mesure où l'éducation est centrée sur la reproduction sociale et la transmission de l'identité. Dans la sphère publique, les aspirations de la famille sont portées par la société civile. De son côté, l'État poursuit, à travers l'école publique, le développement de la critique sociale et la formation à la citoyenneté. Chacun occupe une fonction essentielle et doit être en mesure d'influencer les décisions en éducation. Il va sans dire que les priorités souvent divergentes de ces acteurs font de l'école un lieu propice au conflit. C'est autour de ce conflit que se manifeste la tension démocratique qui a caractérisé l'histoire des rapports entre la société civile acadienne et l'État néo-brunswickois.

Analyse historique de la question scolaire francophone au Nouveau-Brunswick

L'histoire de la question scolaire au Nouveau-Brunswick montre que les francophones et l'État ont été périodiquement amenés à négocier le pouvoir scolaire pour arriver à des équilibres souvent précaires. La tension a joué en faveur de la centralisation ou de la décentralisation selon les forces qui se sont opposées. Nous porterons notre attention sur trois périodes où d'importantes négociations du pouvoir scolaire ont eu lieu afin de souligner la présence de cette tension entre la société civile acadienne et l'État au Nouveau-Brunswick.

L'émergence de la tension entre l'élite acadienne et l'État provincial (1871-1960)

On peut identifier l'apparition de la tension entre les francophones et l'État provincial avec l'adoption du *Common School Act* en 1871. À ce moment, le gouvernement du Nouveau-Brunswick fit une priorité de l'éducation publique le plaçant alors directement en opposition avec la société civile qui se chargeait ordinairement des questions d'éducation. L'objectif de cette législation était de remplacer le pouvoir religieux par celui de l'État vu comme le seul représentant de la volonté populaire. L'école francophone posait cependant problème, car celle-ci était principalement contrôlée par le clergé qui bénéficiait d'une grande légitimité dans la communauté, et l'État ne pouvait pas évacuer complètement l'élite catholique du domaine scolaire sans s'aliéner la population francophone.

Une conséquence de cette législation était la double taxation des parents catholiques. Ces derniers devaient contribuer au financement de l'école publique, que leurs enfants ne fréquentaient pas, et financer les écoles francophones catholiques. Ce problème a dégénéré dans un conflit armé à Caraquet qui a fait deux morts. Craignant l'aggravation du conflit, l'État n'eut d'autre choix que de consentir à une entente avec les catholiques. En 1875, un compromis a donné alors le droit aux religieux d'enseigner sans permis, de porter leurs habits en classe et d'enseigner le catéchisme après les heures de classe dans les écoles publiques. Première forme de reconnaissance de l'identité acadienne alors définie par la foi catholique, cette entente eut aussi pour conséquence d'assurer la survie de l'éducation de langue française (CIMINO, 1977).

Vers les années trente, l'éducation en français n'avait cependant pas encore été officiellement reconnue par l'État provincial. L'élite cru alors nécessaire de s'organiser formellement pour défendre la cause de l'éducation catholique de langue française en formant l'*Association Acadienne d'Éducation* (AAE). Visant une négociation avec la province à partir d'une conception globale de la communauté acadienne, cette association contribua à institutionnaliser la tension qui caractérise le domaine scolaire (CIMINO, 1977). Cette tension s'exprima principalement par un choc entre deux visions : la vision communautaire axée sur l'identité et la vision étatique axée sur l'intégration.

Puisqu'elle considérait que l'école doit être au service de la communauté et de son identité, l'AAE défendit la décentralisation du pouvoir en éducation. Selon cette dernière, le rôle de l'État devait se limiter essentiellement à fournir les fonds et les ressources nécessaires à l'éducation publique en laissant la communauté, représentée par l'église et les parents, se donner l'éducation de son choix. On peut deviner que cela ne faisait pas l'affaire de l'État qui cherchait à jouer un plus grand rôle en matière sociale face aux demandes de la société industrielle.

Paradoxalement, la plus grande présence de l'État en éducation contribua à augmenter l'importance de l'AAE qui dut intégrer l'arène politique afin d'influencer les décisions. En se déplaçant du côté politique, la tension autour des questions scolaires eut pour effet d'accroître la participation politique des Acadiens (CIMINO, 1977). Si quelques francophones avaient déjà été élus à titre de députés, on peut dire que cela constitua une des premières expériences de participation acadienne, en tant que communauté, à la politique provinciale. Si l'élite s'est intéressée à l'école pour maintenir l'identité acadienne, l'intervention de l'État l'a amenée à éviter le repli communautaire. Lors de ces événements, caractéristiques de la tension démocratique, l'école a pu jouer un rôle de médiation en permettant à la communauté de dépasser son identité afin d'accéder à la démocratie provinciale. À partir de ce moment, l'État ne pouvait plus prendre une décision en ce qui concerne l'éducation sans considérer le point de vue des francophones.

Réforme scolaire et modernisation
sous le gouvernement Robichaud (1960-1970)

Les années 1960 au Nouveau-Brunswick ont été marquées par le programme *Chances égales pour tous* du gouvernement de Louis Robichaud. Cette période souvent qualifiée de « Révolution tranquille » du Nouveau-Brunswick a eu d'importantes conséquences sur le système scolaire. Lors de cette période, on a vu le pouvoir scolaire glisser des mains de la communauté vers l'État qui promettait la « démocratisation » du système et l'égalité des individus. La tension démocratique apparut alors sous la forme d'un bouleversement par l'État du traditionalisme ayant marqué la vie communautaire acadienne (ALLAIN, MCKEE-ALLAIN et THÉRIAULT, 1993).

Impuissante devant la persistance d'inégalités en éducation, l'*Association Acadienne d'Éducation* avait dû faire appel à une plus grande implication de l'État quelques années auparavant. Rappelons qu'à cette époque une grande part des responsabilités en matière de santé, d'éducation et de services sociaux relevaient du niveau local. Ces responsabilités s'accompagnaient d'un pouvoir de taxation qui avait pour conséquence d'accroître les disparités régionales au détriment des régions francophones (DOUCET et TREMBLAY, 1986). En conséquence, la commission Byrne chargée d'étudier cette question recommanda la prise en charge des services généraux aux citoyens par la province.

En accord avec la philosophie du rapport Byrne qui consacrait la responsabilité sociale de l'État et la nécessité d'une vaste réforme administrative, Robichaud procéda à l'adoption du Programme Chances Égales. Remarquons cependant que si les francophones ont beaucoup profité de cette réforme, la philosophie de Robichaud était davantage caractérisée par la centralisation et l'égalité individuelle que par l'autonomie communautaire. La centralisation était cependant vue comme la seule façon d'améliorer l'éducation dans les régions défavorisées, notamment dans les régions francophones.

Le Programme Chances Égales a aussi transformé les rapports entre les citoyens et l'État, de plus en plus présent dans leur vie quotidienne. Bien que l'élite acadienne supportait globalement la réforme, l'État a vite pris le relais pour plusieurs de ses fonctions (ALLAIN, MCKEE-ALLAIN et THÉRIAULT, 1993). Malgré l'avantage stratégique qu'elle avait à endosser ce programme, l'élite dut accepter un plus grand pouvoir de l'État en matière sociale. L'État en profita alors pour effectuer des changements importants en éduca-tion : élargissement du curriculum, création d'écoles poly-valentes et formation de professeurs laïcs dans une École Normale francophone (CIMINO, 1977).

Cette modernisation, qui marque l'entrée de l'Acadie dans la modernité, ne s'est pas fait sans heurts et elle est signe de la permanence de la tension entre l'État et la société civile acadienne. La mise en place d'écoles bilingues dans le sud-est de la province a été un élément de conflit. Les francophones de cette région ont protesté et exigé, au nom de la survivance de leur langue, qu'une école entièrement francophone soit créée ; ce qu'ils ont obtenu avec la création de l'école Vanier à Moncton en 1970 (STANLEY, 1984). Les revendications des francophones dans ce dossier ont servi à obtenir une forme de reconnaissance de leurs besoins collectifs par l'État.

En résumé, les années 1960 ont été marquées par un mouvement de centralisation. La vision de l'État s'inscrivant dans la tradition de l'individualisme démocratique a contribué à égaliser les conditions pour tous les individus et à normaliser les pratiques. Les francophones ont ainsi bénéficié d'un progrès social leur permettant d'accéder à la modernité. À partir de ce moment, les citoyens ont pu s'adresser à l'État sans devoir passer par les élites. La tension démocratique s'est opérée en faveur de l'État qui s'est fait défenseur de l'égalité individuelle. La période qui suit sera marquée par le retour du balancier vers la communauté francophone qui revendique une démocratie plus communautaire qu'individualiste.

La marche vers la dualité en éducation sous l'administration Hatfield (1970-1987)

La reconnaissance formelle du bilinguisme au Nouveau-Brunswick en 1968 et au Canada en 1969 a marqué le retour des revendications communautaires mises de l'avant par une nouvelle catégorie de militants composée principalement de jeunes nationalistes. Il faut dire que, sous le gouvernement conservateur de Richard Hatfield, le programme politique a eu beaucoup moins d'importance que les revendications populaires (CORMIER et MICHAUD, 1991). La communauté francophone en profita alors pour mettre de l'avant des revendications linguistiques et l'autonomie communautaire.

À partir des années 1970, la dualité devint le nouveau mot d'ordre des militants francophones sur les plans social, économique et politique. Le combat pour la dualité en éducation a davantage mobilisé les francophones pendant cette période, ces revendications s'inscrivaient d'ailleurs dans les conclusions de la commission Laurendeau-Dunton qui reconnaissait l'importance de l'école pour l'épanouissement des deux communautés linguistiques officielles, particulièrement dans le cas des communautés minoritaires (CYR, DUVAL et LECLERC, 1996).

En se mobilisant autour de la dualité en éducation, la communauté francophone manifeste sa volonté de gérer entièrement son système d'éducation et, par le fait même, son désir d'autonomie. Remarquons cependant que le concept de dualité ne s'oppose pas totalement au pouvoir de l'État et à la bureaucratisation de l'éducation, mais il soutient plutôt la nécessité de confier la responsabilité de l'éducation à une division francophone autonome au sein même du ministère. On ne remet donc pas en question les principes de Chances Égales et la légitimité de l'intervention étatique en éducation. Les francophones réclament cependant leur juste place au sein de l'appareil d'État afin de reprendre en main, par un autre moyen, une partie des pouvoirs qu'ils avaient dû céder avec la réforme de Robichaud. Il se produisit alors une transformation importante au niveau des revendications scolaires car non seulement les francophones acceptèrent de négocier avec l'État, mais ils cherchent à s'approprier une partie du pouvoir administratif.

En 1974, le gouvernement Hatfield adopta la dualité en éducation. La structure du ministère fut alors organisée sur une base linguistique de façon à ce que chaque communauté ait son propre sous-ministre et des services éducatifs distincts. L'importance de cette réorganisation repose sur la reconnais-sance de « la spécificité des Acadiens en matière de programmation scolaire » (LAFONTAINE, 1981, p. 123).

Si la dualité en éducation fut une réalité dès le début des années 1970, on ne peut pas encore parler de dualité complète. Malgré la mise sur pied de commissions scolaires homogènes dans la région de Moncton, il demeurait des écoles et com-missions scolaires mixtes dans les régions bilingues du nord de la province. Or ce problème était plus difficile à résoudre puisque dans ces régions beaucoup de francophones souhai-taient conserver la structure bilingue considérée comme un avantage (DOUCET, 1995). Étant donné qu'un consensus populaire semblait impossible, Hatfield mit sur pied un groupe de travail chargé de proposer une orientation au gouver-nement. En 1980, le rapport Finn-Elliott mit fin au débat en recommandant l'homogénéité linguistique à tous les niveaux, ou encore la dualité complète en éducation.

Si la dualité en éducation n'a pas été un gain facile, elle fut néanmoins d'une importance cruciale pour la communauté francophone du Nouveau-Brunswick (DOUCET, 1995). Il est particulièrement intéressant de noter que la dualité a donné lieu à un espace politique francophone. Le fait que cet espace se constitue en premier lieu autour de l'école confirme l'importance de cette institution dans le développement démocratique. La tension entre la communauté et l'État s'opère donc, sous le gouvernement Hatfield, au profit d'un équilibre favorable aux francophones et à leur possibilité de prendre en main leur avenir collectif. Il est vrai que la dualité aurait pu s'étendre à d'autres secteurs d'activités mais il demeure que le contrôle d'une communauté sur l'éducation est d'une grande importance particulièrement lorsque l'identité de cette communauté est en jeu.

*

*   *

L'histoire de la question scolaire au Nouveau-Brunswick illustre que l'école a joué un rôle important dans le développement de la démocratie. À chacune des périodes analysées, la tension démocratique s'est résorbée dans un nouvel équilibre entre l'État et la communauté acadienne. Les conflits scolaires ont permis d'effectuer des progrès au niveau de la démocratie au Nouveau-Brunswick : participation des francophones à la vie politique provinciale, égalité des individus et enfin, autonomie communautaire par la dualité en éducation. Cette perspective permet donc de considérer les événements récents en éducation comme une conséquence naturelle de l'exercice de la démocratie.

Les événements récents dans le domaine scolaire ont engagé les francophones et l'État provincial dans de nouvelles négociations. D'une part, les manifestations contre les fermetures d'écoles ont conduit l'État à revenir sur sa décision en maintenant certaines d'entre elles ouvertes. D'autre part, les réactions de la population à la nouvelle structure de gouverne ont incité le gouvernement à tenir compte de ces critiques en créant un comité d'étude. Il est encore trop tôt pour dire comment ces conflits se régleront, mais ils ont permis d'établir un dialogue entre la société civile acadienne et l'État provincial. Cela nous porte à conclure que les tensions qu'on y observe font de l'école un lieu privilégié pour le développement de la démocratie.

Bibliographie

ALLAIN, Greg, Isabelle MCKEE-ALLAIN et J. Yvon THÉRIAULT

1993   « La société acadienne : Lectures et conjonctures », *in* Jean Daigle (éd.), *L'Acadie des Maritimes*, Moncton, Chaire d'études acadiennes, pp. 341-384.

CHABOT, Sonia

1993   *Éducation civique, instruction publique et liberté d'enseignement dans l'œuvre d'Alexis de Tocqueville*, mémoire de maîtrise en sciences politiques, Université Laval, laboratoire d'études politiques et administratives, cahier 93-07.

CIMINO, Louis F.

1977   *Ethnic Nationalism among the Acadians of New-Brunswick : an Analysis of Ethnic Political Development*, thèse de doctorat en anthropologie, Duke University.

CORMIER, Michel et Achille MICHAUD

1991   *Richard Hatfield : Un dernier train pour Hartland*, Montréal, Libre-Expression.

CYR, Hubert, Denis DUVAL et André LECLERC

1996   *L'Acadie à l'heure des choix : L'avenir politique et économique de l'Acadie du Nouveau-Brunswick*, Moncton, Éditions d'Acadie.

DOUCET, Michel

1995   *Le discours confisqué*, Moncton, Éditions d'Acadie.

DOUCET, Philippe et Robert TREMBLAY

1986   « Aperçu de la vie politique au Nouveau-Brunswick : 1960-1986 », *Égalité*, automne, pp. 33-59.

GAUCHET, Marcel

1985   « L'école à l'école d'elle-même : Contraintes et contradictions de
            l'individualisme démocratique », *Le Débat*, 37, pp. 54-86.

GEOFFROY, Jean

1996   « Ca s'apprendrait à l'école », in Hélène BÉLANGER (dir.) (1996), *Le
            civisme : Vertu privée, d'utilité publique*, Paris, Éditions Autrement,
            Collection Morales, 19.

KINTZLER, Catherine

1987   *Condorcet : l'instruction publique et la naissance du citoyen*, Paris,
            Gallimard/Folio.

KYMLICKA, Will

1989   *Liberalism, Community and Culture*, New York, Oxford University
            Press.

LAFONTAINE, Jean-Bernard

1981   « Pourquoi la dualité complète au ministère de l'éducation du
            Nouveau-Brunswick? », *Égalité*, automne, pp. 121-129.

SANDEL, Michael J.

1996   « America's Search for a New Public Philosophy », *The Atlantic
            Monthly*, March, pp. 57-94.

SCHNAPPER, Dominique

1994   *La communauté des citoyens : Sur l'idée moderne de nation*, Paris,
            Gallimard.

SENNETT, Richard

1979   *Les tyrannies de l'intimité*, Paris, Seuil.

STANLEY, Della M. M.

1984   *Louis Robichaud : A Decade of Power*, Nimbus Publishing.

THERIAULT, Joseph-Yvon

1997   « Les deux écoles de la démocratie », in Micheline MILOT et
            Fernand OUELLET, *Religion, éducation, démocratie*, Paris,
            L'Harmattan, pp. 19-33.

WALZER, Michael

1983   *Spheres of Justice : A Defense of Pluralism and Equality*, New York,
            Basic Books.

8

L'ENQUÊTE DE TERRAIN :
SAVOIRS ET RESPONSABILITÉ

Fernand CLOUTIER et Jacques HAMEL

La conjugaison des mots savoir et responsabilité conduit d'emblée à traiter de l'éthique. Le thème est en vogue et trouve sans conteste son droit de cité en sociologie. Les enquêtes sociologiques sont sujettes par définition à toutes sortes de considérations et de cautions de cet ordre. Elles le sont de surcroît quand les sociologues recueillent leurs données de la bouche même d'informateurs clés sur le terrain de leur enquête avec les aléas que représente une telle entreprise. Comment colliger ces renseignements tout en respectant l'informateur? Comment les déchiffrer, tout en conservant la qualité de ces informations pratiques? Comment en prendre acte dans la formulation d'une *théorie* sociologique qui se veut scientifique?

Les écrits sur ces sujets sont légion et jalonnent l'histoire de la discipline. Depuis ses origines, la sociologie n'a eu de cesse de fournir des réponses à ces questions. La tradition de l'École de Chicago est éloquente à cet égard. Chef-lieu de la sociologie américaine du début du siècle, elle s'allie à l'anthropologie anglo-saxonne représentée par Bronislaw Malinowski pour élaborer des méthodes de terrain dotées de *règles* éthiques. Everett C. Hughes, par exemple, en édicte dans des écrits où il souligne que « l'objet d'étude des sociologues est le public même auquel leurs découvertes peuvent être finalement communiquées. Les membres de la population ainsi étudiée deviennent des sujets qui collaborent, consciemment ou non, à l'étude qui leur est consacrée. De cette relation découle des problèmes concernant l'accès du sociologue aux faits, des problèmes liées à l'éthique gouvernant la collecte des données, et des problèmes concernant les conditions dans lesquelles ces données sont recueillies et diffusées » (HUGHES, 1996, p. 298). Les règles éthiques sont à ce titre matière à débats que l'éclipse des méthodes de terrain en sociologie a rejetés dans l'ombre. Ces débats se déroulent désormais sous les auspices de l'anthropologie[1] dont l'enquête de terrain est le lot. Elle est à ce sujet secouée par les controverses en son sein de la pensée postmoderne. Sous son égide, l'enquête de terrain se réduit à un récit, sous forme de textes élaborés au fil de l'expérience vécue par l'anthropologue dont l'*ego* témoigne de ses dispositions éthiques. Être noir pour étudier la culture afro-américaine relève d'une forme d'authenticité dont la valeur éthique soustrait au regard critique le récit qui en est fait. Cette perspective est aujourd'hui mise en procès au nom d'impostures intellectuelles dénoncées avec virulence (SOKAL et BRICMONT, 1997). Les enseignements sur l'authenticité dont aurait pu nous instruire la pensée postmoderne en font les frais. Celle des récits anthropologiques est battue en brèche sans égard à l'éthique qui y est sous-jacente et dont l'incidence et l'importance ne font pas de doute. Comment aborder la question éthique sans prêter flanc aux exagérations de l'obédience postmoderne? La méthode est, selon nous, l'angle à adopter pour en traiter sans prêter aux controverses résumées par l'expression *politically correct*.

Dans ce sillage, Maurice Godelier affirme, à propos de sa discipline, que « l'anthropologie ne peut exister et se développer comme discipline appartenant au champ des sciences qu'en inventant des procédures qui permettent à ceux qui la pratiquent de se décentrer méthodiquement, non seulement par rapport aux catégories de pensée et aux valeurs de l'Occident, mais par rapport à tous les univers culturels de

---

1.   Voir notamment Despringre, Fiéloux et Luxereau (1993).

référence. C'est une tâche très difficile qui est demandée à chacun et qui est en même temps un travail permanent sur soi-même. Les concepts anthropologiques sont des outils de recherche et non pas des représentations d'essences à partir desquelles on pourrait déduire la diversité du réel. Les définir est un *work in progress* et, de ce fait, ces concepts ne sont pas des notions qui appartiennent à la conscience spontanée, des représentations culturelles partagées par tous les membres d'une société » (GODELIER, 1997, p. 108). La méthode est justement le moyen d'en révéler la relativité. Elle est de surcroît la formule par excellence pour régler le rapport de l'anthropologue à son terrain.

La sociologie contemporaine n'est pas en reste à cet égard. Elle a été témoin d'expériences méthodologiques audacieuses. À notre sens, il convient de s'arrêter en particulier à deux d'entre elles : l'*intervention sociologique* d'Alain Touraine et l'*auto-analyse provoquée et accompagnée* de Pierre Bourdieu. Elles seront rapidement exposées à la lumière de l'enquête de terrain que nous avons nous-mêmes conduite au sein d'une entreprise située dans une petite localité.

La méthode de l'intervention sociologique d'Alain Touraine

La méthode de l'intervention sociologique d'Alain Touraine peut être décrite « comme un processus intensif et en profondeur au cours duquel des sociologues conduisent les acteurs d'une lutte à mener une analyse de leur propre action. Ce processus implique une série d'étapes qui constituent l'histoire de la recherche » (DUBET, TOURAINE et WIEVIORKA, 1982, p. 280). L'intervention sociologique se fonde sur une analyse sociologique basée sur la participation active des acteurs sociaux engagés dans une lutte collective qui porte au premier plan les enjeux de la société. Les luttes des femmes, des étudiants, des écologistes et des ouvriers ont été progressivement dignes de ce titre et l'intervention des sociologues dans ces luttes a pour but de les faire déboucher sur un mouvement social. L'intervention sociologique porte donc exclusivement sur une action militante et s'achemine vers son analyse sociologique en compagnie de ses principaux acteurs. L'accent est mis « sur la recherche des enjeux, l'analyse des contradictions de l'action et la distance entre une lutte, un discours et un mouvement d'opinion » (TOURAINE et DUBET, 1978, p. 66) propres à alimenter une lutte et à la transformer en un mouvement de société.

L'intervention sociologique ne se borne toutefois pas à l'analyse d'un discours politique et d'une organisation militante. Elle touche plus largement à la lutte constitutive de l'action qui est leur raison d'être. Cette méthode fait appel par définition à la participation des acteurs en lice, tout au moins à ceux qui sont considérés comme les figures de premier plan. À l'initiative d'une équipe de sociologues, et à la suite d'une invitation lancée en ce sens, ces acteurs sont conviés à une série de huit à dix réunions qui peuvent s'étendre sur une année entière. On les invite à esquisser la trame historique de leur lutte, les diverses péripéties qui ont entouré leur action collective. Au cours de ces réunions suivies de débats, quand une confiance réciproque s'est créée et que la nécessité d'une analyse prend forme, les acteurs de la lutte sont mis en présence d'interlocuteurs tantôt adversaires, tantôt alliés de leur action. Ces nouveaux participants sont introduits de manière abrupte dans l'intention de mettre en relief l'action militante, d'en saisir les tenants et aboutissants et de neu-traliser les pressions idéologiques et le jeu politique qu'une telle lutte collective ne manque pas de véhiculer ou de susciter. De telle sorte que ses acteurs se voient alors incités à envisager leur lutte comme partie et produit d'un mouvement de société par l'intermédiaire duquel la théorie des mouvements sociaux les dispose à en déceler le sens dans leur propre action. En interprétant les propos des acteurs à la lumière de cette théorie, une hypothèse théorique se fait jour pour expliquer leur action collective en un sens où elle peut devenir un mouvement de société. S'il est reconnu et accepté par ses propres acteurs, ce sens mis de l'avant par l'auto-analyse peut alimenter leur action et lui permettre d'atteindre le « niveau le plus élevé auquel elle peut parvenir » (TOURAINE, 1978, p. 296).

Cette phase finale est qualifiée de conversion du groupe et d'elle dépend la réussite de l'intervention sociologique. En effet, si le sens est avalisé par les acteurs de la lutte invités aux débats, c'est donc que la théorie sociologique qui en a permis la mise au jour est vérifiée sur le plan de sa justesse par rapport à l'explication de l'action qui fait l'objet de l'intervention socio-logique. Cette vérification est faite sur le vif avec l'accord des acteurs disposés par leur participation à l'intervention socio-logique à en mesurer la valeur explicative.

L'intervention sociologique trouve donc son intérêt ici puisque les participants sont directement confrontés à la théorie sociologique que les sociologues se donnent pour tâche de leur communiquer. Dans l'optique de cette méthode, l'explication ou la théorie sociologique s'avère en vertu de l'aval qu'elle reçoit de leur part. Si cette méthode a pour mérite d'éprouver instantanément la valeur de l'explication déter-minée par la théorie sociologique, il nous semble toutefois exagéré de penser qu'elle puisse s'établir en fonction de l'assentiment des personnes convoquées à débattre du cas. Cet assentiment ne fournit pas la preuve que les interlocuteurs soient parfaitement instruits de la théorie sociologique. La théorie s'évalue d'après sa valeur explicative qu'est porté à reconnaître quiconque est suffisamment informé de la connaissance théorique nécessaire, autrement dit celle de la sociologie.

Le débat qu'a suscité l'intervention sociologique a incité ses tenants à tempérer le statut attribué à la conversion. François Dubet, dont les écrits sont largement teintés de considérations méthodologiques, reconnaît que le « succès public de la théorie ne démontre en rien sa valeur » (Dubet, 1994, p. 224). La conversion ne constitue donc pas une forme de démonstration. Elle laisse découvrir un nouveau statut pour qualifier l'explication sociologique, la théorie à laquelle aboutit l'intervention sociologique : la *vraisemblance*. La théorie doit se conformer aux « normes habituelles du métier de sociologue qui organise et rationalise les données » et en outre « être crédible pour les acteurs dont on postule qu'ils sont compétents et pas totalement aveugles sur ce qu'ils font » (*Ibid.*, p. 249). À notre sens, la vraisemblance ne parvient pas à résoudre les problèmes que comporte la conversion. En effet, ce n'est pas en se pliant à la crédibilité que peuvent lui accorder les acteurs sociaux que la théorie sociologique démontre sa valeur explicative.

La sociologie voit émerger dans son orbite une épisté-mologie de la réception qui, en laissant croire le contraire, fait actuellement fureur. Sur la foi de celle-ci, on affirme qu'« en matière de production sociologique, au sens de production de sens sur la société, ce n'est pas le sens qui est important, mais l'écho de ce sens, car le sens n'est pertinent que par la rétroaction qu'il suscite au sein de l'audience » (Bouilloud, 1997, pp. 248-249). L'épistémologie classique « se focalise sur la *production* de *sens*, alors que ce qui confère ce statut si particulier aux connaissances produites dans le cas de la sociologie est l'*écho de ce sens*, non pas les seules carac-téristiques de sa production, non pas *sa valeur en soi*, mais sa *réception*[2] ». En d'autres mots, toute étude sociologique gagne du galon dans la mesure où elle est favorablement reçue. Dans cette perspective, l'accent porte donc sur la résonance de la théorie sociologique dans la société, ce qui ne peut qu'accroître l'importance de sa formulation : « la sociologie se définit plus par ce travail sur le sens [de la théorie] et sa réception que par un ensemble de postulats, critères, croyances et pratiques communes » (*Ibid.*, p. 250). Une telle perspective n'est pas sans

---

2.   Les italiques sont de l'auteur. Voir aussi du même auteur, « From an Epistemology of Production to an Epistemology of Reception », *International Sociology*, 12, 2, 1997, pp. 205-216.

poser problème : « cette dimension d'écho fait une victime, l'idée même de vérité » (*Ibid.*). Vérité, c'est-à-dire « reconstruire de manière exhaustive l'alchimie des éléments » de la vie sociale dans un système conceptuel et méthodologique démontrable et vérifiable. Est-il besoin de souligner à quelle impasse conduit pareille perspective ? La sociologie, la connaissance qu'elle formule, trouve sa valeur dans le retentissement de son écho, non plus par la rigueur en vertu de laquelle se forme son explication...

L'analyse provoquée et accompagnée de Pierre Bourdieu

L'analyse provoquée et accompagnée proposée par Pierre Bourdieu dans *La misère du monde* représente aussi une expérience méthodologique digne d'intérêt. Elle s'emploie à nuancer les positions de cet auteur sur la fameuse rupture épistémologique susceptible de donner à la sociologie le lustre d'une science. Naguère posée comme « le principe souverain d'une distinction sans équivoque entre le vrai et le faux » (Bourdieu, Chamboredon et Passeron, 1968, p. 47), elle est dorénavant conçue par opposition à la connaissance pratique, laquelle est marquée par les « routines de la pensée ordinaire du monde social, qui s'attache à des « réalités » substantielles, individus, groupes, etc., plus volontiers qu'à des relations objectives que l'on ne peut ni montrer ni toucher du doigt et qu'il faut conquérir, construire et valider par le travail scientifique » (Bourdieu, 1994, p. 9).

L'analyse provoquée et accompagnée a pour qualité de montrer à l'œuvre ce travail scientifique, ce par quoi et comment se forme la connaissance sociologique. Selon les termes particulièrement imagés de Bourdieu, elle incline à la « démocratisation de la posture sociologique ». La présentation générale de l'ouvrage en fait foi. Chaque chapitre aborde en effet une figure type de la misère telles, par exemple, l'exclusion dont sont victimes les immigrants, la drogue chez les jeunes, la vie de banlieue, etc. Le chapitre commence par un portrait de la personne interrogée suivi de notes du chercheur qui en fait l'esquisse sociologique (origine sociale, marques de distinction, etc.). *Le texte de l'entrevue est ensuite retranscrit en détail. Le chapitre conclut par l'explication qui découle de l'entrevue.* Il est donc possible, selon Bourdieu, de juger de la valeur de l'explication avancée. La divulgation des pièces donne fait et acte à l'analyse de laquelle découle l'explication.

Les lecteurs de l'ouvrage ont donc sous les yeux toutes les pièces de l'analyse. Dans cette veine, Bourdieu accorde une attention soutenue à l'écriture de la sociologie. L'écriture est en effet la cheville ouvrière de la démocratisation de la posture sociologique puisqu'elle est le moyen de parvenir à la connaissance théorique par laquelle s'abstraient du point de vue pratique de la misère les relations objectives qui sont l'objet de la sociologie. Elle doit témoigner de l'analyse et du traitement que cette dernière opère de la misère et de sa connaissance pratique. Elle doit aussi les communiquer, les partager avec le commun des lecteurs. Elle oblige alors, à cette fin, « de parler à la sensibilité, sans sacrifier au goût du sensationnel, et entraîner les conversions de la pensée et du regard qui sont souvent la condition préalable de la compréhension » (Bourdieu, 1993, p. 922). Bourdieu renchérit en affirmant : « [le sociologue] ne peut espérer rendre acceptables ses interventions les plus inévitables qu'au prix du travail d'écriture qui est indispensable pour concilier des objectifs doublement contradictoires : d'abord livrer tous les éléments nécessaires de l'analyse [...] et les rendre accessibles, ensuite donner les apparences de l'évidence et du naturel, voire de la soumission naïve au donné, à des constructions tout entières habitées par sa [théorie] » (*Ibid.*, p. 916).

L'explication, ouverte à la démocratisation, risque, partant, de ne valoir qu'en vertu des qualités littéraires de l'écriture, sinon de vertus rhétoriques « capables d'émouvoir et de parler à la sensibilité ». L'explication sociologique gagne ainsi en valeur quand l'écriture par laquelle elle s'extériorise a l'heur de séduire. La communication des résultats de l'analyse semble chez Bourdieu répondre aux attentes de la « sensibilité ». Quant à nous, ces attentes ne sont pas nécessairement perméables à la connaissance théorique dont sont pourvus les résultats de l'analyse et celle-ci peut alors se voir escamotée. La communication des résultats ne peut se borner à émouvoir la sensibilité en vertu des qualités rhétoriques conférées à l'explication sociologique au risque de sombrer dans les travers de la postmodernité dénoncée par Bourdieu lui-même. En effet, c'est lui qui, dans sa préface à l'ouvrage de Paul Rabinow, *Un ethnologue au Maroc*, (Rabinow, 1988) met en cause l'anthropologie postmoderne dont ce dernier est l'illustre représentant, en s'en prenant à la *thick description* de Clifford Geertz en vertu de laquelle l'explication qu'elle génère vaut « dans la façon de l'exprimer » (Geertz, 1996, p. 73). Or, c'est ce même auteur qui écrit, en des formules semblables à celles de Bourdieu, « placer l'impact de la sensibilité au centre de l'ethnographie revient à poser un problème de construction textuelle spécifique : rendre le récit crédible à travers la crédibilité de la personne » (*Ibid.*, p. 82). Bourdieu joue à cet égard d'ambiguïté par rapport à la pensée postmoderne[3] qui

---

3.   Car la pensée postmoderne se réclame ouvertement de l'œuvre de Bourdieu, notamment sa perspective de « déconstruire » toute construction sociale, à l'exemple d'une œuvre culturelle ou scientifique sous l'angle de la position sociale de son auteur dans un champ, position établie, il est vrai, selon un point de vue théorique et méthodologique, non pas seulement éthique comme chez les postmodernes. Toutefois, cette déconstruction chez Bourdieu s'accompagne d'une vigilance épistémologique qui n'est pas sans rappeler le témoignage de l'ego cher à la pensée postmoderne. Bourdieu l'a décrite comme suit : « Le premier travail du chercheur est d'essayer de prendre conscience de ces catégories de perception du monde social et d'essayer d'en analyser la genèse sociale ; de faire, donc, une sorte de sociologie critique, c'est-à-dire d'essayer de produire une connaissance des instruments de connaissance à travers lesquels nous connaissons le monde social. Cela peut se faire de façon très concrète. Chacun peut faire concrètement ce travail. Qui suis-je socialement, moi qui dis ce que je dis? Étant donné ce que je suis, c'est-à-dire les variables qui me caractérisent (mon âge, mon sexe, ma profession, mon rapport avec le système scolaire, mon rapport avec le milieu du travail, le nombre d'années durant lesquelles j'ai été en chômage, etc.), étant donné ces variables, quelles sont les catégories de perception que j'ai toutes les chances

compromet le sérieux de sa propre méthode destinée à régler rigoureusement la formulation et la communication de l'explication sociologique.

La formulation et la communication de la connaissance sociologique

La connaissance sociologique, comme d'ailleurs toute science, ne saurait être limitée au carcan d'une « langue bien faite » selon l'expression consacrée. L'explication sociologique est une connaissance *théorique*, avons-nous dit précédemment. Elle est donc, par conséquent, de nature abstraite et spécialisée. Vouloir la communiquer revient à se livrer à un exercice de vulgarisation, sans que cette expression ne se teinte de condescendance ou de démagogie. L'exercice ne doit pas être racoleur au point de vouloir séduire les cherchés comme le font les tenants de l'intervention sociologique en leur laissant croire qu'ils ont compris la théorie sociologique par le fait même qu'ils sont d'accord avec les chercheurs. La théorie sociologique ne doit pas se livrer par le truchement d'une écriture pourvue de qualités rhétoriques propres à distraire de la rigueur et du but visés par l'explication sociologique. La nouvelle méthode qualitative de Bourdieu montre les dangers de pareille entreprise.

La responsabilité est donc de rigueur lorsqu'il s'agit de formuler et de communiquer ce savoir qu'est la connaissance sociologique, laquelle se veut scientifique. L'étude que nous conduisons actuellement sur l'économie des francophones au

---

d'appliquer à la personne que je regarde? » Pierre Bourdieu, « De quoi parle-t-on quand on parle du problème de la jeunesse? » dans Annick Percheron (dir.), *Les jeunes et les autres*, Vaucresson, Centre de recherche interdisciplinaire de Vaucresson, 1983, p. 231.

Québec[4] permet d'illustrer notre propos à cet égard. Elle porte sur la culture d'entreprise mise en œuvre dans des entreprises comme Cascades.

Une étude sociologique de la culture d'entreprise *in situ* ne manque pas de placer les sociologues devant des points de vue certes différents, mais qui deviennent diamétralement opposés en présence du syndicat et de la direction. Sans vouloir leur prêter des intentions en ce sens, l'une et l'autre de ces parties tentent de les rallier à leur point de vue, ce dernier revêtant de surcroît une forme officielle, discours et documents à l'appui. Les parties en présence veulent immanquablement les présenter comme seuls « vrais », c'est-à-dire des points de vue qui tracent exactement l'état des lieux, affirmation renforcée par leur propre discours. Il est de la responsabilité des chercheurs de souligner qu'ils seront passés au crible de l'analyse, pour les neutraliser, sans chercher à heurter l'une ou l'autre de ces parties.

L'objet d'étude, la culture d'entreprise, ouverte à la collaboration réciproque entre patrons et employés, nous a permis d'être directement confrontés à ces deux parties, réunies pour accorder leurs aides respectives. L'enjeu était de taille puisqu'il fallait gagner la confiance de nos interlocuteurs tout en les informant que le but de l'étude n'était ni de prendre parti ni de régler des *problèmes pratiques*. Il ne pouvait nullement correspondre à échanger des informations d'une partie à l'autre en se faisant pour l'occasion intermédiaire ou « espion ». Il était mêlé à des motifs épistémologiques en fonction desquels nos interlocuteurs devaient prendre fait et cause pour la connaissance théorique à laquelle nous les invitions à collaborer. La théorie sociologique ne suscite pas d'emblée l'engouement, est-il besoin de le souligner? Elle prend à leurs yeux l'apparence d'une connaissance vainement

---

4. Voir notamment Fernand Cloutier et Jacques Hamel, « La culture d'entreprise au Québec. Culture ou culte? », *Globe*, à paraître ; Forgues et Hamel (1997) et Hamel (1993).

abstraite et compliquée sans véritable utilité. « À quoi cela va-t-il servir? », nous demandait-on d'entrée de jeu, souvent avec une pointe d'ironie.

Il fallait donc démontrer l'intérêt de la théorie sociologique pour expliquer la culture d'entreprise. Comment y parvenir alors que l'étude débute à peine? Comment afficher sa pertinence face à des interlocuteurs pressés d'en connaître les résultats et conclusions? Sur cette lancée, il fallait également pointer la nécessité de déborder les points de vue officiels et, plus largement, la connaissance pratique de l'entreprise. Selon les mots de Bourdieu, l'étude, de par sa visée, devait déborder les « routines de la pensée ordinaire », sans que cela trahisse mépris ou esprit de supériorité.

Souligner à cet égard que l'étude visait à expliquer le développement de l'économie des francophones au Québec ne pouvait suffire. Il fallait en outre démontrer la pertinence d'une connaissance de leur propre expérience de la culture d'entreprise sous la forme d'une théorie susceptible d'alimenter leur propre connaissance pratique. Ce n'est pas une mince tâche. Elle consiste rien moins qu'à traduire les motifs de la connaissance théorique dans les termes de la connaissance pratique sans faire bon marché de l'une et de l'autre. La collaboration, sur cette base, consiste à rendre disponibles toutes sortes d'informations de diverses sources – patronale, syndicale, politique... – qui leur donnent forme et que l'étude sociologique doit d'abord neutraliser[5]. Leur analyse ne saurait être le fait des informateurs eux-mêmes, contrairement à ce que laisse croire Alain Touraine pour qui intervenir en leur présence remplit cet office. L'analyse recourt à des méthodes et à des concepts subordonnés au savoir, à la connaissance théorique dont seuls sont responsables les sociologues. Ces derniers doivent afficher cette responsabilité et celle-ci s'appuie au premier chef sur la rigueur de l'analyse, non pas sur un

---

5.   Sur ce problème de la forme des informations et de son traitement, voir Ramognino (1992).

accord négocié avec les informateurs quand leur sont communiqués les résultats produits sous son égide.

La communication des résultats a par conséquent toute son importance. Elle est également à la charge des sociologues bien que nombre d'entre eux se défilent face à cette responsabilité. Il n'est guère étonnant que divers procès soient intentés à la sociologie si la connaissance formulée en son nom reste lettre morte. Elle circule certes dans les réseaux et médias de la discipline. Si elle s'y confine, en restant dans leur giron, elle risque d'avoir un faible écho chez les informateurs. L'étude de terrain implique d'office la communication de la connaissance sociologique du fait qu'elle requiert la collaboration directe de divers interlocuteurs désireux d'en être informés. Le mot responsabilité trouve ici sa véritable portée.

L'enquête conduite sur l'économie de Québécois francophones a donné lieu à une expérience de communication de ses principaux résultats. À la suite d'entrevues individuelles et de leur analyse, une réunion de plusieurs interviewés a été convoquée pour venir rencontrer les chercheurs et discuter avec eux. Au préalable, un texte leur avait été envoyé par la poste. Ce texte exprimait d'abord les principaux résultats qui, *ensuite*, étaient mis en relief en termes de théorie sociologique. Un lexique accompagnait cette deuxième partie et avait pour but de mettre en correspondance le vocabulaire utilisé par les interviewés pour décrire la gestion de l'entreprise et celui au moyen duquel se formule l'explication propre à la connaissance théorique. La rencontre a d'ailleurs débuté par ce jeu de traduction en fonction duquel leur connaissance pratique des tenants et aboutissants de la culture d'entreprise trouvait écho dans la connaissance théorique qui portait à leur attention les « relations objectives que l'on ne peut ni montrer ni toucher du doigt », pour reprendre les termes de Bourdieu, et qui expliquent que la culture d'entreprise n'est pas le fait « de « réalités » substantielles, individus, groupes, etc. ». Ce jeu a été rapidement compris, de sorte que les participants n'ont pas tardé à souligner, de leur point de vue, la portée et les limites de l'explication présentée sur papier. La discussion était ouverte à ce sujet. Les chercheurs ont établi une règle qui devait être respectée de part et d'autre : chacun avait le loisir de présenter son point de vue et était libre de le partager ou non pour peu qu'il donnât acte soit à la connaissance théorique, de la part des cherchés, soit à la connaissance pratique, de la part des chercheurs.

La discussion placée sous cet auspice diffère nettement de l'intervention sociologique puisque selon son concepteur, Alain Touraine, elle doit tendre vers la conversion de la connaissance pratique et de la connaissance théorique pour que cette dernière trouve son éclat, sinon sa raison d'être. Elle avait pour but, modeste, de montrer à l'œuvre la coordination de la connaissance théorique à la connaissance pratique destinée à éclairer, voire expliquer, la genèse de la culture d'entreprise sous l'angle du développement de l'économie des francophones au Québec. Dans cette perspective, si la connaissance pratique se révèle la pierre d'assise de la connaissance théorique, l'explication qui en découle prend nécessairement la couleur des concepts sociologiques et de leurs virtualités.

L'expérience que nous avons tentée pour communiquer les résultats de notre recherche a été instructive à maints égards. Elle a d'abord permis de montrer à nos informateurs que l'explication sociologique, formulée en termes conceptuels, ne correspond nullement à une connaissance inutilement abstraite et compliquée. Les résultats faisaient corps avec l'hypothèse voulant que, dans certaines conditions, les rapports de parenté sont constitutifs des rapports de production. Cette hypothèse, née des études anthropologiques de Maurice Godelier, jette en défi l'idée que les rapports de production sont les rapports sociaux « quels qu'ils soient, qui assument la triple fonction de : a. déterminer la forme sociale de l'accès aux ressources et du contrôle des moyens de production ; b. redistribuer la force de travail des membres de la société entre les divers procès de travail et organiser le déroulement de ces divers procès ; c. déterminer la forme sociale de la circulation et du partage des produits du travail individuel ou collectif » (Godelier, 1974, p. 33). Selon nous, elle éclaire non seulement la genèse de la culture d'entreprise en vigueur chez Cascades, mais également le développement de l'économie des francophones ; voilà l'explication qui était offerte en partage.

Les participants à la discussion – après avoir été informés des sens conférés aux expressions « procès de travail », « force de travail », « rapports de production », etc. – découvraient, à l'aide de tableaux généalogiques, combien la filiation et la descendance marquaient d'une pierre blanche l'accumulation et la circulation du capital, la gestion de l'entreprise, la division du travail, la formation de la main-d'œuvre et la circulation des produits. L'image de la famille à laquelle fait aujourd'hui appel la culture d'entreprise chez Cascades s'éclairait ainsi sous un autre jour. Sur cette base, les informateurs s'amusaient à établir des liens entre des événements survenus dans l'histoire de l'entreprise, événements qui, sous cet éclairage, devenaient des tournants propres à expliquer – dans les termes de leur connaissance pratique – leurs propres attitudes et comportements passés et actuels.

L'exercice destiné à montrer à l'œuvre la coordination des concepts à la connaissance pratique en vertu de laquelle se forment les résultats de l'analyse a su rallier nos interlocuteurs à l'utilité de la connaissance sociologique, tout en restant libre d'adhérer ou non à l'explication qui se réclame de son nom.

*

*   *

La formulation et la communication de la connaissance sociologique se liguent dans cette coordination des concepts de la sociologie à la connaissance pratique que le mot *méthode* décrit fort bien. La rigueur n'y manque pas et la responsabilité y trouve son point d'appui et son droit d'exercice.

La déontologie qui lui donne corps ne doit toutefois pas être contraignante au point d'occulter l'effort d'imagination que requiert l'étude de terrain et l'analyse qu'entraîne cette dernière. Lorsqu'elle se formule en un code strict, sinon légal, la déontologie vient compromettre le *bricolage*, pour reprendre cette expression imagée de Claude Lévi-Strauss, qui traduit parfaitement la méthode de l'enquête de terrain. Dans son entretien avec Didier Éribon, le célèbre anthropologue s'en prend à la responsabilité tatillonne à laquelle sont astreints les chercheurs désireux d'étudier les Indiens de Colombie-Britannique. Il dit à ce propos : « Il faut maintenant remplir des questionnaires et formulaires, à plusieurs exemplaires, avant qu'une « bande » d'Indiens de la Colombie-Britannique vous autorise à travailler chez elle. On ne vous racontera pas un mythe sans que l'informateur reçoive l'assurance écrite qu'il en a la propriété littéraire avec toutes les consignes juridiques que cela implique. Avouez que cette bureaucratie, ce goût de la paperasserie – caricature de nos propres usages – enlèvent au travail sur le terrain beaucoup de ses attraits, au péril de la discipline » (Lévi-Strauss et Eribon, 1988, p. 67). Il ne saurait y avoir de meilleure conclusion à cet article sur le savoir et la responsabilité consacrés à l'enquête de terrain sous les auspices de l'anthropologie et de la sociologie.

Bibliographie

BOUILLOUD, Jean-Philippe

1997 a   *Sociologie et société. Épistémologie de la réception*, Paris, Presses universitaires de France.

1997 b   « From an Epistemology of Production to an Epistemology of Reception », *International Sociology*, 12, 2, pp. 205-216.

BOURDIEU, Pierre

1994   *Raisons pratiques*, Paris, Seuil.

1983   « De quoi parle-t-on quand on parle du problème de la jeunesse? » dans Annick Percheron (dir.), *Les jeunes et les autres*, Vaucresson, Centre de recherche interdisciplinaire de Vaucresson, pp. 229-234.

BOURDIEU, Pierre (dir.)

1993   *La Misère du monde*, Paris, Seuil.

BOURDIEU, Pierre, Jean-Claude CHAMBOREDON et Jean-Claude PASSERON

1968   *Le métier de sociologue*, Paris, Mouton.

DESPRINGRE, Anne-Marie, Michèle FIÉLOUX et Anne LUXEREAU (dir.)

1993   *Éthique professionnelle et expériences de terrain, Journal des anthropologues*, n° 50-51.

DUBET, François, Alain TOURAINE et Michel WIEVIORKA

1982   « Une intervention sociologique avec Solidarnosc », *Sociologie du travail*, 24, 3, pp. 279-292.

DUBET, François

1994   *Sociologie de l'expérience*, Paris, Seuil.

FORGUES, Éric et Jacques HAMEL

1997   « Feue l'économie globale? », *Cahiers de recherche sociologique*, 27, pp. 107-124.

GEERTZ, Clifford

1996   *Ici et là-bas*, Paris, Métailé.

GODELIER, Maurice

1997   « Du passé faut-il faire table rase? », *L'Homme*, 143, pp. 101-116.

1974   « Considérations théoriques et critiques sur les rapports entre l'Homme et son environnement », *Information sur les sciences sociales*, 13, 6, 1974, pp. 21-42.

HAMEL, Jacques

1993   « La transition en acte d'une société dominée », *Information sur les sciences sociales*, 32, 1, pp. 147-170

HUGHES, Everett C.

1996   *Le regard sociologique*, Paris, Éditions de l'École des hautes études en sciences sociales.

LÉVI-STRAUSS, Claude et Didier ERIBON

1988   *De près et de loin*, Paris, Odile Jacob.

RABINOW, Paul

1988   *Un ethnologue au Maroc*, Paris, Hachette.

RAMOGNINO, Nicole

1992   « L'observation, un résumé de la réalité », *Current Sociology*, 40, 1, pp. 55-75.

SOKAL, Alan et Jean BRICMONT

1997   *Impostures intellectuelles*, Paris, Odile Jacob.

TOURAINE, Alain, François DUBET *et al.*

1978   *Le Pays contre l'État*, Paris, Seuil.

TOURAINE, Alain

1978   *La voix et le regard*, Paris, Seuil.

SOCIÉTÉ, NATIONS
ET DIVERSITÉ
CULTURELLE

9

POUR UNE NATION QUÉBÉCOISE. CONTRE LE RETOUR D'UNE PENSÉE ETHNIQUE

Gérard BOUCHARD[*]

Après un demi-siècle de Révolution tranquille, le Québec est toujours en transition. Son avenir est même devenu très incertain. Pourtant, l'évolution amorcée depuis la Deuxième Guerre semblait annoncer jusqu'à récemment une trajectoire relativement linéaire, presque prévisible à certains égards. Sous la poussée de la modernité, de nouveaux modes d'intégration symbolique se mettaient en place. Pour mieux s'accorder avec la diversification croissante de la société, la vieille identité nationale canadienne-française se délestait progressivement d'une bonne partie de son héritage ethnique : d'abord l'appartenance à la religion catholique, puis les lointaines origines françaises, enfin de nombreuses traditions et coutumes. Ainsi mis entre parenthèses, ces particularismes ne faisaient désormais plus obstacle à la pleine intégration des nouveaux arrivants. De canadienne-française, la nation devenait de plus en plus québécoise et une nouvelle culture francophone était en voie de formation, ouverte à tous les apports, *creuset* d'une culture nationale métissée, ennemie de

[*] L'auteur remercie vivement les personnes qui lui ont transmis des données ou des commentaires en rapport avec la rédaction de cet essai, principalement Sylvie Fortin, Danielle Juteau, Réjean Lachapelle, Michel Paillé, Jean Renaud, Guy Rocher et Yvan Lamonde.

l'exclusion. Alors qu'ils se percevaient auparavant comme formant une minorité au sein du Canada, les Canadiens français se glissaient peu à peu dans leur nouveau rôle de groupe majoritaire au Québec. Plusieurs représentants du Parti québécois endossaient dès le début cette orientation d'*une nation*, dans son acception à la fois politique et culturelle, et ils s'employaient à la promouvoir. C'était l'époque du livre blanc sur les orientations culturelles (1978), à la préparation duquel Fernand Dumont et Guy Rocher ont été associés de très près, et qui mettait à l'honneur la notion de *culture de convergence*. Enfin, c'est la conception d'une nation québécoise qui était retenue en 1991 dans le rapport de la Commission Bélanger-Campeau sur l'avenir politique et constitutionnel du Québec.

Le Québec à un carrefour

Et voilà qu'en cette fin de siècle, toute cette évolution semble subitement remise en question. Le projet d'une nation québécoise (politique et culturelle à la fois), qu'on pouvait croire prédominant, irréversible même, paraît maintenant perdre du terrain. D'anciennes conceptions réapparaissent ; d'autres se proposent. La réalité québécoise semble désormais relever d'une pluralité de modèles divergents ou contradictoires, entre lesquels l'opinion hésite, si bien que la question nationale est devenue plus complexe que jamais. Ainsi, la vieille identité canadienne-française semble connaître présentement une résurgence (nous y reviendrons). Les Anglo-Québécois se montrent réfractaires à un projet national qui leur a toujours paru suspect et qui est devenu un peu ambigu, en effet ; certains d'entre eux se laissent séduire par l'idée d'une partition territoriale. Les Amérindiens affirment leur propre volonté autonomiste. Les Néo-Québécois sont partagés, plusieurs d'entre eux s'intégrant à la communauté linguistique anglophone et la plupart adhérant à la nation canadienne. Il existe aussi des communautés culturelles (ou des groupes ethniques?), des peuples dits fondateurs, des francophones non canadiens-français. Quel modèle conceptuel pourrait rendre compte d'une réalité aussi disparate, un peu déroutante même? Si l'on choisit de persister dans la voie de la nation québécoise (de préférence aux thèses plurinationales et pluriethniques), comment la (re)formuler pour en assurer la relance – car c'est bien de cela qu'il s'agit? Si on veut par contre la rejeter ou l'amender substantiellement, quelles sont et que valent les propositions de rechange, en particulier celles qui entraînent ou préconisent carrément un retour à l'ethnicité intégrale? Nous pensons que le Québec d'aujourd'hui se trouve à un carrefour dont certaines issues mènent à une impasse.

Cela dit, il importe de souligner que ces incertitudes ne sont pas spécifiques à la société québécoise, loin de là. En fait, la plupart des nations d'Occident sont présentement confrontées à des problèmes analogues de *révision* du cadre national, qui se traduisent dans des termes analogues. Essentiellement, il s'agit de trouver des voies pour adapter l'idée nationale à la diversité ethnique et culturelle. La donnée nouvelle qui s'est en effet imposée depuis un demi-siècle, c'est que de plus en plus d'immigrants tiennent à conserver une grande partie de leur identité et de leur culture. C'est l'une des conséquences des amples déplacements de population provoqués par la dernière guerre mondiale et relancés par l'essor économique qui a suivi. Les moyens modernes de communication y sont aussi pour beaucoup, qui permettent aux immigrants de rester en contact avec leur culture d'origine. La nouvelle sensibilité affichée par les sociétés d'accueil à l'endroit des *autres* cultures est également un facteur important ; on reconnaît maintenant plus volontiers le droit à la différence et la valeur des contacts interculturels. D'une façon ou d'une autre, la plupart des États-Nations en sont venus à prendre acte de cette réalité à laquelle ils ont toutefois réagi de façons très diverses, du Canada aux États-Unis, du Mexique à la Norvège, du Japon et de l'Australie à la France et à l'Allemagne. Mais dans toutes ces sociétés, le problème fondamental ne vient pas vraiment de ce que l'on aurait découvert – à la suite de B.

ANDERSON (1991) – que la nation est *imaginée*, ou qu'elle serait *inventée*, selon l'expression de E. HOBSBAWM et T. RANGER (1983). En fait, il en a toujours été ainsi[1]. Plus simplement, ce phénomène retient présentement l'attention surtout parce que la nation moderne est déstabilisée et que ses fondements sont à découvert.

Les États-Nations d'Occident (et d'ailleurs) sont en effet désemparés, d'abord à cause du contexte de diversité ethnique et culturelle auquel ils sont désormais confrontés et qui les oblige à fonder autrement à la fois leur autorité et leur cohésion collective. Or, sauf quelques exceptions, rien dans leur tradition ne les y préparait, la nation ayant plutôt été constituée et utilisée comme machine à uniformiser, de gré ou de force. En second lieu, l'État a vu son champ d'intervention envahi par l'emprise récente du droit et des chartes, ce qui l'amène à repenser ses rapports avec le citoyen. Dans une autre direction, son pouvoir a été rogné également parce ce qu'on appelle couramment la mondialisation, c'est-à-dire la nouvelle expansion et la consolidation internationale du marché capitaliste et des grands acteurs économiques. Avec des moyens réduits, l'État se voit maintenant confronté à la tâche de reconstruire des appartenances, des cohésions symboliques, des solidarités collectives à distance (ou le plus loin possible) de l'ethnicité, au-delà des particularismes jadis érigés en normes, et parfois en universaux. Il s'agit aussi de repenser l'avenir de l'identité et de la culture nationale, ce qui appelle une reconstruction de la mémoire collective et des mythes fondateurs. En un mot, il faut revoir les assises culturelles de la communauté politique. Si la modernité a consisté dans l'essor du moi, de l'esprit

---

1. D'une certaine façon, l'argumentation de ces auteurs tournent court dans la mesure où toutes les formes d'identité, de solidarité ou d'appartenance collective sont « imaginées » ou « inventées » : famille, collectivité locale, communauté religieuse, association syndicale ou autre, toutes ces formations reposent en définitive sur des fondements symboliques où un imaginaire est mis en œuvre, perpétué, mis à jour. Elles n'en sont pas moins réelles et légitimes.

critique, de la conscience individuelle, on pourrait caractériser
la postmodernité par la crise de conscience non plus des
individus mais des sociétés elles-mêmes, désormais en perte
d'identité, en rupture avec l'ancien paradigme de l'homogénéité, en quête elles aussi de nouvelles références. Dans ce
contexte d'instabilité et d'incertitude, les collectivités neuves
comme le Québec, le Canada et la plupart des autres sociétés
du Nouveau Monde sont sans doute plus vulnérables que les
vieilles nations d'Europe. Aux premières, un passé trop récent
rappelle sans cesse leur fragilité et se dérobe aux entreprises
d'immortalisation. Aux secondes, l'ancienneté des origines
confère une sorte de transcendance qui est une source d'assurance et parfois d'arrogance. Mais en retour, les collectivités
neuves peuvent trouver ici même un avantage : moins robustes
culturellement, moins sûres d'elles-mêmes, elles sont peut-être
en situation de réagir plus vite aux nouvelles réalités, se
trouvant en quelque sorte forcées, à cause de leur fragilité
même, de mettre rapidement en œuvre des formules de
rechange[2]. Dans le même sens, certains auteurs ont fait valoir
que, dans ces sociétés du Nouveau Monde, les contenus de la
nation sont plus malléables parce que celle-ci n'est pas aussi
étroitement soudée à l'État que dans les vieilles sociétés
européennes (par exemple, J. STRATTON, I. ANG, 1994). Il
convient d'ajouter à cela le fait que les collectivités neuves ont
longtemps vécu dans une étroite dépendance à l'endroit des
métropoles européennes, ce qui s'est traduit par une vieille
habitude d'emprunts culturels et de mises à jour un peu
artificielles. Ce facteur a fait obstacle à la mise en place de
fortes traditions, sources d'ancrage et d'inertie collective.

---

2.   Les transformations survenues depuis un demi-siècle au Québec, au
Canada et en Australie au plan des modes d'intégration symbolique illustrent
assez cet énoncé. Des modèles nouveaux, originaux, y sont en effet apparus,
qu'il s'agisse de l'interculturalisme (assorti d'une *culture publique commune*), du
multiculturalisme ou de la démocratie raciale appuyée sur le métissage, telle
que mise de l'avant par divers pays de l'Amérique latine.

Sur cet arrière-plan, nous soumettons dans les pages qui suivent une brève réflexion sur certains choix qui s'offrent présentement à notre société. Nous commenterons tout particulièrement les modèles de la nation dite ethnique et civique ainsi que la thèse (ou les thèses) voulant que la société québécoise soit le siège de quelques nations ethniques. Nous présenterons en terminant notre proposition, qui reprend dans ses grandes lignes la thèse d'une nation québécoise.

Nation civique, nation ethnique

Les modèles de la nation civique et de la nation ethnique sont bien connus des lecteurs québécois ; les discussions sur les questions nationales les ont souvent fait intervenir, notamment sous la plume de C. BARITEAU (1996, 1998 et autres), qui se réfère principalement aux travaux du sociologue et politologue allemand Jurgen Habermas[3]. Ces deux modèles ont été élaborés pour rendre compte de l'évolution de la majorité des nations occidentales – le Québec y compris – depuis la Deuxième Guerre. Dans cet esprit, la nation ethnique est celle où la citoyenneté se confond avec l'ethnicité, celle-ci étant définie par un ensemble de particularismes (liés à l'origine, à la langue, à la religion, aux coutumes) que l'on acquiert ordinairement par la naissance. Selon le modèle pur, l'accès à la citoyenneté est soumis à l'acquisition de ces particularismes. Ce type de nation est donc très hermétique et, par définition, il se caractérise par une grande homogénéité. Il y règne en outre beaucoup d'arbitraire au plan juridique puisque l'ethnicité déborde largement dans la sphère publique, l'une se superposant en quelque sorte à l'autre. Les droits universaux sont ainsi subordonnés a priori aux intérêts de l'ethnie, d'où un grand risque de pratiques discriminatoires. À l'opposé, la nation civique est celle où les sphères publique et privée sont

---

3.   On sait toutefois que cette dichotomie a reçu bien des formulations au cours des deux derniers siècles. Pour un bref survol historique, voir D. SCHNAPPER (1994, pp. 163-164).

clairement séparées, la citoyenneté relevant de la première et
l'ethnicité de la seconde. Ici, en principe, l'État et le droit
restreignent leurs interventions dans la vie des citoyens au
domaine des valeurs et des droits à caractère universel ou aux
affaires de stricte nécessité communautaire. Ces interventions
sont par ailleurs soigneusement balisées par des lois, des
constitutions et des chartes qui, dans leur principe, traitent des
prérogatives individuelles mais ignorent les droits collectifs (en
faveur de minorités linguistiques ou de groupes défavorisés,
par exemple).

Une telle modélisation reproduit fidèlement, au moins
dans ses grandes lignes, l'orientation des grandes tendances en
cours depuis quelques décennies en Occident. Pour autant,
nous ne pensons pas que le modèle de la nation civique, tel
qu'il se propose, soit viable au plan sociologique. Il indique un
idéal à suivre, certes, mais il relève plus de l'utopie (au sens
noble du terme : une affirmation de valeurs de civilisation, une
direction nécessaire) que d'une véritable ingénierie sociale. Le
problème vient de ce qu'il propose une vision réductrice de la
société, trop étroitement axée sur la rationalité du droit et sur
les privilèges de l'individu. Pourtant, ce dernier n'en demeure
pas moins inséré dans une collectivité avec laquelle il noue
bien des attaches qui, en elles-mêmes, ne peuvent être relé-
guées au rang de l'accessoire et du facultatif, comme tout ce
qui relève de la vie privée. Notamment à cause des clivages et
contraintes structurelles qu'elle instaure, la dimension collective est une composante importante, nécessaire et universelle
de la vie individuelle et il va de soi que ni l'État ni le droit ne
peuvent s'en désintéresser. Même la notion de droits sociaux,
de plus en plus souvent intégrée au modèle de la nation
civique, ne suffit pas. Ce qu'il faut ajouter au concept, c'est
l'ensemble des valeurs, institutions et instances de mobilisation
nécessaires aux aménagements et aux changements collectifs –
à ce qu'on n'ose plus guère appeler des projets de société, tant
la notion a été galvaudée. Il faut également y incorporer ces
référents culturels qui fondent l'identité, l'appartenance et la

solidarité. Il est utile en effet que la nation puisse se reposer sur des croyances, des idéaux, des représentations partagées, des points de rencontre symboliques, dont certains lui appartiennent en propre (par exemple, la mémoire collective)[4]. On connaît, il est vrai, bien des exemples où cet appareillage identitaire a été détourné au profit d'entreprises douteuses ou malfaisantes. Mais à tout prendre, il n'est pas de croyances, même religieuses, qui soient à l'abri de ces dérives. Les errements et les échecs de la vie collective n'effacent pas l'obligation sans cesse renouvelée de la reprogrammer dans sa totalité. Sous ce rapport, le modèle de la nation civique fait un peu illusion en réduisant la sphère publique au domaine du droit, de la raison et de l'universel. Ne faut-il pas se méfier aussi de la main invisible qui va prendre en charge le reste? Le reste, c'est-à-dire les symboles qui imprègnent la vie quotidienne, qui déterminent les motivations et les comportements : en fait, la plus grande partie de la culture. Il y a gros à parier en effet que, délesté de la sphère publique, ce matériau relève désormais d'un autre pouvoir dont on ne voit pas qu'il soit moins à craindre que celui de l'État-Nation.

À un autre plan, plus concret, il n'est pas sans intérêt d'observer que, même dans les nations ordinairement présentées comme les incarnations les plus poussées du modèle civique – par exemple la France, les États-Unis, le Canada – l'État se montre particulièrement actif dans la promotion d'une identité collective, dans l'institution de traditions, dans la protection de la langue et du patrimoine, dans la diffusion de la mémoire, dans la production et la reproduction d'une culture nationale[5]. Cela étant dit, on ne voit pas au nom de quel

---

4.   Un peu de la même manière mais dans le prolongement direct du modèle, G. ROCHER (1998) propose d'y incorporer ce qu'il appelle des droits culturels, à savoir des droits afférents à l'identité individuelle et collective, à la définition de soi, au respect d'un patrimoine particulier de traditions et de valeurs.

5.   Le Canada, par exemple, multiplie depuis plusieurs années ses interventions pour protéger son marché national de l'imprimé, de la radio, de

principe il faudrait leur en faire reproche. La solidarité de la nation est-elle foncièrement mauvaise? Ne sert-elle donc qu'à faire la guerre, à masquer des rapports d'exploitation entre classes, à brimer des minorités, à faire des marginaux et des exclus? N'est-elle pas aussi une condition de la vie en société, un facteur de rapprochement entre parties opposées, un terrain de ralliement en situation de crise, une source de mobilisation pour des causes justes? Quant à la légitimité même des cultures nationales et des particularismes dont elles s'accompagnent inévitablement, rappelons simplement qu'elle est affirmée par des organismes internationaux aussi autorisés (et aussi peu suspects de complaisance ethniciste) que l'UNESCO[6].

Enfin, les remarques qui précèdent font voir en même temps les lacunes du modèle de la nation dite territoriale dans sa version la plus stricte, celle qui réduit les fondements de l'appartenance et de l'identité dans un rapport commun à l'espace. La référence territoriale demeure toutefois un critère essentiel de la nation lorsqu'on veut signifier son ouverture à l'ensemble des citoyens, indépendamment de leurs caractéristiques culturelles ou ethniques.

Si le modèle de la nation civique pèche par abstraction et par réduction, et prend ainsi la forme d'une sorte d'utopie juridique, le modèle de la nation ethnique se disqualifie, quant à lui, par une triple ambiguïté. D'abord, les rapports entre ethnicité et identité ne sont pas clairs. En second lieu, et plus important peut-être, il semble qu'on ne puisse trouver nulle part une définition précise de l'ethnicité qui fasse clairement

---

la télévision, du patrimoine culturel, etc., et cela au nom des valeurs, des traditions et de l'identité canadiennes.

6.   Cet organisme tenait en mars 1998 à Stockholm une conférence internationale qui s'est ouverte par un appel à la protection de la diversité et de la créativité des cultures face aux « effets pervers » de la mondialisation (Allocution d'ouverture, prononcée par le directeur général Federico Mayor). On notera par ailleurs que notre critique du modèle de la nation civique rejoint en grande partie celles qui ont été formulées par K. NIELSEN (1998).

ressortir sa spécificité par rapport à la culture prise globalement[7]. En conséquence, ces deux notions se chevauchent et on
ne sait jamais dans quelle mesure des réalités qui relèvent de
l'une se trouvent également incluses dans l'autre. La troisième
figure d'ambiguïté, c'est que l'anathème général pesant
actuellement sur l'ethnicité menace d'emporter toute la culture
dès lors que celle-ci affiche des visées nationales. Aux confins
de ces deux notions, on aperçoit pourtant des phénomènes, des
processus collectifs inévitables et parfaitement légitimes, en
vertu desquels des individus habitant un même espace et
vivant les mêmes expériences en viennent à communiquer
dans une même langue, à élaborer des représentations, des
visions du monde, à se comprendre à travers des signes
familiers et distinctifs, à préconiser des manières de faire et de
penser, à cultiver des valeurs, des idéaux, à instituer des
symboles de leur appartenance, à conserver (et à mettre à jour)
la mémoire de leurs expériences. On pourrait aisément
convenir que tous ces éléments sont d'ordre culturel, quitte à y
distinguer a) des contenus à tendance universelle (idéaux,
visions du monde, valeurs de civilisation), b) des outils
nécessaires à la vie collective (une langue, des règles et
modèles de conduite), c) des conventions, des traditions, des
institutions qui relèvent de choix de société, et finalement d)
des particularismes appartenant à la vie privée et dont certains
naissent simplement de l'usage (coutumes, rituels) tandis que
d'autres reposent sur des choix, des croyances individuelles.

Soulignons au passage que tous ces éléments contiennent
un potentiel identitaire (une tradition électorale, une institution
scolaire particulière, un costume de circonstance, un trait
culinaire...) et ils demeurent susceptibles d'être mobilisés dans
la construction d'un *nous* symbolique. Mais tous ne le sont pas
effectivement car les matériaux qui entrent concrètement dans
l'expression de l'identité sont le fruit d'une sélection plutôt

---

7.   Nous prolongeons ici une réflexion déjà amorcée ailleurs (G.
BOUCHARD, 1997).

arbitraire. L'identité est d'abord et avant tout l'expression symbolique d'une appartenance et les objets dont elle se nourrit ou à travers lesquels elle s'annonce importent assez peu en eux-mêmes ; ils sont interchangeables et on peut aussi bien retrouver les mêmes dans d'autres sociétés très différentes.

Revenant aux éléments constitutifs énumérés plus haut, on voit que certains peuvent être intériorisés ou assimilés assez facilement par des nouveaux venus (les grands symboles nationaux, les rituels de la sociabilité, les pratiques vestimentaires...). À l'opposé, d'autres font appel à un investissement personnel important (par exemple, la religion) ou à un long apprentissage (c'est le cas de la langue) ; pour cette raison, ils sont très souvent acquis par la naissance. On peut restreindre à ces derniers éléments la notion d'ethnicité. Mais il paraît non moins légitime de l'étendre à l'ensemble des traits culturels qui caractérisent une société, y sont reproduits d'une génération à l'autre et entrent dans son identité. Il n'existe pas d'unanimité sur ce point, les deux définitions étant couramment utilisées, et souvent d'une manière ambiguë. Il paraît donc utile de retenir ces deux acceptions du concept. Mais qu'on s'en remette au sens large ou au sens strict, il subsiste toujours des contenus *ethniques* qui ne sont nullement incompatibles avec les présupposés juridiques de la nation *civique*. C'est le cas notamment de l'identité et de la langue nationale, comme de tout ce qui relève des choix de société, dès lors que leur persistance les a mués en traditions. Pour le reste, l'ethnicité, comme toute la culture, devient évidemment condamnable lorsqu'elle s'arroge une supériorité intrinsèque et, pour cette raison, entreprend de s'affirmer ou de s'étendre aux dépens des autres. Dans ce cas toutefois, il faut, à proprement parler, dénoncer non pas la nation ethnique mais la société ethnocentriste ou, mieux encore, l'ethnicisme.

Un autre paradigme : l'homogénéité et la différence

De tout ce qui précède, il ressort que la dichotomie nation ethnique/nation civique n'est sans doute pas la plus appropriée pour nourrir la réflexion sur l'évolution récente et sur l'avenir de la nation dans des sociétés comme la nôtre. On sait par exemple que l'essor du droit et de la citoyenneté dans les sociétés occidentales a sa propre histoire qui relève d'une dynamique collective bien plus ancienne que le déclin somme toute récent de la nation dite ethnique. Il faut remonter en fait jusqu'à la création d'un espace public dans les vieilles sociétés européennes (émergence du pouvoir de l'État, sécularisation, etc), soit à l'époque de la Renaissance et même un peu en-deçà. Sur un autre plan, et pour diverses raisons, il est hautement improbable d'observer des applications intégrales de l'un ou l'autre modèle. Il s'avère en outre, comme nous venons de le souligner, que le principe de la nation civique n'est pas réfractaire à d'importants éléments d'ethnicité, à titre de composante de la culture nationale. À l'inverse, l'horizon d'une ethnicité-zéro n'est tout simplement pas réaliste.

Comme nous l'avons mentionné, le phénomène véritablement neuf, tout à fait caractéristique des dernières décennies, c'est bien plutôt l'irruption généralisée de la diversité, non plus comme une anomalie ou comme une donnée récalcitrante que l'État-Nation doit réduire ou occulter d'une façon ou d'une autre, mais comme un caractère permanent avec lequel il doit désormais apprendre à composer. La nation moderne est engagée dans une difficile transition entre le vieux paradigme de l'homogénéité, ordinairement synonyme d'assimilation forcée, de discrimination et d'exclusion, et le paradigme de la différence ou de la diversité, marqué par le respect des particularismes culturels et l'universalité des droits civiques. C'est là le grand bouleversement qui commande tous les autres, à savoir : la révision des mentalités et des idéologies sociopolitiques, le réaménagement du droit et des rapports État/citoyen, la refonte des politiques sociales, la redéfinition du cadre symbolique de la nation, la reconstruction de la mémoire, la recherche de nouveaux fondements de la cohésion collective. Les transformations associées à la vie juridique ne représentent donc qu'une dimension de la transition en cours ; on le voit aussi à l'évolution présente du droit constitutionnel, engagé dans une difficile reconversion qui l'amène à se défaire du postulat d'homogénéité à partir duquel il a lui aussi été constitué (R. A. MACDONALD, 1996).

Le passé des vieilles nations européennes est éclairant sous ce rapport. On y voit bien s'affirmer les prémisses uniformisantes de l'idée nationale, depuis le XIXe siècle dans certains cas, depuis plus longtemps dans d'autres. Pressées d'édifier des sociétés civiles cohérentes, c'est-à-dire gouvernables, et soucieuses de créer des espaces économiques où les marchandises, les capitaux et la main-d'œuvre pourraient circuler librement, ces nations ont toutes été engagées à des degrés divers dans des entreprises de rationalisation et d'homogénéisation : centralisation administrative, acculturation par l'école, l'Église, l'armée, assimilation plus ou moins forcée aussi bien des anciens que des nouveaux citoyens. Le besoin de défendre la patrie (ou de l'étendre) par les armes a aussi commandé une mobilisation identitaire efficace du citoyen-soldat. Depuis quelques décennies toutefois, ce modèle autoritaire de la nation homogène est en butte à des éléments de diversité (régionalismes, groupes ethniques, affirmations féministes et autres) qui ne se laissent plus réduire et réclament diverses formes de reconnaissance. De vieilles nations européennes semblent prises au dépourvu devant cette évolution qui met en échec l'ancienne matrice.

L'histoire des collectivités neuves (en gros : l'ensemble du Nouveau Monde, incluant l'Australasie et quelques pays d'Afrique) n'est pas moins instructive, en particulier depuis la Deuxième Guerre mondiale. Formées au gré de courants migratoires transcontinentaux en provenance de l'Europe, ces collectivités en sont toutes venues à un moment ou l'autre de leur histoire à se définir en recourant au concept de nation. Mais cette représentation, qui se voulait une affirmation de la cohésion, de l'identité et de l'intégration collective, s'est heurtée à d'importants obstacles découlant précisément de l'hétérogénéité sociale et culturelle qui a très tôt caractérisé ces populations. Dans presque tous les cas en effet, une population autochtone occupait déjà le territoire depuis des millénaires ; en outre, l'immigration, en provenance d'abord de l'Europe puis d'autres continents, mettait le plus souvent en présence des groupes ethniques très différents. Ces jeunes États ont ainsi été amenés à mettre en œuvre tout un éventail de procédés – allant de la suppression symbolique de la différence à son élimination par la violence – pour concrétiser leur vision organique de la communauté nationale : génocide, déportation, marginalisation, assimilation, métissage, invention de valeurs ou d'origines communes, etc. (G. BOUCHARD, 1998a). Ils ont pu de la sorte assurer tant bien que mal leur intégration nationale jusqu'au milieu du XXᵉ siècle. À partir de ce moment, plusieurs d'entre eux ont eu à absorber une immigration plus considérable encore et de plus en plus diversifiée, ce qui les a obligés à réviser substantiellement leur mode d'intégration. Le cas du Québec, du Canada et de l'Australie est ici particulièrement révélateur. Chacune de ces collectivités était parvenue à perpétuer une tradition, une identité nationale, en la nourrissant principalement de la référence à la mère patrie (France, Grande-Bretagne), dont elle s'employait à reproduire les idéaux, les traditions, les institutions. On attendait des immigrants qu'ils s'assimilent à cette culture nationale, à défaut de quoi ils se retrouvaient en marge de la société, dans une sorte d'exclusion. Puis, au gré des importantes transformations amorcées dans les années 1950 et poursuivies sans interruption depuis, ces trois collectivités ont pris leur distance par rapport à la culture de leur mère patrie, elles ont reconnu à leurs citoyens et aux nouveaux arrivants le droit à la différence et elles ont procédé à un important réaménagement de leur culture nationale de façon à mettre fin à l'alternative assimilation/exclusion : désormais, l'identité devait être définie de telle manière qu'elle serait accessible à tous les citoyens, anciens et nouveaux. D'une collectivité à l'autre, cette évolution a emprunté des formes originales et toutes sortes de variantes ; mais les points de départ et les points d'arrivée sont remarquablement analogues : partout, on s'est engagé dans la transition qui mène de la nation homogène à la nation diversifiée. Partout aussi, la réflexion se porte maintenant sur la recherche de nouveaux fondements symboliques de la vie collective, appropriés à un contexte de pluralisme.

D'une manière différente, l'évolution récente des Etats-Unis illustre le même phénomène. Pendant la plus grande partie de son histoire, cette collectivité s'est employée à assimiler les immigrants, et ce sous diverses étiquettes dont la plus célèbre est le *melting pot*. L'intégration de la nation a pu ainsi être réalisée autour de mythes fondateurs et de valeurs officiellement à portée universelle mais qui demeuraient en réalité associés de près à l'héritage WASP. Toutefois, le traitement réservé aux Autochtones (en particulier aux temps du peuplement), l'exclusion juridique des Afro-Américains jusqu'à une période récente et le racisme dont ces derniers demeurent l'objet ont infligé un démenti aux énoncés de la Constitution et provoqué des déchirures au sein de la nation. Les nouvelles vagues d'immigrants en provenance de l'Amérique du Sud remettent ouvertement en question le *melting pot* et ajoutent au malaise identitaire. Divers groupes réclament des éléments de bilinguisme officiel, veulent réécrire l'histoire de la nation selon leur perspective, exigent des écoles publiques séparées. On découvre en outre, dans ce contexte, que la politique d'assimilation n'a pas été aussi efficace qu'on le pensait à fusionner les apports migratoires, même européens. L'État américain a jusqu'ici résisté à ces poussées multiculturelles ; mais l'issue des tensions présentes est très incertaine. Encore là, dans des circonstances et selon des modalités spécifiques, on assiste au difficile passage de l'homogénéité à la différence.

Une autre façon de faire ressortir l'utilité de la matrice homogénéité/diversité, c'est d'interroger sous cet éclairage une société comme la France, généralement reconnue comme incarnant d'une façon quasi exemplaire le modèle de la nation civique. On s'accorde en effet à y reconnaître l'une des figures les plus anciennes et les plus accomplies de la nation-contrat, fondée sur une adhésion rationnelle, expression d'un vouloir-vivre collectif (ou d'un plébiscite de tous les jours, selon l'expression d'Ernest Renan). Depuis sa naissance il y a deux siècles, la République garantit le respect des droits et libertés fondés sur des principes universels et elle rejette de la sphère publique les particularismes reliés, par exemple, à la langue (sauf le français, en sa qualité de langue nationale) et à la religion (en vertu de la règle de laïcité). Il est néanmoins remarquable que, par des chemins assez imprévisibles, cette philosophie républicaine a conduit à l'émergence d'une culture très typée et même à une surprenante intolérance face aux manifestations de la diversité ethnique sur la place publique[8]. Au départ pourtant, la République issue de 1789 établissait clairement le règne de la société civile, laissant à l'État la responsabilité d'élaborer et de diffuser la culture publique, c'est-à-dire les règles et repères minimaux devant assurer l'ordre social. Mais le champ laissé à l'action de l'État était si vaste et l'État lui-même si tentaculaire qu'il en a résulté une culture envahissante et très homogène. Le jacobinisme culturel a littéralement pris d'assaut les langues régionales[9], dont plusieurs n'ont pas survécu, pendant que les traditions et les mythes républicains envahissaient les cultures locales. Finalement, on pourrait dire que, sous ce rapport, la République a paradoxalement poursuivi l'œuvre d'uniformisation culturelle commencée au temps de Louis XIV, sinon au siècle précédent[10]. Par ailleurs, depuis le Moyen Âge, la France a

---

8.   Faut-il aller plus loin ? L'étude que S. WAHNICH (1997) a consacrée au discours de la Révolution française donne à penser que, dès le départ, l'étranger et le citoyen ne faisaient guère bon ménage.

9.   Notons qu'en 1998, la France n'avait toujours pas signé la Charte européenne des langues, adoptée en 1992 par le Conseil de l'Europe.

10.   Parmi de nombreux auteurs, il faut lire à ce propos les analyses de l'ethnologue A. VAN GENNEP (1922) sur la « politique d'oppression et de

toujours accueilli de nombreux immigrants, et de toutes provenances ; mais on n'a pas assez relevé peut-être la rare efficacité avec laquelle elle les a assimilés, au nom même de l'idéal républicain de la nation civique. Pour rendre compte de cette réalité, l'expression *melting pot* sied mieux encore qu'à l'expérience états-unienne.

En résumé, lorsqu'on pose à propos de la France la question de la diversité, on découvre le paradoxe d'une authentique nation civique qui, à la longue, a fini par produire une culture nationale originale, très homogène et très sûre d'elle-même, pour ne pas dire une ethnicité *tricotée serrée*, qui éprouve aujourd'hui beaucoup de mal à aménager la différence. Les attitudes manifestées depuis quelques années à l'endroit du fait arabe et musulman illustrent et confirment à la fois cet énoncé. Soumis à la même question, le Canada fournirait un exemple analogue. Le multiculturalisme, érigé en politique officielle en 1971, visait explicitement à reconnaître et à protéger la diversité ethnique du pays. Mais ce faisant, il consacrait le recul du Canada français, désormais relégué au rang de groupe ethnique, et mettait ainsi fin à la conception des deux ou trois peuples fondateurs. D'une façon plus générale, des analyses conduites selon la problématique de l'homogénéité/diversité plutôt que de la nation civique néolibérale montreraient également que les nations apparemment les plus progressistes au plan des droits individuels sont plutôt réfractaires aux droits collectifs ; on peut voir là une autre manière de compromettre la diversité socioculturelle.

En somme, selon notre argumentation, la dichotomie de la nation civique et de la nation ethnique fait problème parce que les deux modèles ne sont pas vraiment exclusifs, parce que la nation civique est une utopie juridique inspirée d'une vision réductrice de la vie collective, parce que la nation ethnique est

---

persécution linguistiques dont s'est rendue coupable la République, ennemie de la diversité des parlers et des coutumes ».

une notion trop ambiguë et que certaines composantes de l'ethnicité sont indispensables à toute société. Cependant, la dichotomie indique très évidemment la direction à suivre dans l'entreprise générale qui consiste à réaménager la nation afin de la redéployer dans la diversité. Pour le reste, au-delà des paramètres juridiques fondamentaux à respecter, il revient à chaque collectivité d'inventer sa propre configuration, sa propre équation culturelle ou nationale, en tenant compte de son histoire, de sa composition ethnique et de sa situation géopolitique.

La thèse des nations ethniques au Québec

Compte tenu de la diversité de la société québécoise, la plupart des observateurs (nationalistes ou autres) paraissent s'accorder actuellement sur la nécessité de marquer une distance entre le droit et l'ethnie, de dissocier l'appartenance civique et l'appartenance culturelle ou identitaire. Ce principe étant acquis, il reste toutefois une importante question à résoudre : sur l'arrière-plan de la norme civique, quel statut donne-t-on à l'ethnicité? Comment articule-t-on la pluralité des appartenances culturelles? Comment doit-on envisager les rapports à instituer entre les communautés ethniques présentes sur le territoire québécois? Comme nous l'avons signalé plus haut, l'évolution qui, durant le dernier demi-siècle, a mis en marche la transition de la nation canadienne-française vers la nation (culturelle) québécoise fournissait une réponse (si vague fût-elle) à ces questions. Depuis peu cependant, d'autres propositions ont été mises de l'avant qui, par des chemins souvent très différents d'un auteur à l'autre, marquent un retour à ce qu'on peut appeler une pensée ethnique.

D'abord, cette réorientation se manifeste parfois sous la forme d'une ambiguïté. Nous nous référons ici à toutes les prises de position évoquant la culture ou la nation québécoise, alors qu'en réalité le *nous* qui lui est associé est très évidemment canadien-français. Cette confusion est si fréquente chez certains nationalistes qu'on peut se demander si elle est fortuite. À un autre plan, la pensée ethnique s'exprime aussi d'une manière très explicite comme une formule visant à remplacer le modèle de la nation québécoise. Ce courant de pensée affirme, d'un côté, l'existence d'une nation politique, d'un peuple québécois, siège du pouvoir de l'État, et de l'autre, l'existence d'au moins trois nations (ou morceaux de nations) culturelles ou ethniques : les Canadiens français, les Canadiens anglais et les Amérindiens. La thèse comporte des variantes ; certains distinguent plusieurs nations au sein de la population autochtone, d'autres sont tentés d'élever au rang de nations ce qu'on appelle couramment les communautés culturelles.

Il existe ici un paradoxe, dans la mesure où les tenants de cette thèse y sont presque tous venus par souci de respecter la diversité et d'atténuer ou de prévenir les tensions ethniques. Il importe également de préciser que des chemins théoriques et idéologiques très variés – opposés même parfois – ont conduit les auteurs à cette conception. Enfin, les formulations qui en ont été proposées sont plus ou moins élaborées, d'un auteur à l'autre. En dépit de cette hétérogénéité, qu'on voudra bien ne pas perdre de vue, le motif (ou, plus simplement, le corollaire) principal est toutefois clair : fragmenter et replier l'idée nationale sur ses bases ethniques. Dans quelques textes parus au cours des dernières années dans *La Presse* et dans *Le Devoir*, Jean-Marc Léger a affirmé au moins implicitement cette thèse en prenant fortement parti pour une conception strictement canadienne-française de la nation[11]. Dans un texte paru dans *La Presse* du 9 décembre 1995, Maurice Champagne semble adhérer à l'esprit de la thèse en insistant fortement sur le rapport majorité (canadienne-française)/minorités et en parlant de *communautés nationales* à propos des communautés culturelles. Par un autre chemin, constatant que la communauté anglophone s'est exclue par choix de la nation québécoise, le philosophe Pierre Desjardins propose d'en tirer

---

11. Par exemple : *Le Devoir*, 28 janvier 1998.

les conséquences et, faute de mieux, de revenir à la réalité des deux peuples ou ethnies (*La Presse*, 12 janvier 1996). Jean-Pierre Charbonneau (*Le Devoir*, 24 novembre 1995) distingue au Québec plusieurs nations culturelles (ou ethniques) et fragments de communautés nationales. De leur côté, en suivant une démarche théorique très éloignée de ce que nous appelons ici la pensée ethnique, G. Bourque et J. Duchastel ont été amenés à souligner dans divers écrits le caractère multi-ethnique et plurinational du Québec, tel qu'il se dégage concrètement des perceptions des acteurs (Amérindiens, Anglophones et autres)[12]. Allant plus loin, LAFOREST (1995, p.326) énonce ce qui semble être une conséquence logique de la thèse, à savoir que le caractère plurinational du Québec devrait normalement se refléter dans le fonctionnement même du parlementarisme et donner lieu à la création d'une deuxième chambre où chaque *nation* serait représentée[13].

Le sociologue Fernand Dumont est celui qui a formulé la thèse avec le plus d'insistance et, peut-être, avec le plus d'autorité. Pour lui, l'idée d'une nation québécoise (au sens culturel) est « une erreur, sinon une mystification » et il y voit une « construction toute verbale et parfaitement artificielle de tacticiens politiques » (DUMONT, 1995, pp. 63-64). Il reproche au modèle de déporter et de diluer le sens profond de la nation qui, selon lui, doit être une entité culturelle et une référence partagée. Or, une telle référence ne peut exister à l'échelle de la société québécoise. Selon sa conception, il faudrait en effet distinguer entre la langue française comme véhicule officiel de communication, à des fins strictement utilitaires, et la langue

---

12. Dans une entrevue donnée à *Interface* (jan.-fév. 1996, vol. 17, no 1, p. 16), Gilles Bourque déclarait que le « nationalisme québécois doit, une fois pour toutes, prendre en compte qu'il y a d'autres peuples et d'autres nations sur son territoire même ». Voir aussi BOURQUE (1997), BOURQUE, DUCHASTEL et alii (1996, 1997).

13. À signaler toutefois que, dans une communication personnelle récente à l'auteur, G. Laforest déclarait récemment ne plus endosser cette proposition.

française comme terreau et vecteur («expression et substance») de la culture canadienne-française. Dès lors, cette culture est bien une nation en elle-même et elle ne se mêle pas à d'autres. Dans l'hypothèse d'une nation québécoise, «comment caractériser... la collectivité francophone? Deviendrait-elle une *nation* emboîtée dans une autre? J'ai peine à imaginer un tel arrangement» (DUMONT, 1997, p. 241). C'est une inquiétude que Fernand Dumont a exprimée à diverses reprises : que deviendra la culture canadienne-française dans le cadre élargi, et pour ainsi dire *déréglementé*, d'une nation dite territoriale?

Le Québec est ainsi présenté comme une collection de nations (ou de morceaux de nations, sous-ensembles de nations elles-mêmes établies à l'échelle canadienne et représentées sur le territoire québécois). Toujours selon Dumont, cet échiquier pluriethnique et plurinational serait réfractaire à la création d'une culture publique commune telle que proposée par G. CALDWELL (1988). En effet, il «n'est pas utile de jongler avec des recettes de mixture où seraient minutieusement dosés les ingrédients à emprunter ici et là pour fabriquer artificiellement une culture métissée» (DUMONT, 1995, p. 67). À la longue, une *culture de convergence* se constituerait néanmoins, mais ce serait la *culture française* –autant qu'on puisse voir, on doit comprendre ici : culture *canadienne-française* – et elle serait nourrie substantiellement, sinon en priorité, de la mémoire (DUMONT, 1995). Rappelons en outre que, parmi les nations identifiées au sein la société québécoise (canadienne-française, canadienne-anglaise, amérindienne), aucune n'est entièrement présente sur son territoire ; elles se prolongent toutes physiquement à l'échelle canadienne[14]. Enfin, il semble bien que, sous la plume de Dumont, l'intégration des immigrants soit en réalité synonyme d'assimilation pure et simple à la culture canadienne-française.

---

14. On trouve aussi à l'occasion les expressions «nations autochtones» et «nation anglaise» (F. DUMONT, 1995, p.66).

En somme, Dumont repoussait le modèle de la nation québécoise qu'il accusait d'aliéner l'identité, la *référence* canadienne-française, auquel cas même la perspective de la souveraineté politique perdait à ses yeux une grande partie de sa pertinence. Cette position s'accorde du reste parfaitement avec la démonstration présentée dans la *Genèse de la société québécoise*, ouvrage dont on n'a pas assez souligné que, malgré son titre, a) il traite de la nation et non de la société, b) il reconstitue le destin des Canadiens français et non des Québécois, c) il s'inscrit ainsi intégralement dans le vieux paradigme de la *survivance*. Pour bien comprendre la pensée de Dumont sur toute cette question, il est important de se reporter à certaines réflexions livrées dans son tout dernier ouvrage (*Récit d'une émigration*). On y trouve en effet un diagnostic très sombre porté sur la Révolution tranquille, qui semble n'avoir tenu aucune de ses grandes promesses. L'auteur énumère, au rang des entreprises qui ont raté leur cible : la réforme scolaire, la *restauration* de la langue française, la renaissance de la religion et de l'Église, la souveraineté politique, la démocratisation de la culture, l'instauration d'une forme de socialisme (ou de social-démocratie). On ne sait peut-être pas assez que Fernand Dumont était à la fin de sa vie un intellectuel profondément déçu de l'évolution récente du Québec et très pessimiste quant à son avenir. Se référant à la situation de la langue, son diagnostic était tel qu'il en venait à se demander : « ...si j'étais immigrant et si je regardais autour de moi, est-ce que j'aurais envie de m'intégrer? »[15]. Plus profondément encore peut-être, son inquiétude prenait racine au plan spirituel. Un peu comme Durkheim dont il était un spécialiste, il se demandait s'il était possible de fonder des solidarités, des idéaux collectifs, sans l'appui de la spiritualité que procure le

---

15. Entrevue à *L'Actualité*, 15 septembre 1996. Dans un texte antérieur (F. DUMONT, 1990) où il dressait déjà un bilan très sombre de la Révolution tranquille, il constatait que le Québec n'offre pas aux immigrants « un visage bien attirant » et il se demandait, en adoptant leur point de vue : « Comment s'intégrer à une société en déclin ? » (p.18).

religieux[16]. Il est permis de penser que, dans ces conditions, il a choisi de se replier sur ce qui avait survécu de l'antique héritage culturel et qui paraissait devoir être préservé en priorité, à la fois pour garder vivant l'idéal des ancêtres et pour rester digne de leur mémoire.

Quoi qu'il en soit, et en dépit de tout ce qui les sépare par ailleurs les unes des autres, toutes les conceptions qui viennent d'être évoquées partagent a) une même distanciation de la nation civique et de l'ethnicité et b) un aménagement de l'hétérogénéité culturelle prenant la forme d'une cohabitation formelle de quelques nations ethniques. À nos yeux, cette proposition fait problème pour diverses raisons et elle soulève un certain nombre de questions essentielles qui sont pour l'instant sans réponse. Elle suscite aussi des inquiétudes quant au type de société qui pourrait se constituer à partir d'un tel quadrillage ethnique. Les remarques qui suivent voudraient simplement amorcer une réflexion sur ce sujet. En bref, les aspects de la thèse qui appellent selon nous des clarifications ou des justifications sont au nombre de cinq :

1. La proposition générale conduit à réinstaller l'ethnicité au premier rang de la représentation symbolique de la société québécoise en lui donnant une reconnaissance formelle et, pour ainsi dire, officielle. La nation serait en effet structurée fondamentalement sur une base ethnique. Or, une telle orientation s'inscrit à contre-courant de l'évolution en cours depuis un demi-siècle à l'échelle internationale. Confrontées à la diversité, les sociétés d'Occident et d'ailleurs sont toutes préoccupées d'atténuer la place du facteur ethnique dans la vie collective, parce qu'il est une source de tensions et de divisions. Ceci est vrai également des sociétés (comme l'Australie ou le Canada) qui ont adopté le multiculturalisme comme politique officielle. Il est exact que, d'une façon, cette dernière formule consacre la juxtaposition et même une forme d'institutionnalisation,

---

16. Voir, par exemple, *L'Actualité*, 15 septembre 1996.

sinon de promotion des divers groupes ethniques ; mais dans son principe (qui peut s'accommoder de nombreuses variantes et déviations dans son application, comme chacun sait), la priorité octroyée au pluralisme vise surtout à protéger les cultures numériquement faibles contre les atteintes arbitraires de la communauté dominante, qui est ordinairement la plus nombreuse. Or, dans le cas du Québec, et dans l'esprit de la majorité de ses auteurs, la thèse plurinationale vise exactement le contraire : dans une large mesure, elle vise à protéger le groupe canadien-français majoritaire contre les groupes ethniques minoritaires. Il ne sera pas facile d'expliquer et de défendre cette position sur les tribunes internationales.

Ajoutons qu'elle s'inscrit à contre-courant également de l'évolution amorcée par la société québécoise elle-même depuis quelques décennies. À la nation canadienne-française, s'était peu à peu substituée, comme nous l'avons dit, une nation québécoise, contrepartie culturelle de la nation civique. Pensons ici à tout le travail de sensibilisation interculturelle et d'ouverture qui a été effectué depuis quelques décennies dans les écoles[17], dans les pratiques professionnelles, dans les médias, dans les arts et les sciences, etc.

Si une telle proposition devait prévaloir, elle viendrait en quelque sorte confirmer tout le mal que l'on entend ici et là à propos du nationalisme québécois, tous ces préjugés et stéréotypes malveillants qui l'associent au repli, à l'ethnicisme, au refus de la différence. Quelle défense pourrait désormais leur être opposée?

2. Au plan démographique, la réalité interethnique québécoise instaure concrètement un rapport très inégal en faveur des Canadiens français, qui représentent les quatre cinquièmes de la population. De toute évidence, la formalisation de ce rapport, étant donné l'inquiétude qui la

---

17. Par exemple : F. OUELLET (1995).

motive, est de nature à susciter un grand malaise et de vives protestations parmi les *autres nations*. Dans cette hypothèse en effet, qui voudrait écarter d'emblée la possibilité que la nation la plus puissante profite de sa position pour contrôler l'État et l'utiliser abusivement à son avantage? Il est aisément prévisible qu'en accentuant, en institutionnalisant en quelque sorte les différences, un quadrillage ethnique de l'espace culturel québécois va favoriser des cloisonnements, un durcissement des rapports entre communautés, une détérioration de l'altérité, comme N. BISSOONDATH (1995) l'a montré à propos du multiculturalisme au Canada. Il créerait aussi un terrain propice à une hiérarchisation plus ou moins clandestine, contenue au plan symbolique d'abord mais éventuellement traduite en pratiques discriminatoires. C'est du reste une autre critique que l'on adresse parfois au multiculturalisme canadien ; dans ce cas pourtant, l'ethnie dominante ne s'arroge pas de statut officiel et l'équation démographique lui est beaucoup moins favorable (au recensement de 1991, les citoyens d'origine anglophone ou de culture britannique ne représentaient que 40% environ de la population du Canada). Cela dit, signalons que la thèse des nations ethniques au Québec s'accorderait parfaitement avec la philosophie multiculturaliste du Canada. Pour le gouvernement fédéral, en effet, il n'existe pas de nation ni de culture nationale québécoise ; il n'existe qu'un groupe ethnique canadien-français déployé à l'échelle du pays, dont la fête patronale est célébrée le 24 juin d'un océan à l'autre.

3. Dans l'esprit de la thèse, quel sort est-il réservé aux vieilles communautés culturelles (juives, chinoises, italiennes, grecques, etc)? En toute logique, on pourrait s'attendre à ce qu'elles se posent, elles aussi, comme nations ethniques ou communautés nationales et à ce qu'elles affirment leur culture et leur appartenance, au même titre que les autres. Quels arguments pourraient objectivement contrer cette

ambition? De même, les partitionnistes ne trouveront-ils pas dans la thèse une confirmation inespérée de la leur? Quant aux néo-Québécois, en particulier ceux qui appartiennent à ce qu'on appelle maintenant la génération de la loi 101, qu'advient-il d'eux? Ils ont appris le français mais ils ont conservé leurs attaches culturelles et identitaires avec leur groupe d'origine ; ce ne sont donc pas des Canadiens français. La thèse plurinationale les place dans l'alternative suivante : ou bien ils s'intègrent à la nation canadienne-anglaise, et il leur suffit alors d'adopter l'anglais comme langue d'usage ; ou bien ils optent pour la nation majoritaire. *Mais comment devient-on Canadien français?* Si la simple maîtrise ou pratique de la langue française ne suffit pas, quels traits faut-il acquérir pour devenir membre à part entière de ce groupe ethnique? Il serait aisé de montrer que plus on essaie de préciser en les resserrant les critères d'appartenance, plus ce groupe ethnique devient inaccessible. On se heurte ici à toute l'ambiguïté – etymologique, sociologique, politique – de la nation ethnique.

Un autre aspect du problème n'est pas moins embarrassant. En vertu de la Loi 101, la société québécoise a souscrit une sorte de contrat moral (sinon juridique) avec les immigrants, en vertu duquel elle leur faisait une obligation d'acquérir le français comme langue d'usage, après quoi ils devenaient citoyens à part entière, ils étaient pleinement intégrés à la société d'accueil. La thèse des nations ethniques brise ce contrat en créant après coup un espace réservé qui ne leur est pas accessible, celui de la nation canadienne-française. Ces Québécois francisés s'aviseront tout à coup qu'ils sont néanmoins exclus de la nation majoritaire. Est-ce vraiment le meilleur parti à prendre? Et n'y a-t-il pas ici une contradiction : admettre de nombreux immigrants et leur imposer l'apprentissage de la langue française mais les confiner à une quasi-marginalité, à moins qu'ils ne renoncent complètement à leur culture d'origine. En plus, les jeunes néo-Québécois francophones, dont la plupart sont regroupés dans la région de Montréal, constituent un élément dynamique et novateur de notre société, précisément à cause de leur arrière-plan culturel diversifié. Ils représentent un apport original pour l'avenir de la francophonie québécoise. Voudrait-on se l'aliéner en les tenant à distance (au moins symboliquement) de la souche principale?

4. Pour les francophones de vieille ascendance, la thèse plurinationale est une invitation au repli, à un retour aux réflexes défensifs de la culture de survivance. En faisant reposer la vie collective sur des nations qui se déploient toutes à l'échelle du territoire canadien, elle compromet aussi le projet d'ériger au Québec une société dynamique, forte et solidaire. Comment, par exemple, édifier sur ces bases une vigoureuse identité québécoise? Comment construire une mémoire commune qui ne soit pas vidée de sens? En réalité, il y a gros à parier que, concrètement, ce soit l'ethnie canadienne-française qui occupe toute la place et s'érige en culture faussement *québécoise*. Car on voit mal comment, à la nation civique et aux nations ethniques, pourrait s'ajouter une véritable culture commune au sens où on l'entend couramment.

Enfin, il est utile de souligner que la thèse enferme a priori le projet de souveraineté politique dans un cadre foncièrement ethnique. Celui-ci n'a plus guère de sens en effet que pour des Canadiens français. On renonce ainsi à asseoir la souveraineté sur un véritable projet de société s'adressant à l'ensemble des acteurs.

5. Il faut songer aussi à tous les corollaires ou répercussions qui ne manqueraient pas de surgir, qu'ils soient de nature politique, culturelle, institutionnelle ou autre. Ainsi, comme il a déjà été suggéré, il semblerait logique de restructurer les institutions parlementaires et même l'administration publique sur la base de la répartition des

nations, en appliquant partout une philosophie proportionnelle et en faisant de l'ethnicité une assise structurelle de la société. Est-ce vraiment un bon principe de gouvernement dans le contexte actuel?

Dans une autre direction, une fois le Québec lancé sur la pente plurinationale, il deviendrait difficile de résister à des mouvements réclamant l'institution du bilinguisme ou même d'un trilinguisme officiel. Comment justifier en effet que la langue d'une nation puisse s'imposer aux autres nations? Enfin, pour les francophones, en vertu de quelle logique éviterait-on de revenir à l'ancien modèle d'un programme d'action pan-canadien visant à protéger la nation canadienne-française d'un océan à l'autre?

Une dernière remarque à ce propos. L'usage de l'expression *peuple* québécois est devenu relativement fréquent depuis quelque temps. Nous tenons seulement à signaler qu'en lui-même, ce déplacement ne résout pas les difficultés qui viennent d'être mentionnées, même s'il peut à l'occasion fournir un terrain utile à la négociation. Au sens strict, le vocable fait référence au fondement du pouvoir en démocratie et il relève surtout du vocabulaire de la nation civique. Historiquement, le mot évoque aussi la multitude des individus de condition modeste, leurs luttes d'émancipation, la solidarité organique, presque mythique, qui est censée les unir, ainsi que la culture qui les caractérise. Toute autre acception (qui en ferait un synonyme ou un substitut de la nation culturelle, par exemple) ne peut que reproduire sur un autre terrain l'ambiguïté Québécois/Canadien français.

Un autre modèle : la nation québécoise comme francophonie nord-américaine

Le modèle de la *nation québécoise* est encore celui qui, selon nous, ouvre les perspectives les plus riches et les plus cohérentes à notre société ; c'est aussi celui qui permet d'éviter ou de résoudre le plus de difficultés, tout en conciliant les impératifs du droit, de la sociologie et de l'histoire[18]. Nous le définissons par référence à quatre éléments essentiels. D'abord, il affirme la possibilité, au Québec, d'une nation culturelle qui se superpose à la nation civique (ou au *peuple*). Ensuite, il est de nature à concilier trois exigences : le respect de la diversité, le maintien d'une cohésion collective, la lutte contre la discrimination. En troisième lieu, il préconise une configuration originale qui s'inspire des modèles classiques ou types idéaux les plus progressistes, tout en reflétant la situation et les aspirations particulières du Québec d'aujourd'hui. Enfin, il suggère essentiellement une redéfinition, un élargissement du *nous* collectif en l'associant non plus aux Canadiens français mais à l'ensemble de la francophonie québécoise.

Nous pensons qu'il existe un espace collectif pour fonder au Québec une nation culturelle –et aussi bien une culture ou une identité nationale– qui soit viable et légitime, compte tenu de la grande flexibilité dont il faut assortir ces notions[19]. Cet espace est fragile, certes, il est dans une large mesure en formation, mais il existe. Il est circonscrit par la langue française, à titre de matrice ou de commun dénominateur, soit comme langue maternelle, soit comme langue d'usage, soit comme langue seconde ou tierce. Au plan culturel, ce cadre désigne le lieu premier de la francophonie québécoise, à laquelle chacun peut participer et appartenir à raison de sa maîtrise de la langue. On peut considérer qu'environ 94% des Québécois (incluant 25% des Amérindiens) y sont d'ores et déjà inclus et ce pourcentage est appelé à augmenter dans les années qui viennent. En réalité, cette francophonie touche virtuellement l'ensemble des citoyens, saufs ceux qui, pour

---

18. Pensons, par exemple, à la thèse des deux nations, affirmée depuis deux siècles par les francophones.

19. Il est entendu qu'une telle culture ou identité nationale doit être perçue comme étant compatible avec bien d'autres appartenances et allégeances et comme faisant une place de plus en plus grande aux contenus cosmopolites les plus divers. Ainsi, on peut appartenir à la fois à une communauté culturelle (ethnique ou autre) et à la nation québécoise.

diverses raisons, choisiraient de s'en exclure. C'est pourquoi il peut être affirmé qu'elle se superpose en quelque sorte à la nation civique. Le cadre ainsi tracé réunit les conditions préalables d'une culture nationale ou d'une culture québécoise dans la mesure où a) il est ouvert à toutes les variantes ethniques et culturelles, b) il institue entre elles, par le biais de la langue française, une dynamique de communication, d'échanges, de métissage. Le coefficient d'ethnicité de cette nation, si on nous permet cette expression, se trouve ainsi réduit à la langue, comme vecteur indispensable de la vie collective. Peut-on faire moins?

Parler de métissage ou d'échanges interculturels ne devrait évoquer rien de neuf dans le contexte québécois car ces processus sont vieux de près de quatre siècles, comme l'ont montré de nombreux travaux récents d'histoire culturelle et d'ethnologie. À partir d'un héritage français, la culture québécoise s'est depuis longtemps nourrie d'inventions et d'apports très variés qui ont constitué son américanité (le sociologue Guy Rocher le soulignait déjà il y a une trentaine d'années[20]). Mais jusqu'à récemment, et en accord avec le paradigme de la survivance, les élites traditionnelles en ont projeté et perpétué une représentation fondamentalement homogène, peu fidèle à la réalité[21]. En conséquence, la majorité des Québécois commencent à peine à prendre conscience des éléments anciens et récents de leur diversité. Cela dit, admettre la pluralité culturelle du Québec, c'est reconnaître également les éléments de stabilité sinon de permanence dans cette diversité. Il existe, en particulier dans la région de Montréal, des communautés culturelles (les Juifs, les Chinois, les Italiens,

---

20.   G. ROCHER (1973, mais le texte date en réalité de 1971) a été en effet le premier à notre connaissance à attirer l'attention sur ce qu'il a appelé « une francophonie nord-américaine originale », pour souligner ce que la culture du Canada français (c'était le terme utilisé à l'époque) devait à la fréquentation du continent.

21.   Voir à ce sujet BOUCHARD (1990).

les Grecs...) qui ont elles aussi assuré leur *survivance* et sont désormais bien inscrites dans le paysage national avec leurs réseaux d'échanges, leurs institutions, leurs solidarités[22]. Elles sont fermement inscrites également, comme on sait, dans la structure spatiale de la métropole (RENAUD et alii, 1997). Ces données invitent à considérer la nation comme un ensemble composite et dynamique, fait de filiations et d'affiliations de toutes sortes[23].

Les remarques qui précèdent aident à préciser la notion de culture ou d'identité nationale. Diversifiée, de plus en plus ouverte à des contenus internationaux et, pour cette raison, de moins en moins spécifique peut-être, la culture québécoise n'en est pas moins appelée à demeurer un lieu de traditions, d'inventions et d'affirmations, un lieu de libertés et de diffé- rences qu'il importe de préserver. Il faut seulement éviter de la figer dans une vision strictement ethnographique ou de la réifier selon une perspective *substantialiste*. Il s'agit d'une culture en mouvement qui doit se caractériser non seulement par ses héritages coutumiers mais aussi par les valeurs et les idéaux dont elle est porteuse, par les solidarités qu'elle institue autour de choix de société, par les interactions qu'elle suscite entre les acteurs individuels et collectifs. Le reste relève des transactions spontanées et imprévisibles de la vie quotidienne, du travail culturel qui en résulte dans la longue durée. La culture québécoise sera toujours le produit d'une double tension créatrice : entre métissage et filiation, entre forces centripètes (tout ce qui tend vers une trame commune) et forces centrifuges (tout ce qui pousse à la diversification). Cette double tension doit être préservée, entretenue ; c'est à cette

---

22. Du reste, elles bénéficient de l'appui du gouvernement québécois qui contribue financièrement à leur développement –comme il est arrivé en mars 1998 alors que Québec annonçait une subvention de 1,3 million $ au projet de campus communautaire juif à Montréal.

23. Elles font voir aussi les limites d'une dynamique de métissage comme celle proposée, entre autres, par CACCIA (1997).

condition seulement que la coexistence de composantes culturelles disparates peut se traduire en invention, en créativité, en véritable enrichissement.

Cette conception de la culture québécoise diffère de la *culture de convergence*, telle qu'elle a été énoncée à la fin des années 1970 par le gouvernement du Québec et, aussi, telle qu'elle a été reprise et commentée dans les années qui ont suivi. Le modèle a fini par tomber en défaveur, plusieurs lui ayant reproché de privilégier la culture des Canadiens français sur celle des autres groupes ethniques, d'établir en quelque sorte une hiérarchie au moins implicite entre les acteurs sociaux, ce que donnaient à entendre en effet certaines versions du modèle. Nous prenons par ailleurs nos distances par rapport à la *culture publique commune*, telle que préconisée par G. CALDWELL et J. HARVEY (1994)[24]. Centré quasi exclusivement sur les droits et libertés et sur les croyances universelles qui les sous-tendent, ce modèle ne prend pas suffisamment en compte toutes les autres dimensions de la culture, en particulier tout ce qui concerne l'aménagement sociologique de la diversité culturelle et des rapports proprement ethniques. Or, pour assurer une vie collective équilibrée, il est souhaitable que la culture commune déborde le droit. La culture nationale établit des conditions favorables aux mobilisations collectives, aux projets de changement, à la négociation de conflits. En outre, dans la mesure où elle permet de rapprocher les cultures et les groupes ethniques, elle fait obstacle à la création de stéréotypes, à la xénophobie, à la discrimination, au racisme. Enfin, en instituant quelques valeurs et symboles fondamentaux partagés, elle atténue les risques de division violente de la société. Ces propriétés la justifient amplement, mais seulement comme dénominateur commun, dans un esprit minimal qui laisse la place à l'expression (spontanée ou organisée) de la diversité.

---

24. Ce modèle a connu des versions assez différentes, sous la plume de divers auteurs. Nous nous référons ici à la formulation la plus récente qu'en aient donnée ses deux parrains.

Pourquoi les francophones de souche devraient-ils s'inquiéter de ce modèle de la culture québécoise, comme francophonie nord-américaine circonscrite par la langue, livrée aux interactions entre ses composantes et ouverte à toutes les expériences du continent? Qu'ont-ils donc à y perdre, sinon une conception trop prudente, un peu figée même, de leurs appartenances et du destin de la culture francophone au Québec? Faut-il vraiment s'inquiéter de ce que le glissement proposé, de *Canadiens français* à *francophones québécois*, étende l'identité des premiers en l'insérant dans un ensemble culturel où ils demeurent largement majoritaires mais qui est défini avant tout par un critère strictement linguistique? Il est pourtant aisé de montrer les importants éléments de continuité entre l'ancien modèle et le nouveau. La lutte pour la langue française et pour la nouvelle culture francophone en train de se faire reste sensiblement la même, dans le contexte du continent anglophone. La mémoire de cette lutte survit elle aussi, non seulement dans sa dimension strictement linguistique mais dans la perspective large d'une collectivité qui s'est employée à s'affranchir de ses dépendances politiques, culturelles et économiques. Il y a dans cette histoire particulière une trame dont les résonances universelles sont évidentes[25]. Il suffit de bien les mettre en valeur.

Par ailleurs, on se dresserait à tort contre l'éventualité que le vocable *Canadien français,* comme identificateur, devienne d'un usage moins fréquent. C'est peut-être même l'une des conditions de l'intégration culturelle du Québec. L'expérience d'autres nations est éclairante à cet égard. Ainsi, ceux qui, depuis le début de l'époque coloniale, se désignaient comme Créoles au Mexique ont cessé de perpétuer ce marqueur ethnique après le XIXe siècle en se fondant dans le vocable *Mexicain,* avec les autres groupes raciaux, même s'ils étaient d'ascendance espagnole. En Australie, les descendants de Britanniques ne représentent aujourd'hui guère plus de 70% de

---

25. Nous avons tenté de le montrer ailleurs (BOUCHARD, 1998b).

la population et cette proportion est appelée à diminuer ; ils ne songent pas pour autant à se démarquer des autres citoyens par une appellation particulière. Au Canada anglais, on peut en dire autant des Canadiens d'origine britannique. L'Argentine et le Chili offrent des exemples analogues.

Le modèle de la nation québécoise comme francophonie nord-américaine présente deux autres avantages. En premier lieu, il réduit à la langue française la place de la composante ethnique. Il soustrait ainsi la nation québécoise et sa promotion à tous les procès d'intolérance et de xénophobie qu'on lui fait encore souvent. Par la loi 101, et à l'exemple de nombreux États commis au modèle de la nation civique, le Québec a institué le français comme langue officielle et l'a entourée des protections rendues nécessaires par sa situation très particulière en Amérique. Il serait abusif de voir là un facteur de discrimination à l'encontre de ceux qui ne parlent pas cette langue. Dans ce cas précis, il faudrait plutôt parler d'auto-exclusion. De plus, la majorité des citoyens visés ici appartiennent au groupe ethnique anglo-québécois dont les droits sont précisément protégés à titre de minorité officielle. En second lieu, la conception d'une francophonie délimitée uniquement par la langue permet de lui annexer pleinement les nouvelles figures culturelles associées à ce qu'on appelle maintenant la génération de la Loi 101. Ces jeunes Québécois, issus de divers milieux ethniques, représentent un important facteur d'expansion et de renouvellement culturel : nouveaux regards, nouvelles utopies, nouvelles expressions. Ajoutons que ce segment démographique est présentement en croissance rapide et que, selon toute vraisemblance, il le demeurera encore pendant plusieurs années. À ceux-là, il convient d'ajouter de très nombreux jeunes Francophones de vieille ascendance qui ont pris une certaine distance par rapport au paradigme défensif de la survivance et qui se perçoivent d'emblée comme Québécois.

*

* *

Par rapport au modèle traditionnel de la nation canadienne-française, celui que nous venons d'esquisser se
caractérise par un quadruple déplacement : a) de l'ethnicité
vers le droit – compte tenu des réserves que nous avons
formulées, b) de la francophonie organique, de vieille
ascendance, vers la nouvelle francophonie, définie d'abord par
la référence à la langue, c) de la culture canadienne-française à
la culture québécoise, comme culture nationale, d) d'un
nationalisme strictement culturel à un véritable projet de
développement collectif[26]. Ce modèle d'une nation québécoise
appartient d'ores et déjà en grande partie à la réalité présente,
comme nous l'avons souligné, mais il relève aussi, pour une
part, d'un programme à réaliser. En ce sens, c'est un modèle
dynamique à un double titre. D'abord à cause des interactions,
des échanges interculturels qu'il préconise ; ensuite à cause des
partenariats qu'il sollicite auprès des communautés culturelles,
des Anglo-Québécois et des Autochtones. Il appartient à la
réalité présente, disons-nous : on pourrait ajouter qu'il se situe
également dans le prolongement d'une vieille tradition au
Québec, qui est celle de la culture populaire. C'est une vérité
historique encore largement méconnue, et longtemps négligée
par la culture savante, que les classes populaires rurales et
urbaines se sont appropriées d'emblée le territoire québécois
comme une américanité, comme un espace culturel ouvert et
diversifié où l'on circulait beaucoup –la surprenante mobilité
des anciens Francophones est un autre trait qui a été enfoui
sous les stéréotypes de l'attachement au sol et au clocher. Ce
sont les élites socioculturelles qui ont en partie orchestré et en
partie inventé la fermeture. Mais le Québec d'aujourd'hui n'en
est plus là.

Redisons-le, cette société se trouve présentement à un
carrefour. Elle a l'occasion d'implanter un modèle original de

---

26. Ces propositions ne sont pas entièrement nouvelles ; on peut
trouver des énoncés allant à peu près dans le même sens dans quelques textes
récents, par exemple SEYMOUR (1998).

vie collective : un double contrat à la fois civique et culturel qui réalise une équation spécifique entre les impératifs du droit, de la sociologie, de la culture et de l'histoire ; une nation francophone, plurielle, qui se définit en référence à des valeurs et à des choix sociaux, et qui parvient ainsi à réaliser sa cohésion dans la diversité ; une petite collectivité, fragile, qui fait le pari de se perpétuer et de se développer à sa manière dans le voisinage d'une super-puissance et dans un contexte de mondialisation. Une vision idéale? Une utopie? Mais n'est-ce pas précisément ce dont les Québécois ont besoin? Ajoutons aussitôt : et ce dont ils sont capables, si l'on en juge par les divers exemples de survivance culturelle représentés sur ce territoire (Canadiens français, Juifs, Italiens, et autres). Le Québec est une collectivité neuve, comme toutes les collectivités des Amériques et de l'Australasie, mais contrairement à la plupart d'entre elles, il n'a pas eu souvent l'occasion d'exprimer pleinement ses rêves du Nouveau Monde, de concevoir et de mettre en œuvre de véritables projets de commencement affranchis à la fois de sa dépendance à l'endroit du monde ancien et des contradictions nées de sa propre histoire. Les conditions d'une telle affirmation sont présentement réunies, qui mettrait en forme en Amérique une société francophone originale, responsable de son destin. Le Canada aurait pu être le cadre d'une expérience collective de ce genre, le modèle ici proposé pour le Québec étant finalement assez analogue à celui qui est mis en œuvre dans le Canada hors Québec (le *reste du Canada*). Mais ce pays n'est jamais parvenu à accommoder les deux grandes communautés linguistiques anglophone et francophone, à les fondre dans un même idéal et une même appartenance. Le Canada n'a pas réussi non plus à aménager en son sein les conditions qui auraient permis au Québec de se développer pleinement comme nation et comme société francophone responsable. Préconiser la souveraineté du Québec, c'est simplement prendre acte de cette incapacité prolongée, plusieurs fois démontrée[27].

Cinq facteurs pourraient entraîner l'échec du projet de nation québécoise. Le premier serait l'absence d'une volonté politique suffisante au sein des Francophones de vieille ascendance. Le deuxième serait un refus, de leur part, de souscrire à l'ouverture culturelle proposée. C'est une attitude de ce genre qu'on croit percevoir sous la plume de Fernand Dumont lorsqu'il assimile le projet à une *mystification*, à une *tactique de politiciens* –là où il est permis de voir au contraire un défi exaltant, une œuvre de civilisation. Le troisième serait l'incapacité, de la part de ses promoteurs, à formuler et à présenter le projet d'une manière convaincante à l'intention des partenaires pressentis. On pourrait éprouver sur ce point quelques inquiétudes. À certains signes, en effet, il semble parfois que la population francophone de souche n'a pas complété son apprentissage du rôle de majorité démocratique, sensible à la réalité interculturelle : on peut se référer à ce propos à des incidents récents reliés à la francisation du quartier chinois de Montréal, aux modalités d'exercice du droit de vote chez certains types d'immigrants, au baptême des 101 îles du Grand Nord (sans aucune référence au fait autochtone). On pourrait évoquer aussi, dans le même ordre d'idées, les querelles un peu tatillonnes entourant la désignation des nouvelles commissions scolaires anglophones, certaines propos et jugements un peu déconcertants de la part de représentants de la magistrature, ou les règles qui, chaque année, limitent l'expression de la diversité culturelle dans le défilé de la Saint-Jean, fête nationale du Québec. Mentionnons enfin l'ambiguïté qui entoure le statut des Autochtones, qui sont tantôt exclus de

---

27. Ceci constitue notre réponse à la question qu'adressait aux souverainistes québécois un texte collectif (dont Charles Taylor était un co-signataire) paru dans *La Presse* du 30 avril 1997. Partant du fait que le modèle d'une nation québécoise respectueuse de la diversité est très analogue à ce que veut être le Canada, les auteurs étaient tentés de conclure que le projet de souveraineté n'a dès lors plus de justification.

la nation et tantôt inclus, ainsi que la discrimination dans l'embauche aux divers niveaux de la fonction publique[28].

Un quatrième facteur réside dans les initiatives de déstabilisation du projet québécois de la part de ses adversaires. Il faut y inclure les gestes de provocation de la part de commentateurs peu scrupuleux qui font relever la nation québécoise d'une mentalité tribale, mais aussi la politique du gouvernement fédéral qui vise constamment à ramener la francophonie québécoise au rang de l'ethnie canadienne-française traditionnelle (position qui, somme toute, n'est pas si éloignée de la thèse pluriethnique dans le cadre québécois).

Le dernier facteur, qui est de loin le plus important, concerne la réaction des trois partenaires que sont les Anglo-Québécois, les communautés culturelles et les Autochtones : sont-ils disposés à accepter le double contrat, civique et culturel, qui leur est proposé? Il faudra mettre tout le temps et le soin nécessaires à la réflexion et aux échanges à venir sur la place publique –plusieurs années sans doute, si on considère la somme des réticences et des mésententes accumulées de part et d'autre et qui devront d'abord être surmontées. Mais l'importance de l'enjeu justifie amplement cet investissement. Un échec signifierait, et pour longtemps, un retour à la case départ, un durcissement des cloisonnements ethniques et des tensions qui leur sont ordinairement associées. Ce serait aussi enfermer les Canadiens français dans un destin sans issue, les vouer à un état permanent de guérilla constitutionnelle et ethnique.

Si l'enjeu est de taille, le profit à escompter pour la collectivité ne l'est pas moins. On note, par ailleurs, que le capital de bonne volonté de part et d'autre demeure important et que les points de convergence sont nombreux. Dans son livre sur l'instabilité et les tourments identitaires de l'immigrant, la néo-Québécoise R. ROBIN (1996) commente ce

---

28.   Voir les chiffres rappelés récemment par M. LABELLE (1998, pp. 200-201).

qu'elle appelle « l'immense fatigue des pierres ». Pourquoi celle-ci ne se conjuguerait-elle pas avec ce qu'on nous permettra d'appeler *l'impatience des racines*?

BIBLIOGRAPHIE

ANDERSON, Benedict

1991   *Imagined Communities. Reflections on the Origin and Spread of Nationalism*, London/New York, Verso, 224 pages.

BARITEAU, Claude

1996   « Pour une conception civique du Québec », *L'Action nationale*, Vol. LXXXVI, 7, pp. 105-168.

1998   *Québec, 18 septembre 2001*, Montréal, Québec/Amérique, 385 pages.

BISSOONDATH, Neil

1995   *Le marché aux illusions : la méprise du multiculturalisme*, Montréal, Boréal (en collaboration avec Liber), 242 pages.

BOUCHARD, Gérard

1990   « Représentations de la population et de la société québécoises : l'apprentissage de la diversité », *Cahiers québécois de démographie*, 19, 1, pp. 7-28.

1997   « Ouvrir le cercle de la nation. Activer la cohésion sociale », *L'Action nationale*, LXXXVII, 4, pp. 107-137.

1998a   « Identité collective et sentiment national dans le Nouveau Monde. Pour une histoire comparée des collectivités neuves et cultures fondatrices ». À paraître.

BOUCHARD, Gérard

1998b   « La réécriture de l'histoire nationale au Québec. Quelle histoire? Quelle nation? » À paraître.

BOURQUE, Gilles

1997   « Le discours sur la nation », *Recherches sociographiques*, Vol. XXXVIII, 3, pp. 532-536.

BOURQUE, Gilles, Jules DUCHASTEL et Victor ARMONY (collaborateur)

1996   *L'identité fragmentée : nation et citoyenneté dans les débats constitutionnels canadiens, 1941-1992*, Montréal, Fides, 383 pages.

BOURQUE, Gilles, Jules DUCHASTEL et Jacques BEAUCHEMIN

1997 « Mais qu'est-ce donc qu'une société libérale? », in Alain-G. GAGNON et Michel SARRA-BOURNET (dirs.), *Duplessis : entre la noirceur et la société libérale*, Montréal, Éditions Québec Amérique, pp. 349-375.

CACCIA, Fulvio

1997 *La République Métis*, Montréal, Balzac - Le Griot, 156 pages.

CALDWELL, Gary

1988 « Immigration et nécessité d'une culture publique commune », *L'Action Nationale*, LXXVIII, 8, pp. 705-711.

CALDWELL, Gary et Julien HARVEY

1994 « Le prérequis à l'intégration des immigrants : Une culture publique commune au Québec », *L'Action nationale*, LXXXIV, 6 (juin), pp. 786-794.

DUMONT, Fernand

1990 « Quelle révolution tranquille ? », dans F. DUMONT (dir.), *La Société québécoise après 30 ans de changements*, Québec, Institut québécois de recherche sur la culture, pp. 13-23.

1995 *Raisons communes*, Montréal, Boréal, 255 pages.

1997 *Récit d'une émigration : mémoires*, Montréal, Boréal, 268 pages.

HOBSBAWM, Eric et Terence RANGER (dirs.)

1983 *The Invention of Tradition*, Cambridge, Cambridge University Press, 320 pages.

LABELLE, Micheline

1998 «Les minorités et le pays du Québec : une citoyenneté à construire », in Michel SARRA-BOURNET (dir.), *Le pays de tous les Québécois. Diversité culturelle et souveraineté*, Montréal, VLB Éditeur, pp. 191-205.

LAFOREST, Guy

1995 « Identité et pluralisme libéral au Québec », in Simon LANGLOIS (dir.), *Identité et cultures nationales. L'Amérique française en mutation*, Sainte-Foy, Les Presses de l'Université Laval, pp. 313-327.

LAMOUREUX, Diane

1995   « L'autodétermination comme condition du multiculturalisme québécois », *Politique et sociétés*, 28, pp. 53-69.

MACDONALD, Roderick A.

1996   « The design of constitutions to accommodate linguistic, cultural and ethnic diversity : the canadian experiment », in K. KULCSÁR, et D. SZABO (dirs.), *Dual Images : Multiculturalism on Two Sides of the Atlantic*, Budapest, La Société royale du Canada/Institute for Political Science of the Hungarian Academy of Sciences, pp. 52-84.

NIELSEN, Kai

1998   « Un nationalisme culturel, ni ethnique ni civique », in Michel SARRA-BOURNET (dir.), *Le pays de tous les Québécois. Diversité culturelle et souveraineté*, Montréal, VLB Éditeur, pp. 143-159.

OUELLET, Fernand (dir.)

1995   *Les institutions face aux défis du pluralisme ethnoculturel*, Québec, Institut québécois de recherche sur la culture, 543 pages.

RENAUD, Jean, Alain CARPENTIER et Ronald LEBEAU

1997   *Les grands voisinages ethniques dans la région de Montréal en 1991 : une nouvelle approche en écologie factorielle*, Montréal, Ministère des Relations avec les citoyens et de l'Immigration, 82 pages.

ROBIN, Régine

1996   *L'immense fatigue des pierres*, Montréal, XYZ, 189 pages.

ROCHER, Guy

1973   « Les conditions d'une francophonie nord-américaine originale », in Guy ROCHER, *Le Québec en mutation*, Montréal, Éditions Hurtubise HMH, pp. 89-108.

1998   « Droits fondamentaux, citoyens minoritaires, citoyens majoritaires ». Exposé présenté dans le cadre du colloque *Droits fondamentaux et citoyenneté*, Oñati (Espagne), 4-5 mai 1998, 10 pages. À paraître avec les actes du colloque.

SCHNAPPER, Dominique

1994   *La communauté des citoyens. Sur l'idée moderne de nation*, Paris, Gallimard, 228 pages.

SEYMOUR, Michel

1998 « Pour un Québec multiethnique, pluriculturel et multinational »,
in Michel SARRA-BOURNET (dir.), *Le pays de tous les Québécois,
Diversité culturelle et souveraineté*, Montréal, VLB Éditeur, pp.
219-235.

STRATTON, Jon et Ien ANG

1994 « Multicultural imagined communities : cultural difference and
national identity in Australia and the USA », *The Australian Journal
of Media & Culture*, 8, 2, pp. 1-24.

VAN GENNEP, Arnold

1922 *Traité des nationalités*, Paris, Éditions du CTHS.

WAHNICH, Sophie

1997 *L'impossible citoyen. L'étranger dans le discours de la Révolution
française*, Paris, Albin Michel, 407 pages.

10

SOCIÉTÉ, NATIONS ET DIVERSITÉ CULTURELLE

Bernard ARCAND

Lorsqu'un anthropologue s'aventure en territoire déjà largement occupé par les sociologues, politicologues, philosophes et autres commentateurs de la modernité, il doit demeurer discret ou, au moins, prudent. C'est donc par prudence, sinon par modestie, que j'éviterai les dangers d'une réflexion profonde sur certains épiphénomènes en mouvance mensuelle et proposerai plutôt une réflexion légère sur quelques thèmes élémentaires mais néanmoins fondamentaux. J'irai tout de suite à l'infiniment petit et au parfaitement banal : le titre de cette table ronde – qui annonce une *société* au singulier, des *nations* au pluriel et une *diversité culturelle*, de nouveau, au singulier – résume admirablement mon propos.

La notion de *Société* , au singulier, couvre un ensemble de faits empiriques immédiatement observables. Des gens qui, évidemment et incontestablement, vivent ensemble et qui interagissent dans des espaces plus ou moins circonscrits et signifiants. Ces gens maintiennent entre eux des relations de partage : les infrastructures routières, les systèmes de plomberie, la gestion des grands services, la disposition des déchets, la construction d'une grande bibliothèque et ainsi de suite. Bref, tout ce qu'on appelle une société civique ou société de droit. Cette société a créé des institutions et s'est donné un nombre impressionnant de lois dans le but de régir et d'administrer plusieurs des comportements publics de ses citoyens.

Une société moderne bien organisée, une société efficace, profite d'un système de gestion suffisamment rodé et performant de sorte qu'elle n'a plus à s'inquiéter des discordances, de la pluralité et des distinctions parmi ses membres. Plus que jamais, la diversité des différences lui paraît tolérable. Pour les mêmes raisons, cette société pourra sans danger accueillir ces étrangers nombreux qui choisissent de quitter leur société pour venir y vivre.

Ainsi, progressivement, cette société, au singulier, se transforme en réalité statistique. On dira couramment qu'elle évolue et que le dernier recensement nous en trace le portrait : w% de sportifs, x% de bouddhistes, y% de fleuristes et z% d'analphabètes. Les occasions de calcul paraissent infinies : taux de chômage, taux d'inflation, taux de fertilité, taux d'intérêt, taux de satisfaction, taux de mortalité, taux de réussite du jeu de puissance, taux de fréquentation des églises et des terrains de golf, taux d'imposition, taux de change et taux de compression.

Il fallait s'y attendre, cette même société a engendré des sciences sociales qui apprécient la mesure autant que les calculs et qui parfois semblent sincèrement croire qu'elles ont beaucoup dit sur la vie de mon boulanger en nous révélant qu'il travaille tôt, mange mal, voudrait se procurer une Mazda et qu'il a répondu aux 49 questions de notre dernier sondage d'opinion.

Par contre et par contraste, la *Nation* n'a jamais eu de politique d'immigration commode ou généreuse. Alors qu'il est souvent facile de déménager pour joindre une société autre (surtout en temps de référendum quand tous sont bienvenus et que l'immigration se fait par milliers par jour), il est typiquement beaucoup plus ardu, sinon même pénible de chercher à devenir membre d'une autre nation. Si vous êtes un Italien venu habiter le Danemark, vous demeurerez toute votre vie

Italien vivant au Danemark. La société civique prendra grand soin de vous assurer les mêmes droits et privilèges que n'importe quel autre citoyen, mais vous ne réussirez probablement jamais à dire sans accent « Rød, grød med fløde » et vous resterez toujours un Italien vivant au Danemark. Surtout durant la Coupe du monde de football, quand 35 milliards de téléspectateurs rendront hommage au nationalisme triomphant. Vous vous sentirez, en somme, le correspondant d'un Danois habitant Napoli.

La nation ne se laisse pas pénétrer aisément et, dans certains cas, c'est par le cimetière qu'il faut y entrer : rendu à la troisième génération de vos morts enterrés chez nous, l'on commencera à oublier que vos ancêtres venaient d'Italie. Entretemps, soyez patients et ne faites surtout pas comme cet homme de Vancouver, dénommé Yaruselski, je crois, anglophone et récent détenteur d'un passeport canadien, qui confiait à Laurier Lapierre qu'il *Nous* avait vaincu sur les Plaines d'Abraham. Contentez-vous d'être Italien au Danemark, c'est-à-dire fascinant, différent, amical et séduisant. Avouez que, parfois, vous regrettez le soleil d'Italie et que vous avez longtemps été fasciné par la pornographie scandinave.

Pour en mesurer le poids et toute la lourdeur, il faut revenir à l'élémentaire : la *Nation* fonctionne avant tout comme fabrique de sens. Elle permet aux individus de se comprendre à demi-mot et de partager les mêmes jeux de mots. C'est l'univers sémantique partagé. Bref, la Nation est proche parente de la notion de *Culture* avec laquelle les anthropologues sont, par habitude, familiers. Et par habitude encore, je peux, comme n'importe quel ethnologue, approcher ces univers étrangers, en comprendre les codes particuliers et la logique sous-jacente, je peux y être accepté ou même aimé, mais jamais je ne deviendrai membre de la tribu au même titre que les autres. Comme on peut être excellent ethnographe Italien au Danemark et que cela ne suffit pas : vos ancêtres n'étaient pas Vikings et l'histoire est un mythe qui importe, l'histoire a un sens et l'unité de la Nation repose sur une origine.

La nation est un construit de l'imaginaire, une référence imaginée, mais néanmoins profondément réelle et concrète.

Pour parler franchement comme un fonctionnaliste, je dirais que la Nation répond à un besoin essentiel. Et pour emprunter à Raymond Boudon (qui lui-même empruntait de Max Weber), la Nation constitue une source primaire ou « primale » et privilégiée de rationalité axiologique. La nationalité nous rend repérables à nous-mêmes et rend le monde lisible en lui donnant un sens. Elle fournit les raisons qui justifient le reste. Elle assure les croyances morales qui s'expliquent simplement parce qu'elles font sens pour le sujet social. (J'aime beaucoup la formulation de Boudon puisqu'il énonce de véritables lieux communs qui sont, comme chacun devrait savoir, la source de la véritable sagesse : selon lui, le sujet adhère à des croyances normatives purement parce qu'il a de bonnes raisons d'y croire, et ces raisons ont dès lors valeur objective. C'est comme ça!) C'est ce qui s'appelle également la « morale ordinaire ». Laquelle ne mérite pas le mépris, comme Boudon le souligne, puisque cette morale du commun et de l'ordinaire est fondée sur une analyse critique du monde tout à fait comparable à l'argumentation juridique ou à la délibération scientifique.

Par contre, il s'agit évidemment d'un choix et d'un choix nécessairement exclusif. Les Danois sont peut-être convaincus que l'italien est beau et leur propre langue laide, mais ils ont fait leur choix. Et ils seront émus d'entendre soudain cette langue laide dans un marché de Lima ou dans un ascenseur à Sydney. De la même manière qu'à d'autres viendront des larmes aux yeux en revoyant Dortmund ou Pittsburgh.

Par contraste, l'État n'a jamais réussi à légiférer le mal du pays et c'est pourtant de cela dont parlent les humains et dont le Canadien errant s'ennuie. La philosophie morale demeurera toujours plus populaire que les sciences sociales statistiques.

Il existe donc un contraste frappant entre *Société* et *Nation*. La première doit s'écrire au singulier et la seconde au pluriel, bien que celle-ci soit davantage singulière. Les deux sont très inégales sous le rapport du sens. La société gère bien les transports et la défense, mais ne fait pas tellement de sens. Autrement dit, la société fabrique du sens mince, alors que la *Nation* offre du sens épais (attention, j'utilise le mot dans plus d'un sens). La *Nation* enseigne que Dieu existe parce que, comme disait un personnage de Dostoïevski, s'il n'existait pas tout serait permis, tandis que la *Société* suggère qu'il faut avant tout respecter l'opinion de tous les croyants, ou encore conclure que Dieu existe vraiment puisque 82% des Américains le croient. La Nation, dans les termes de Raymond Boudon, affirme *Le juste et le vrai*, elle propose une série de valeurs solides, étroites et essentielles (dans le sens d'axiologiques), alors que la Société ne reconnaît plus que la valeur extrêmement mince de l'expression libre des opinions individuelles.

L'être humain se demande si la vie a un sens et la Société lui répond qu'il a le droit de vote démocratique. Le citoyen moderne arrive ainsi à se convaincre que la vie publique de la société civique n'est qu'un vaste tissu de simulacres et de mensonges. La vérité doit bien être ailleurs, dans les univers de vie privée, sinon dans l'intime.

On comprendra tout de suite que le troisième élément du titre de cette rencontre, la *diversité culturelle*, ne peut représenter qu'un fait statistique de Société. Lorsque la finalité de la sociabilité consiste à gérer les pêcheries ou la disposition des déchets, à faire flotter des drapeaux ou à financer une équipe sportive, il devient tout à fait crédible de réussir ces tâches dans la multiculturalité. Par contre, la *Nation* ne peut jamais être multiculturelle. La diversité culturelle est une notion statistique qui ne s'applique parfaitement qu'aux bien nommés « blocs à appartements », cages à poules des ceintures urbaines, ou aux institutions publiques. N'importe quel quartier peut être multiculturel, mais si, un jour, les humains décident de communiquer, ils ne pourront le faire en 16 langues à la fois ; et après 150 ans d'interaction – le type d'échelle minimale que les anthropologues aiment bien – l'une ou l'autre aura pris le dessus et la Nation sera sauve. Malgré tout l'œcuménisme bien pensant, Dieu peut difficilement être en même temps Yaveh, Allah, noir, une femme, multiple ou non-existant. Entre manger ou non du porc, il n'y a pas de compromis facile « jambon-saveur-crevette ».

Considérons maintenant l'État, qui n'apparaît nulle part dans le titre de cette table-ronde, mais qui est néanmoins très présent à titre de détail central de la notion de Société. L'État est avant tout l'administrateur des affaires sociales, une excroissance de cette Société statistique, l'autorité suprême sur le peuple et le territoire. Or, depuis au moins le Néolithique, nous constatons qu'il existe un rapport de tension quasi-permanente entre l'État et la Nation. Bien sûr, disons-le tout de suite, la jonction des deux inquiète beaucoup, parce qu'il s'agit alors d'unir la puissance militaire de l'État à la puissance morale de la Nation. Mais, quoiqu'on dise, ces cas de recouvrement et de jonction harmonieuse sont relativement rares. Communément, la tension et la rivalité persistent et l'identité individuelle excède largement l'appartenance à l'État qui devrait prendre conscience du fait qu'il n'atteindra jamais ni la résonance ni la profondeur de la Nation.

C'est justement pourquoi l'État peut aisément prôner le multiculturalisme puisqu'il se permet, là-dessus, de dire n'importe quoi ou, pire, parce qu'il imagine que la culture se résume à ce que lui, l'État, couvre sous ses ministères de la culture ou des communautés culturelles. En fait, l'État doit toujours se méfier de la culture et s'en inquiéter ; à la limite, l'État (comme qui vous savez) se tient prêt à sortir son pistolet dès qu'il entend le mot *culture*.

L'État moderne reste mal à l'aise face aux fondements culturels de la Nation. Aux idées fixes, il préfère les opinions légères. Dire que l'État est gouverné par sondages, c'est énoncer un pléonasme.

Autre exemple souvent plus flagrant, l'État encourage librement la critique et la dénonciation de la Nation et du nationalisme. Quelques hérauts des appareils de l'État se chargeront d'annoncer que le nationalisme est fautif et que tout doit être porté au compte du nationalisme : lorsque des États s'arment, se battent et s'entre-déchirent dans d'horribles bains de sangs, c'est inévitablement la faute au nationalisme. Le mot est transformé en insulte : les méchants et les perdants, le troisième Reich, les fils de l'empire du Soleil levant, tous étaient manifestement nationalistes. Alors que l'Oncle Sam, Winston Churchill ou Joseph Staline ne l'étaient pas vraiment. Selon la plupart de ces versions officielles et très courantes, Willy Brand, Olof Palme ou Shimon Pérès n'avaient, préten-dument, rien de nationaliste.

Remarquez que c'est le type de mépris que la Nation rend bien à l'État qui, à son tour, se trouve accusé d'usurpation de pouvoir, de mensonge grotesque et d'immoralité flagrante. Au mieux, les discours de l'État ne sont que des travestis de l'épaisseur du réel et l'on dit que 77% de la population n'accorde plus de crédibilité aux politiciens.

La tension permanente entre la puissance militaire de l'État et la force morale de la Nation se traduit, pour chaque domaine particulier, dans un rapport souvent inégal. L'État peut évidemment avoir recours à la Loi des mesures de guerre, bombarder ou déporter les tribaux. D'autre part, la Nation se réveille et s'entraide en cas de crise, mais presque tous cherchent à tromper l'impôt. L'État moderne aimerait en finir avec le nationalisme et l'État moderne s'inquiète quand des centaines de milliers d'hommes venus d'États aussi divers que l'Indonésie, le Pakistan, le Sénégal et les États-Unis se retrou-vent ensemble dans la joie et l'amour lors du grand pèlerinage de la *Nation* de l'Islam.

Pierre Elliot-Trudeau disait que l'État n'avait pas affaire dans les chambres à coucher de la Nation. Il ne pouvait mieux exprimer les limites de l'État et ses relations difficiles avec la

Nation. Sans soulever ici la question délicate de l'appartenance et de l'identité nationale de Pierre Elliot-Trudeau, nous savons par l'autobiographie de son épouse qu'il a passionnément fait l'amour le soir de son recours à la Loi des mesures de guerre. Nous savons aussi que dans l'intimité, il était un mari violent qui ne savait pas s'interdire de frapper sa compagne. Nous lui souhaitons de mourir... dans son lit, dans une chambre à coucher de la Nation. Et nous nous demandons à qui il adressera ses derniers mots et dans quelle langue nationale et « tribale » il les prononcera. Car voilà qui n'est pas rien. Le lit de la Nation, c'est là où débute la vie et où elle se termine, et c'est aussi sur ce meuble très ordinaire que cette vie prend beaucoup de sens.

Sous ce rapport, l'État se trouve en double position d'infériorité. D'une part, l'État sait qu'il n'a pas la profondeur morale de la Nation ; les drapeaux de Sheila Copps ne pèsent pas lourd et le « Ô Canada » n'a plus le même sens qu'il y a cent ans ; on imagine mal le citoyen volontaire et disposé à donner sa vie pour Stéphane Dion! D'autre part, les États modernes vivent également sous la menace croissante du Multi-National qui est, de fait, un Multi-Étatique qui tend à suppléer et à réduire l'autonomie de chaque État particulier.

Tout cela étant dit, l'avenir demeure tout naturellement incertain! Avec le temps, n'importe quelle société peut se transformer et se muer en Nation. On peut même suivre Michael Herzfeld et suggérer que l'image de l'État moderne n'est qu'une illusion et que, de fait, ses bureaucrates se comportent comme n'importe quel membre d'une bonne tribu bien vivante : à coup de relations amicales, d'intuitions bien senties, à coup de chance et de superstitions. Alors que, de son côté, toute Nation se trouve menacée d'être diluée dans le civique et le contractuel.

Alors que la diversité culturelle demeure un fait de société, c'est-à-dire qu'elle résulte des inégalités sociales qui incitent des gens à quitter leur pays pour aller chercher une meilleure vie ailleurs, la diversité culturelle continuera à être le résultat de l'enrichissement inégal de pays et d'individus protégés par l'État.

En somme, il serait surprenant que ces tendances anciennes s'épuisent et que les forces rivales depuis si longtemps s'éteignent. Qui peut savoir ce qui arrivera demain? Sous le regard éloigné de l'anthropologue, il est probable que ce soit rien de remarquablement nouveau.

SOCIÉTÉ, NATIONS ET DIVERSITÉ CULTURELLE DANS LES DÉMOCRATIES

Gilles BOURQUE et Jules DUCHASTEL

Société, nations et diversité culturelle : voilà trois concepts fondamentaux de ce domaine d'analyse que l'on appelait naguère la question nationale. Après avoir souligné la propension du nationalisme à confondre le plus souvent société, nation et culture, nous tenterons de faire ressortir comment, de la formation de l'État démocratique jusqu'à l'État providence, la production de la communauté politique a été réalisée sur la base de l'effacement de la diversité culturelle. Nous terminerons en tentant de tirer les conséquences du fait que, en cette fin de siècle, les procès d'institutionnalisation de la société ne convergent plus dans l'espace national.

Nation, culture et société

Commençons par poser qu'en toute rigueur conceptuelle, la culture ne crée pas la nation et que la nation ne fait pas la société. La confusion entre ces trois concepts, qui devraient viser des objets distincts, constitue pourtant l'essentiel du travail idéologique du nationalisme. Et nous n'entendons pas ici le nationalisme dans ce sens par trop facile d'idéologie rétrograde que les intellectuels tendent de plus en plus à lui conférer. Bien avant de considérer ses excès, il importe de rendre compte du fait que le nationalisme est d'abord une idéologie qui contribue à la construction et à la reproduction de la communauté politique (SCHNAPPER, 1994 ; GELLNER, 1989). En ce sens, le jacobinisme et le républicanisme demeurent inséparables d'une idéologie nationale, c'est-à-dire nationaliste, dont l'efficace a précisément fini par confondre la culture française, la nation française, la société française et l'État français.

L'idéologie nationale tend ainsi à naturaliser la communauté politique qui, pourtant, demeure toujours un produit social et historique. La formation de la communauté nationale résulte de luttes politiques et de rapports de forces en même temps qu'elle implique l'énoncé d'un acte politique rationnel qui formule le projet de faire nation. Or, que l'on soit aux États-Unis en 1776, en France en 1789, en Italie en 1870 ou au Canada en 1867, cet acte politique débouche sur la volonté de fondre toutes les cultures au sein d'une seule et même communauté politique nationale, communauté dont l'univers symbolique fut directement emprunté, sans transformation, à l'une des communautés culturelles rassemblées dans l'État-nation. La naturalisation de la nation voile ainsi le fait qu'aussi bien la formation que la reproduction de la communauté politique constituent l'enjeu de rapports de pouvoir.

L'idéologie nationale tend tout aussi naturellement à confondre communalisation et sociation, deux processus nettement distincts durant la modernité (WEBER, 1978). Le premier processus renvoie aux regroupements d'acteurs par affinité subjective, affective ou traditionnelle, le second s'appuie sur le consentement mutuel faisant appel à la raison qu'elle soit instrumentale ou orientée aux valeurs. Par exemple, le pseudo concept de société canadienne-française montre comment il est périlleux de rabattre l'une sur l'autre l'analyse de l'institutionnalisation de la société et l'étude de la production de la référence identitaire. Outre le risque d'ethniciser l'examen de l'histoire du Québec, l'amalgame entre la société et la communauté peut créer le mirage du Moyen-âge en pleine modernité (BOURQUE, DUCHASTEL et BEAUCHEMIN, 1994).

L'idéologie nationale – qu'elle prenne la forme du nationalisme ethnique ou du nationalisme civique – produit ainsi la confusion entre la société, la nation et la culture, étant entendu que la deuxième et la troisième ne peuvent être pensées qu'au singulier. L'idéologie impose en ces matières la règle de l'unicité, sinon le règne de l'Un pour reprendre l'image de Pierre Clastres : une société, une nation, une culture (CLASTRES, 1974).

Cette représentation nationalisatrice, on le sait, pose de plus en plus problème. La montée du multiculturalisme et la résurgence des mouvements nationaux qui s'affirment au sein des vieilles démocraties provoquent la remise en question de cette conception lisse, homogène et uniforme de la vie en société que nous propose l'imaginaire nationaliste (KYMLICKA, 1995). La compréhension des transformations actuelles exige cependant que l'on saisisse correctement comment se sont d'abord construites les relations entre la société, la nation et la diversité culturelle dans l'État démocratique.

De la formation des États nationaux à l'apogée de l'État providence.

De la formation des États nation à l'apogée de l'État providence, on a assisté à un approfondissement de la dimension nationale de la régulation politique des rapports sociaux. Au point de départ, l'avènement de la modernité politique imposait de définir la communauté politique dans son rapport à la société. Si, en effet, la société était dorénavant pensée comme se produisant elle-même sur des bases profanes, il fallait construire la communauté des acteurs qui s'adonnerait à la production des règles gouvernant les rapports sociaux. Mais la construction de la communauté politique qui prendra la forme de la nation devint rapidement un enjeu, puisque plusieurs communautés culturelles existaient dans la plupart des pays où naissait l'État-nation. La réalité de la culture, c'est-à-dire de l'univers symbolique sur la base de laquelle allait être construite la communauté politique, apparut dès lors au cœur de nouveaux rapports de forces et de pouvoir. Politique et culture se donnèrent ainsi dès le départ comme l'envers et l'endroit d'une seule et même question nationale.

Sur le plan conceptuel, il importe donc de penser la société, les nations et les cultures comme des produits sociaux qui résultent de processus dynamisés par des rapports de forces et de pouvoir. Dans *L'identité fragmentée* (1996), nous avons à ce titre avancé le concept de société nationale pour définir cette nouvelle société caractérisée par la convergence de procès d'institutionnalisation dans l'espace national (voir également TOURAINE, 1997). Dans le cas classique de la création des États de droit, cette convergence se vérifie dans le triple processus de la formation d'un État qui devient pleinement souverain, du développement d'un marché intérieur et de la production d'une communauté politique pan-étatique. Le concept de société nationale permet en même temps de souligner la tendance à la nationalisation des rapports sociaux qui, des origines à l'État providence, caractérise l'État démocratique. Cette tendance à la nationalisation permet de transcender la complexité en niant la diversité culturelle dans ce contexte nouveau au sein duquel communauté et société ne peuvent plus constituer des réalités qui se recouvrent.

Or le processus de nationalisation des acteurs sociaux, c'est-à-dire leur réunion au sein d'une seule et même communauté politique nationale, génère avec lui la tendance à l'effacement de la diversité culturelle. En ce sens, le nationalisme, y compris dans sa réalisation civique, produit l'oppression sous la forme de l'acculturation et de l'assimilation. On nous objectera peut-être ici qu'une conception civique de la nationalité reconnaît la diversité des origines raciale et culturelle des individus-citoyens. Cela est fort juste, mais cette reconnaissance s'effectue exclusivement dans la sphère privée (WIEVIORKA, 1996) et s'accompagne toujours d'une résistance farouche devant tout mouvement d'un groupe de ces individus-citoyens qui prétendrait faire nation et société distinctes.

Durant cette première phase qui, rappelons-le, va grosso modo de la formation des États nation à l'apogée de l'État providence, on note la convergence très claire qui se tisse entre souveraineté étatique, souveraineté nationale populaire et citoyenneté universaliste. La souveraineté du peuple-nation et l'universalité de la citoyenneté s'exercent dans le cadre de la souveraineté étatique nationale. La conception universaliste de la citoyenneté et l'idée de la souveraineté populaire contribuent ainsi de façon décisive à la formation d'une représentation unitaire de la communauté politique. La société nationale produit cet espace social ou, si l'on préfère, cette forme sociale au sein de laquelle les acteurs sociaux réunis en communauté politique espèrent produire leur propre destin sur la base de la discussion du pouvoir.

Ici surgit cependant ce paradoxe qui sera en même temps garant de la dynamique de la société moderne. La communauté politique nationale ne peut se reconnaître qu'en dévoilant sa propre division. En ce qu'elle est de nature politique, la communauté nationale ne saurait apparaître, pour reprendre l'expression de Jacques Rancière, que comme un commun-divisé (RANCIÈRE, 1998). Cette communauté est d'abord et avant tout représentée comme un regroupement d'individus-citoyens qui se réunissent entre eux pour créer les cadres de la discussion du pouvoir, en fonction de la pluralité de leurs intérêts (HABERMAS, 1988). Il n'en reste pas moins que la construction de la société nationale vise à réduire la complexité qui résulte de l'existence de la diversité sociale et culturelle. La communauté politique nationale apparaît ainsi comme un projet qui vise à la fois l'inclusion, en ce sens qu'il s'agit de réunir tous les citoyens, et la politisation puisqu'elle crée le lieu de la discussion des pouvoirs.

De façon toute paradoxale cependant, la société nationale d'inspiration libérale sera d'abord fondée sur l'exclusion des non-propriétaires et des femmes et sur l'acculturation, c'est-à-dire sur l'oppression des minorités culturelles. À l'origine donc, la construction de la communauté des citoyens dans l'État nation est fondée sur la négation de la diversité culturelle et sur l'exclusion sociale. Elle efface la diversité culturelle originelle puisqu'elle y voit la menace de surgissement de contre-nationalismes. Elle clôture en même temps l'accès à la discussion du pouvoir en faisant de la communauté politique un club social réservé aux propriétaires masculins. Nous sommes ainsi face à une double exclusion : le mouvement de formation de la nation n'est pas ouvert à la discussion, c'est-à-dire à la formulation de contre-projets nationalitaires ; de même la vaste majorité des rapports de pouvoir est exclue de toute politisation hormis, bien sûr, ceux qui afférent aux droits des propriétaires (POLANYI, 1983).

Il n'en reste pas moins que, même la bourgeoisie, ne pouvait jouer à la démocratie sans risquer de se brûler. La création de la communauté politique dans l'État de droit impliquait l'ouverture à la politisation de tous les pouvoirs. On a d'abord assisté, sous la pression des luttes sociales, à l'élargissement de l'accès à la citoyenneté aux non-propriétaires masculins, puis aux femmes. Par la suite, la politisation de la question des inégalités a permis l'affirmation des droits sociaux dans l'État providence. En somme, de l'État libéral à l'État providence, se sont approfondis deux des processus constitutifs des sociétés nationales dans les vieilles démocraties. La nationalisation des rapports sociaux a trouvé son apogée dans la régulation politique providentialiste à travers la volonté du soutien de la demande dans un cadre économique national. En même temps, le Welfare State réalisait cette tendance à la politisation de tous les pouvoirs que les libéraux craignaient tant au XIXe siècle.

Du démantèlement de l'État providence à la mondialisation.

La mondialisation, le démantèlement de l'État providence et l'affirmation de l'État néolibéral sont autant de phénomènes qui préparent le déclin des sociétés nationales si, du moins, l'on s'en tient avec rigueur à la définition que nous avons esquissée précédemment (CASTELLS, 1997 ; JESSOP, 1993). Il ne fait aucun doute, en effet, que les procès d'institutionnalisation de la société ne convergent plus dans l'espace national (STRANGE, 1996). Ni l'État-nation, ni la communauté politique nationale ne pourront dorénavant constituer des lieux centraux de la régulation des rapports sociaux. Nous ne soutenons pas pour autant qu'elles sont appelées à disparaître à court et à moyen termes. Elles ne pourront cependant subsister qu'au prix du partage de la souveraineté qu'elles avaient exercée jusqu'ici. La définition des règles de l'institutionnalisation économique échappe déjà en très large partie aux sociétés nationales (CHESNAIS, 1996). Mais, plutôt que de tenter de circonscrire précisément le nouveau rôle et le nouvel espace d'intervention que sont appelées à jouer les sociétés nationales, nous voudrions insister sur les transformations des rapports entre la société, les nations et les cultures, dans un contexte de mise à mal de la communauté politique et de la démocratie. En cette fin de siècle, nous nous trouvons devant une situation tout aussi paradoxale que celle que nous avons décrite plus haut. On pourrait énoncer ce paradoxe de la façon suivante : de concert avec la mondialisation qui se réalise sous la quasi dictature du capital et de la technocratie, la politisation extensive des rapports de pouvoir peut contribuer à la régression du politique et à l'éclatement de la communauté politique.

La politisation extensive des relations de pouvoir qui se réalise dans l'État providence a favorisé, principalement sous l'impulsion du mouvement ouvrier, l'émergence des droits sociaux (MARSHALL, 1950). La reconnaissance de la question sociale a ainsi donné lieu à l'adoption de programmes de sécurité sociale d'inspiration universaliste (DONZELOT, 1984).

Dans la foulée de l'affirmation des droits sociaux, on a assisté par la suite à la politisation d'une multiplicité de rapports de pouvoir qui débordaient la seule sphère de l'économie. Sous la poussée des nouveaux mouvements sociaux, et principalement sous celle du mouvement des femmes qui a constitué le vecteur principal des transformations sociales depuis les années 70, s'est imposée une conception particulariste de la citoyenneté qui a rompu avec l'universalisme, jusque là caractéristique de la modernité politique (BOURQUE et DUCHASTEL, 1996). Une multiplicité de groupes se sont formés dans cette mouvance et ont favorisé la judiciarisation des rapports sociaux en réclamant la reconnaissance de droits d'ordre culturel (le bilinguisme, le multiculturalisme) et catégoriel (les droits à l'égalité et à la non discrimination des femmes, des handicapés, des homosexuels, etc.). En suscitant la judiciarisation des rapports sociaux, la citoyenneté particulariste a ainsi contribué à la régression des institutions législatives qui sont au cœur de l'exercice de la démocratie représentative (MANDEL, 1996).

La résurgence des mouvements nationaux a, elle aussi, contribué à fragiliser les communautés politiques qui s'étaient constituées dans l'État démocratique. Alors que la mondialisation provoque l'érosion des pouvoirs de l'État-nation, les mouvements nationaux et régionaux questionnent la forme des régimes politiques qui avait permis l'émergence des communautés politiques nationales, comme par exemple dans les expériences de la Catalogne, de l'Écosse et du Québec (KEATING, 1997).

Dorénavant, les vieilles démocraties se présentent le plus souvent comme des sociétés multinationales et multiculturelles au sein desquelles la représentation de la communauté politique paraît de plus en plus problématique (WIEVIORKA et DUBET, 1996 ; TULLY, 1995). La mondialisation, la judiciarisation des rapports sociaux et l'affirmation des particularismes battent en brèche le rapport entre souveraineté et universalité sur lequel s'étaient construites les sociétés nationales. Plus encore, les communautés politiques doivent maintenant composer avec le risque de l'éclatement dans un contexte où elles sont de plus en plus délestées d'une partie significative de leur capacité de régulation des rapports sociaux.

*

*   *

La société nationale n'arrive plus à transcender la complexité et la diversité, alors que la communauté politique nationale ne peut plus constituer le lieu plein et entier de l'exercice de la démocratie. Le défi de cette fin de siècle consiste, en conséquence, à rendre possible l'expression pleine et entière de la diversité dans le contexte d'une réinvention des formes de la communauté politique qui soit susceptible de réimposer la primauté de la démocratie aux instances du capital. C'est précisément dans cette direction que doivent être repensés les rapports entre la société, les nations et la diversité culturelle. Dit autrement, ce défi consiste en la reconstruction des rapports entre souveraineté et citoyenneté.

Dans une telle perspective, on doit prendre acte de la dimension positive de l'émergence de la diversité, en même temps que du caractère régressif de l'affaiblissement de la communauté politique. Rappelons que nous ne concevons pas la communauté politique dans un sens naturaliste et unanimiste, mais comme le résultat de rapports de force et comme condition nécessaire au fonctionnement des institutions politiques modernes. La principale vertu de l'affirmation de la diversité réside précisément dans le fait que la communauté politique ne saurait plus être pensée que comme le résultat d'un acte rationnel, c'est-à-dire comme la conséquence d'une construction sociale (THÉRIAULT, 1997). L'acte de raison consiste ici à créer les conditions nécessaires à un exercice effectif de la souveraineté populaire. Il s'agit donc de produire des lieux de regroupement de la citoyenneté qui permettent pleinement la discussion et la contestation des rapports de pouvoir. Ces lieux doivent susciter l'émergence d'une culture politique commune qui, tout en demeurant non consensuelle, favorise l'appartenance à une même communauté politique fondée sur le partage d'un cadre civique et d'un univers symbolique communs, ainsi que d'une mémoire historique commune.

Aussi bien le projet de maîtriser de façon démocratique les règles de déploiement du marché mondial que celui de rendre possible l'expression de la diversité imposent que soit repensé l'exercice de la souveraineté. Cette dernière ne saurait dorénavant être centralisée en un seul et même lieu capable de produire la pleine et entière régulation des rapports sociaux, comme c'était précisément le cas, à l'origine, dans le cadre des sociétés nationales. Nous croyons, en conséquence, en la nécessité du développement d'une souveraineté partagée, du local au national et au supranational, qui encourage l'expression d'une citoyenneté pluraliste sur la base de la reconnaissance de la pluralité des cultures politiques. (BOURQUE et DUCHASTEL, 1995)

L'exigence même de la démocratie et de la discussion des pouvoirs exige donc, selon nous, l'affirmation d'une citoyenneté hétérogène et multiforme. En même temps qu'elle prendrait acte de la pluralité, cette citoyenneté s'exercerait à différents paliers de gouvernement et au sein de différentes formes (locale, nationale et supranationale) de la communauté politique.

Dans un tel contexte, ni les nations, ni les sociétés nationales ne disparaîtraient, mais elles seraient invitées au partage de la souveraineté.

Bibliographie

BOURQUE, G. et J. DUCHASTEL

1996   *L'identité fragmentée*, Montréal, Fides.

BOURQUE, G. et J. DUCHASTEL

1995   « Pour une identité canadienne post-nationale, la souveraineté partagée et la pluralité des cultures politiques », *Cahiers de recherche sociologique*, no 25.

BOURQUE, Gilles, Jules DUCHASTEL et Jacques BEAUCHEMIN

1994   *La société libérale duplessiste*, Montréal, Presses de l'Université de Montréal.

CASTELLS, M.

1998   *The Information Age : Economy, Society and Culture. Volume III : End of Millenium*, Malden, Blackwell.

CHENAIS, A.

1996   *La mondialisation financière. Genèse, coûts et enjeux*, Paris, Syros.

CLASTRES, P.

1974   *La société contre l'État*, Paris, Éditions de Minuit.

DONZELOT, J.

1984   *L'invention du social*, Paris, Fayard.

GELLNER, E.

1989   *Nations et nationalisme*, Paris, Payot.

HABERMAS, J.

1988   *L'espace publique. Archéologie de la publicité comme dimension constitutive de la société bourgeoise*, Paris, Payot.

JESSOP, B.

1993   « Towards a Shumpeterian Workfare State? Preliminary Remarks on Post-Fordist Political Economy », *Studies in Political Economy*, no 40.

KEATING, M.

1997   Les nations contre l'État. Le nouveau nationalisme au Québec, en Catalogne et en Écosse, Montréal, Presses de l'Université de Montréal.

KYMLICKA, W.

1995   Multicultural Citizenship. A Liberal Theory of Minority Rights, Oxford, Clarendon.

MANDEL, M.

1996   La Charte des droits et libertés et la judiciarisation du politique au Canada, Montréal, Boréal.

MARSHALL, J. K.

1950   Citizenship and Social Class and Other Essays, Cambridge, Cambridge University Press.

POLANYI, K.

1983   La grande transformation, Paris, Presses universitaires de France.

RANCIÈRE, J.

1998   « Mondialité, citoyenneté, culture », texte ronéotypé, Colloque Mondialisation, multiculturalisme, citoyenneté, Montréal, mars 1998.

SCHNAPPER, D.

1994   La communauté des citoyens. Sur l'idée moderne de nation, Paris, Gallimard.

STRANGE, S.

1996   The Retreat of the State. The Diffusion of Power in World Economy, Cambridge, Cambridge University Press.

THÉRIAULT, J. Y.

1997   « La société globale est morte...vive la société globale », Cahiers de recherche sociologique, no 28.

TOURAINE, A.

1997   Pouvons-nous vivre ensemble? Égaux et différents, Paris, Fayard.

TULLY, J.

1995   Strange Multiplicity. Constitutionalism in an Age if Diversity, Cambridge, Cambridge University Press.

WIEVIORKA, M. (dir.)

1996   *Une société fragmentée? Le multiculturalisme en débat*, Paris, La
            Découverte.

WEBER, M.

1978   *Economy and Society*, edited by G. Roth et C. Wittich, Berkeley,
            University of California Press.

DÉBAT.
Québec et Canada : insoluble conflit ?

Stéphane Kelly, *La petite loterie. Comment la Couronne a obtenu la collaboration du Canada français après 1837*, Montréal, Boréal, 1997

DE *LA PETITE LOTERIE*

Gabriel DUSSAULT

Une chose au moins me paraît certaine, s'agissant du livre de Stéphane Kelly, *La petite loterie. Comment la Couronne a obtenu la collaboration du Canada français après 1837*, c'est qu'il ne risque guère de laisser de lecteurs indifférents. Kelly semble en effet y prendre un malin plaisir à prendre le contre-pied des idées plus ou moins reçues de tous bords et, qui pis est, en affichant l'air le plus innocent du monde. Qu'on en juge ! Sa thèse, esquissée dans le « Prologue », peut être résumée, assez fidèlement je pense, dans les cinq propositions suivantes :

1. en péchant par une vision anachronique de la puissance de l'Église au milieu du siècle dernier, on a, dans l'historiographie, considérablement exagéré le rôle du clergé, aussi bien dans la « défaite de la résistance » (p. 23) en 1838 que dans la mise en place de la « politique de collaboration » (p. 17) avec la Couronne qui devait aboutir à la Confédération ;

2. la légitimation de cette politique a été bien plutôt le fait d'hommes publics comme les véritables « pères fondateurs », auteurs, penseurs francophones de la Confédération que furent ... eh oui ! Étienne Parent, Louis-Hippolyte LaFontaine et George(sic)-Étienne Cartier ;

3. ces derniers, « après avoir adhéré à l'idéal républicain » dans les années 1830, y ont renoncé par la suite en « faveur de la tradition monarchiste » (p. 20) ;

4. cette renonciation ou conversion fut le produit de la « petite loterie coloniale » à laquelle recourut « la politique coloniale britannique » dans la foulée du Rapport Durham : « système de distribution des faveurs qui vise à gagner l'adhésion du rebelle et à en faire un *parvenu* – c'est-à-dire un membre de la minorité qui sacrifie les intérêts de celle-ci à ses intérêts personnels » (p. 16). Kelly y insiste : « La collaboration, qui se substitue à la résistance, ne peut être comprise sans que l'on fasse référence à l'attrait de cette petite loterie. Cet attrait est si fort que, en moins d'une décennie, les rebelles les plus actifs renonceront à l'idéal républicain. Parent, LaFontaine et Cartier acceptent de collaborer avec la Couronne. En satisfaisant 'la soif d'ambition des hommes marquants dans la colonie', comme le préconise le Rapport Durham, l'Empire s'est acquis la loyauté de l'élite de la nation canadienne » (p. 24) ;

5. (s'il est nécessaire de tirer explicitement cette conclusion) : Parent, LaFontaine et Cartier sont les « trois plus illustres parvenus de cette époque » (p. 175), le « parvenu » étant, rappelons-le, « un membre de la minorité qui sacrifie les intérêts de celle-ci à ses intérêts personnels » (p. 16), un « nouveau riche qui pense devoir mépriser sa culture d'origine pour s'en affranchir » (p. 23).

Le livre comprend quatre grandes parties.

Une première, intitulée « L'Amérique du Nord britannique », décrit comment le « monarchisme commercial », né dans l'Angleterre du XVIIIe siècle, dominant par la suite l'« imaginaire loyaliste » américain et canadien-anglais, a marqué de son empreinte l'avènement de la Confédération, notamment dans sa « conception autoritaire de la liberté » (p. 41) et limitative d'un pouvoir démocratique volontiers perçu comme « tyrannie démocratique » (p. 47). Pierre Elliott

Trudeau, cité par l'auteur dans un autre contexte, a déjà dit que
l'histoire nous montrait, à propos de la démocratie, « que les
Canadiens anglais ne l'ont vraiment pas voulue pour les
autres » (p. 15) : à lire ces pages de Kelly, on est amené à se
demander jusqu'à quel point les Canadiens anglais de l'époque
de la Confédération, avec leur horreur de la république, ont
vraiment voulu de cette démocratie même pour eux !

C'est d'une manière symétrique que la deuxième partie,
ayant pour titre « La nation canadienne », explore l'« imaginaire patriote » associé, lui, au « républicanisme agraire »
dont les thèmes devaient, bien après 1838, marquer l'opposition francophone, notamment celle des « Rouges », au projet
confédératif.

La troisième partie, « La résistance », « relate la collision
violente entre ces deux imaginaires au Bas-Canada » (p. 25),
lorsque, au cours des années 1830, le « dilemme (...), rester un
paria ou accéder au statut de parvenu [en s'assimilant, en re-
nonçant à sa nationalité et à sa culture], incite une masse de
jeunes Canadiens à se transformer en résistants » (p. 128). Et ce
n'est pas d'abord au clergé, dont la faiblesse relative et
l'ambivalence sont ici soulignées (pp. 152-158), que se heurte le
résistant, le rebelle, mais aux bureaucrates inspirés par le
« monarchisme commercial » ainsi qu'aux parvenus francophones dont la « collaboration d'un petit groupe » a rendu possible l'« établissement du pouvoir des bureaucrates » (p. 138).

« La collaboration », quatrième et dernière grande partie,
s'« attarde à décrire la trajectoire individuelle des trois plus
illustres parvenus » (p. 175) de l'époque qui va de l'échec de la
résistance à la Confédération. Étienne Parent d'abord, « le
premier des rebelles patriotes à accepter, vers la fin des années
1830, de revoir leur jugement sur la situation canadienne »
(ibid.), et que Kelly nous fait voir comme un adversaire initial
de l'assimilation et de l'anglicisation (p. 177) qui en devient
subséquemment le promoteur. L'ex-patriote Louis-Hippolyte
LaFontaine ensuite, qui estime que « la nation canadienne doit

tirer profit d'une politique de collaboration » (p. 186) dans le cadre de l'Union, et dont le groupe « accepte l'assimilation graduelle » (p. 191). Georges Étienne Cartier enfin, qui, de patriote républicain qu'il a été, incarne plus tard à merveille la méfiance à l'endroit du pouvoir démocratique qui entoure le projet confédératif (voir pp. 201ss).

Mes sentiments à l'égard de cet ouvrage sont partagés.

D'une part, je trouve très intéressante l'idée qu'a eue l'auteur de recourir au contexte idéologique anglo-américain plus large du « monarchisme commercial » et du « républicanisme agraire » pour éclairer les deux imaginaires « loyaliste » et « patriote » qui se sont affrontés ici. Particulièrement réussie sous ce rapport me paraît la première partie, consacrée à l'Amérique du Nord britannique : j'ai eu personnellement en tout cas l'impression, à sa lecture, de mieux comprendre l'esprit du fédéralisme canadien. J'ai également fort apprécié les développements relatifs aux rapports entre Canadiens et Irlandais au cours des années 1830, la reconceptualisation de l'insurrection comme résistance (p. 128), ainsi que les réflexions théoriques de l'auteur sur les notions de paria, de rebelle, de parvenu, dont la pertinence me semble manifeste pour l'analyse de la société canadienne d'après la Conquête.

En revanche, je dois tout d'abord avouer ne pas être entièrement rassuré par la lecture que Kelly fait des deux ouvrages que je connais vraisemblablement le mieux parmi ceux auxquels il se réfère : *Jean Rivard* d'Antoine Gérin-Lajoie et *Le Curé Labelle* d'un certain ... Gabriel Dussault. J'ai été en effet fort surpris de voir l'auteur tenter d'étayer l'idée que « l'œuvre de colonisation (...) n'a pas été un échec retentissant », qu' « elle a permis l'occupation définitive par les Canadiens français d'un immense territoire » (p. 228), en renvoyant à un ouvrage où, distinguant entre le rêve et les réalisations, je concluais, presque à l'inverse, que « la pratique de cette utopie, bien qu'elle ait sûrement contribué à refranciser de larges portions et à consolider le caractère français de l'ensemble du Québec, ne pouvait cependant se solder que par un échec global, eu égard aux fins ultimement poursuivies » (Dussault, 1983, p. 334). Alors que je m'étais acharné à montrer comment la colonisation, spécialement chez Labelle, était loin de se ramener à l'expression d'un quelconque agriculturisme, Kelly continue. Alors que je m'étais acharné à montrer comment la colonisation, spécialement chez Labelle, était loin de se ramener à l'expression d'un quelconque agriculturisme, Kelly continue à la situer , comme si de rien n'était, dans un contexte de « mythification de la vie paysanne » et de « ruralisme » (p.228). Il ne dit mot de l'enthousiasme légendaire du curé pour la construction de chemins de fer, thème apparemment favori de la tradition du « monarchisme commercial », et il oublie que c'est dans un discours prononcé le 21 octobre 1855 par Cartier, incarnation francophone de cette idéologie, que l'historien Michel Brunet s'était plu à voir (à tort, à mon sens) un monument de l'agriculturisme !

En ce qui a trait à l'œuvre de Gérin-Lajoie, Kelly persiste à la considérer comme « une expression parfaite du mythe agraire » (p. 101), un roman qui « illustre les aspirations modestes d'un peuple résigné à une condition paysanne » (p. 109), alors que j'avais moi-même montré à quel juste titre Édouard Montpetit, déjà, avait fait de Jean Rivard le modèle de l'homme qui ne renonce pas « à l'industrie et au commerce » et dont l'« opinion fort nette est que 'le Canada peut être un pays agricole et industriel' » (voir Dussault, 1983, pp. 163-165), et que, plus récemment, de manière indépendante, et au moyen d'une très minutieuse analyse, Robert Major (1991) a mis en pièces la lecture agriculturiste de ce « success story » d'une « profonde américanité » (voir aussi mon compte rendu de cet ouvrage, Dussault, 1995). Je veux bien, à la décharge de Kelly, que *Jean Rivard* ou *Le Curé Labelle* soient des références relativement marginales, compte tenu de ses propres préoccupations : j'aimerais cependant être convaincu qu'il traite le reste de sa documentation avec une plus grande rigueur.

Par ailleurs, plus profondément, j'éprouve aussi de sérieuses réticences à l'égard de la thèse même dont j'ai tenté de résumer les grandes lignes ci-dessus. Car si, s'agissant des rapports entre l'échec de la résistance et l'ascendant exercé par l'Église, mes propres perceptions convergent remarquablement avec celles de l'auteur, je m'étonne en revanche de la minceur quantitative et de la fragilité qualitative du traitement réservé à la question historique qu'annonce le titre et qui est au cœur de cette thèse. Seule en effet, à toutes fins utiles, la quatrième partie du livre porte expressément et formellement sur cette question (pp. 167-224). Et si, de ces 58 pages, l'on ne retient que celles où Kelly s'attache « à décrire la trajectoire individuelle des trois plus illustres parvenus de cette époque » (p. 175), il ne reste que 33 pages à l'auteur (11 pour Parent, 12 pour LaFontaine, 10 pour Cartier) pour prouver empiriquement le noyau central de sa thèse, et pour satisfaire l'appétit exacerbé de son acheteur-lecteur qui s'attendait à ce qu'on lui en apprenne de bien bonnes sur cette Petite Loterie par laquelle la Couronne a obtenu la collaboration du Canada français après 1837, sur la manière dont avait agi *concrètement* ce « système de distribution des faveurs qui vise à gagner l'adhésion du rebelle et à en faire un parvenu - (...) un membre de la minorité qui sacrifie les intérêts de celle-ci à ses intérêts personnels », puisque enfin, assurait l'auteur dans le « Prologue », « c'est la carrière de ce parvenu dans le Canada du XIXe siècle que ce livre veut mettre en lumière » (p. 16). Voilà une bien « grosse commande » à remplir et bien des choses à prouver, en 33 pages et sans recourir, notons-le, à aucune source manuscrite !

Il y a d'abord l'« adhésion du rebelle ». Bien sûr, s'il s'agit de la conversion du projet républicain au cadre monarchique : elle est évidente dans les trois cas. Mais chez Parent et LaFontaine, on suggère que les choses vont encore plus loin. En ce qui concerne Parent, j'avoue avoir été ébranlé par la multiplication des citations qui témoignent de son acceptation voire de sa promotion de l'assimilation et de l'anglicisation : une lecture attentive révèle cependant que les seuls textes non équivoques en ce sens se situent pendant la période singulièrement trouble qui va de la fin de 1838 à celle de 1839, ce qui devrait peut-être inciter à en relativiser la portée, et d'ailleurs d'autres textes amènent Kelly lui-même à au moins concéder qu'« au total, la pensée de Parent est tortueuse » (p. 186). Quant à LaFontaine, il n'est nulle part prouvé qu'en adhérant à l'Union, il « accepte l'assimilation graduelle » (p. 191) qu'elle risque d'entraîner : l'on nous fournit plutôt un indice du contraire en rappelant sa condamnation de « la proscription du français à l'Assemblée du Canada-Uni » (p. 194).

Mais le point le plus crucial que l'auteur doit établir pour démontrer sa thèse est que ce passage de la résistance à la collaboration est imputable à l'attrait exercé par la « petite loterie », « attrait (...) si fort, insistait-il dans le « Prologue », que, en moins d'une décennie, les rebelles les plus actifs renonceront à l'idéal républicain » : « Parent, LaFontaine et Cartier acceptent de collaborer avec la Couronne » (p. 24). Or, pour ce qui est de Parent, pas le moindre indice clair ne nous est donné d'une pareille corruption, d'un tel sacrifice des intérêts de sa minorité à des intérêts personnels : son ralliement à l'Union, comme celui de LaFontaine d'ailleurs, sera déjà acquis quand Charles Bagot multipliera ses nominations de francophones (p. 195). Quant à cet ambitieux LaFontaine, qui nous est d'ailleurs bien davantage présenté comme l'auteur que comme l'objet d'une « distribution des faveurs », il n'est nulle part vraiment montré qu'il a renoncé à la résistance par motif d'ambition : dans son cas, comme dans celui de Cartier (p. 204), comme d'ailleurs dans celui de la conversion de D'Arcy McGee au monarchisme (p. 103), les seuls éléments de preuve en ce sens consistent dans des allégations d'adversaires (pp. 193s).

En outre, puisque, comme le reconnaît Kelly, le statut de parvenu existe bien avant 1837, ne peut-on pas se demander pourquoi, dans sa perspective, nos personnages ne se sont pas efforcés de l'acquérir plus tôt au lieu de se définir d'abord comme rebelles ? Serait-ce peut-être parce qu'il faudrait

d'abord avoir été rebelle pour devenir parvenu ? Mais ceci
paraît contredit par les faits : en quoi donc avaient été
préalablement rebelles ces « parvenus d'origine française »
dont la « collaboration » avait permis « l'établissement du
pouvoir des bureaucrates, depuis la Conquête », ces « francophones d'exception » qu'étaient les « Chouayens » (p. 138) ? La
question demeure donc toujours sans réponse.

Enfin, l'explication proposée ici de ces revirements
politiques n'est pas la seule plausible : est-il après tout si
invraisemblable que Parent et LaFontaine aient sincèrement et
honnêtement conclu qu'une résistance impliquant une confrontation armée avec la première puissance du monde était
inutile ? LaFontaine avait-il complètement tort de juger
« suicidaire la stratégie du camp Papineau-Viger » qui risque-
rait d'aboutir au résultat « de nous laisser sans représentation
aucune » (pp. 192s) ? Max Weber n'eût-il pas vu là, peut-être,
une manifestation de l'« éthique de responsabilité » nécessaire
au politique ? Ne persistons-nous pas, plus ou moins
consciemment, à chercher des coupables, des responsables de
nos déboires collectifs, sans prendre suffisamment en compte –
si ce n'est même précisément pour oublier – le rôle éminent de
la force et de la violence, notamment militaire, dans l'histoire ?

En somme, au fort pertinent « pourquoi ? » soulevé par
ces conversions politiques apparemment spectaculaires (encore
qu'il ne faudrait pas exagérer, me semble-t-il, la distance qui,
en pratique, au delà du discours, sépare le régime républicain
d'un gouvernement qui est monarchique en principe mais
responsable dans les faits), Kelly a apporté une réponse que je
ne dis pas fausse, mais qui est à mon avis non concluante. Cela
ne lui enlève ni l'originalité (du moins, à ma connaissance), ni
le mérite d'avoir posé la question. J'espère seulement que lui-
même, ou d'autres, trouveront le courage de pousser plus loin
l'enquête pour en arriver à une réponse socio-historiquement
plus décisive.

Bibliographie

DUSSAULT, Gabriel

1983   *Le Curé Labelle. Messianisme, utopie et colonisation au Québec, 1850-1900*, Montréal, Éditions Hurtubise HMH.

1995   Compte rendu du livre de Robert Major, *Jean Rivard ou l'art de réussir. Idéologies et utopie dans l'œuvre d'Antoine Gérin-Lajoie*, dans *Recherches sociographiques*, XXXVI, 1, p. 150-152.

MAJOR, Robert

1991   *Jean Rivard ou l'art de réussir. Idéologies et utopie dans l'œuvre d'Antoine Gérin-Lajoie*, Sainte-Foy, Les Presses de l'Université Laval.

DE L'ASSIMILATION D'UN IDÉAL POLITIQUE

Stéphane KELLY

Je vais commencer cette réplique en répondant à la critique principale de Dussault, qui déplore l'insuffisance des preuves fournies dans les portraits de mes parvenus. Par la suite, je vais réévaluer leur responsabilité dans la fondation d'une Amérique du Nord britannique monarchiste. Je conclurai en esquissant trois pistes de recherches ouvertes par mon enquête, qui mériteraient d'être explorées.

À la grande déception de Dussault, je n'ai pas cherché, dans un obscur fonds d'archive, un document « manuscrit » qui aurait incrimé l'un de mes pères fondateurs. Il aurait voulu que je révèle au public une pièce d'archives prouvant que Parent (ou LaFontaine) avait bel et bien reçu un pot-de-vin, en échange d'une conversion politique. Je plaide coupable. Je n'ai pas trouvé un tel document. Pire, je ne l'ai même pas cherché, et ce, pour deux raisons. Premièrement, l'absence de sources manuscrites ne m'apparaît pas un péché. L'objectif de l'essai était d'offrir une nouvelle synthèse de cette période. J'ai utilisé la littérature existante, qui est riche et abondante, afin de mieux comprendre la conversion de l'élite politique à l'idéal monarchiste. La critique de Dussault aurait du sens si je m'étais attaché à l'étude d'un seul père fondateur, un Taché ou un Chapais (ceux-ci n'ont en effet jamais été l'objet d'une biographie politique). J'ai préféré produire une synthèse puisque la plus récente, rédigée par un Canadien français, datait d'une trentaine d'années[1]. D'un point de vue méthodologique, l'analyse des *Débats* de 1865 suffisait pour répondre à l'objectif de mon enquête, puisque ce matériau s'avère d'une grande richesse.

Deuxièmement, la corruption dont il est question dans mon livre n'a pas le sens que le commun lui accorde aujourd'hui. J'ai pourtant averti le lecteur de cette nuance dès la première partie du livre, *L'Amérique du Nord britannique*. Selon la tradition politique anglo-américaine, la corruption ne signifie pas recevoir une forme ou une autre de pot-de-vin. La corruption était une force qui menaçait la vertu politique de la cité[2]. Dans l'esprit du républicain, le citoyen devait rester indépendant et incorruptible. Il soupçonnait la Couronne d'user de certaines astuces afin de miner cette indépendance.

---

1.   Il s'agit de *La naissance de la Confédération*, de Jean-Charles Bonenfant, publié chez Leméac, Montréal, 1967. Plus récemment, Marcel Bellavance a publié *Le Québec et la Confédération : un choix vraiment libre?*, Sillery, Septentrion, 1992. Mais il ne s'agit pas d'une synthèse. Il ne s'intéresse pas au processus qui mena à la naissance de l'Amérique du Nord britannique, mais plutôt aux élections de 1867. Il surestime d'ailleurs l'influence du clergé dans la naissance du nouveau régime. Le tout s'est joué entre 1863 et 1865, moment durant lequel le clergé a été plutôt silencieux. Pour un point de vue plus nuancé sur cette question, il faut lire les *premiers* chapitres de la thèse de doctorat de Marcel Caya, « La formation du parti libéral au Québec, 1867-1887 », York University, Toronto, 1981.

2.   James Harrington, *The Commonwealth of Oceana*, J.G.A. Pocock (éd.), Cambridge, Cambridge University Press, 1992.

Elle le faisait en déployant une large gamme de gratifications. Ces dernières pouvaient être d'ordre matériel, obtenir une *place* (emploi) dans la fonction publique ou se voir offrir un contrat du gouvernement. Il y avait aussi des gratifications d'ordre symbolique, la plus importante étant d'être « siré » par la Couronne, c'est-à-dire accéder au titre de Sir. Ce qui était le signe d'une admission à la haute société anglaise.

La Couronne britannique disposait ainsi d'un puissant outil de conversion politique, qui pemettait d'affermir la loyauté des colonies de l'empire britannique. C'est précisément ce que pensait Adam Smith, à l'époque de la Guerre d'indépendance américaine. L'empire, écrivait-il dans *The Wealth of Nations*, devait faire miroiter aux rebelles les gratifications de la petite loterie coloniale. En d'autres termes, elle devait accorder plus d'importance aux élites politiques locales. Il s'agissait moins de les acheter au sens strict que de les laisser s'imaginer qu'elles étaient en voie d'acquérir un rang élevé dans l'Empire. Ainsi, pour devenir un parvenu, il fallait préalablement avoir été un rebelle. Certes, la description de l'influence de la petite loterie sur ce processus de conversion se limite, dans mon essai, à une cinquantaine de pages. Je pense que c'était fort justifié. Afin de prouver la conversion, il fallait bien décrire l'existence d'une rivalité entre deux imaginaires. Or, le débat sur la « nouvelle synthèse républicaine », qui a inspiré ma relecture des imaginaires canadiens, n'avait pas encore eu d'écho dans le public québécois avant la publication de mon livre[3].

Si *La petite loterie* apporte un certain éclairage sur le poids du clivage républicain-monarchiste, son apport principal se

---

3. Robert E. Shalhope, « Toward a Republican Synthesis : The Emergence of an Understanding of Republicanism in American Historiography », *The William and Mary Quaterly*, vol. XXIX, 1972, pp. 49-80. On trouve un écho canadien à ce débat dans Janet Ajzenstat et Peter J. Smith, *Canada's Origins : Liberal, Tory, or Republican?*, Ottawa, Carleton University Press, 1995.

situe ailleurs. Je cherchais à comprendre les raisons qui sous-tendent la conversion politique des pères fondateurs canadiens-français. C'est cela qui m'a intrigué à la lecture des *Débats* de 1865. J'ai dénoué l'énigme en utilisant les notions de parvenu et de paria. Le portrait du grand homme d'État britannique Benjamin Disraeli, que peint Hannah Arendt dans *Origins of Totalitarism*[4], me fournit la clé pour saisir les mécanismes d'admission du minoritaire à la société anglaise. Le plus grand empire au monde ne s'abaissait pas à octroyer vulgairement des pots-de-vins. Les agents de la Couronne étaient infiniment plus raffinés. Il préféraient canaliser le désir concupiscent de l'homme de s'*élever*, c'est-à-dire d'abandonner le statut de paria pour celui de parvenu. L'assimilation est autant, sinon plus, une renonciation à un idéal politique qu'à une langue et à une culture. Cette notion de parvenu, Dussault la juge intéressante. Mais il doute de la pertinence des cas retenus. J'aurais apprécié qu'il spécifie à qui la notion aurait pu s'appliquer. À moins qu'il ait préféré que l'essai se borne à des considérations vagues et abstraites sur l'image du parvenu dans l'imaginaire canadien-français. J'ai préféré illustrer cette notion à partir de quelques cas concrets, trois de nos héros canadiens.

Étienne Parent

Allons-y d'abord avec Parent. Comme d'autres leaders canadiens, il a une responsabilité dans l'échec de la rébellion. Entre 1830 et 1837, il invoque à de nombreuses reprises le droit à l'autodétermination des peuples, l'exemple de la république américaine, la possibilité de l'indépendance et, enfin, l'hypothèse d'un conflit violent. S'il pensait n'avoir pas le courage d'aller au bout de sa pensée, il aurait été plus prudent qu'il ne donne pas une caution au mouvement patriote. Une telle position, plus modérée, n'était pas impensable. C'était celle de

---

4.   Hannah Arendt, *The Origins of Totalitarism*, New York, Harcourt Brace & Co, 1951.

John Neilson, son rival à la *Gazette de Québec*, qui plaça un
bémol dès la proclamation des 92 Résolutions. En clair, Parent
a favorisé une retraite beaucoup trop tard. Lorsque le combat
était engagé, il devenait catastrophique de reculer. En faisant
marche arrière au dernier moment, les patriotes ne risquaient
plus seulement de perdre la bataille, mais d'y laisser aussi leur
honneur. Cela a probablement joué dans leur décision de
prendre quand même les armes en 1837, même si, à l'évidence,
c'était très risqué. Ce fut la première erreur de Parent. Il a
communiqué à la jeunesse patriote un goût pour le bonheur
public, pour une révolution politique qu'il n'a pas eu le
courage d'appuyer jusqu'au bout.

Dussault prétend que les seuls textes non équivoques de
Parent se situent durant la période trouble, qui va de la fin 1838
à 1839. Ce jugement ne va pas sans difficultés car l'ensemble de
l'œuvre du journaliste est faite de textes ambivalents,
ondoyants, paradoxaux. De plus, la période durant laquelle le
journaliste jongle avec les scénarios d'assimilation est bien plus
large que celle désignée par Dussault. Elle couvre au moins
cinq ans (1838-1842). N'écrit-il pas en 1842 :

> [Gardons-nous] de blâmer le sentiment qui fait désirer à
> la population anglaise du Bas-Canada l'établissement d'une
> nationalité une et homogène sur les bords du Saint-
> Laurent : ce sentiment Dieu même l'a déposé au coeur de
> l'homme ; c'est le moyen dont se sert la providence pour
> propager les idées de progrès, les usages et les institutions
> les plus favorables à l'avancement et au bien-être de
> l'humanité... C'est à ce sentiment, ce besoin d'assimilation
> et d'expansion que l'on doit la civilisation du monde.[5]

Le *Colonial Office* en demandait moins que cela pour
conclure qu'une partie de l'opinion *éclairée* de l'élément français
au Bas-Canada était favorable à l'assimilation. Certains apo-
logistes de Parent ont prétendu qu'il s'agissait-là d'une attitude
statégique pour apaiser les Anglais. Si cette hypothèse est

---

5. *Le Canadien*, 1ᵉʳ août 1842.

fondée, on ne peut que conclure à son imprudence. Cette drôle de stratégie, de jouer au mouton pour apaiser le loup, n'a pas réduit la sanction de la métropole. Les politiques de l'Union n'ont rien perdu de leur brutalité. En changeant d'idée d'un mois à l'autre sur les modalités de l'assimilation, Parent ne produisait pas moins un effet. Il légitimait le principe de l'Union. Le fait même qu'il acceptait d'en discuter était une abdication. Il ne l'aurait jamais envisagé au début des années 1830, avant qu'il ne soit en proie à cette légendaire fatigue culturelle.

Entre 1838 et 1840, les idées de Parent sont difficiles à saisir. Sa pensée baignait dans une profonde ambivalence. Mais, par delà le flou de certaines positions, il ouvrait cependant la porte à une acceptation du principe de l'Union. Pire, il baissait pavillon devant plusieurs lois de l'Union (amalgation de la dette du Haut-Canada, égalité de représentation du Bas et du Haut-Canada). Ici encore, la thèse dite *réaliste* stipule que les acteurs du temps n'avaient pas le choix. Une lecture attentive des positions de ces acteurs révèle un autre portrait. Seuls deux groupes sociaux désiraient vraiment cette réforme : les réformistes du Haut-Canada et la bourgeoisie anglaise de Montréal. Au Bas-Canada, dans la population canadienne-française et irlandaise, il y avait de fortes réserves à l'égard de cette mesure. Deux intellectuels de prestige, Denis-Benjamin Viger et John Neilson la refusaient, ainsi que le clergé.

Louis-Hippolyte LaFontaine

Passons maintenant au second de mes *pères*, Louis-Hippolyte LaFontaine. Cet homme public, curieusement, n'a pas été bien étudié par les historiens modernes. C'est pourtant lui qui met en pratique la vision Parent, en ce qu'il amorce la mutation du réformisme bas-canadien dans un sens plus monarchiste que républicain. La position de LaFontaine, au début des années 1840, est minoritaire. Celle de John Neilson et de

Denis-Benjamin Viger, consistant à demander le rappel de l'Union ou le principe de la double majorité[6], est beaucoup plus populaire. Si LaFontaine n'avait pas donné sa caution à la mesure, on peut se demander qui aurait pris le flambeau de la coalition avec les réformistes du Haut-Canada. Ces derniers étaient les grands gagnants du nouveau régime. Leurs chefs, Francis Hincks et Robert Baldwin, avaient absolument besoin d'alliés réformistes au Bas-Canada. En ce sens, LaFontaine était en position pour obtenir le retrait de certaines lois défavorables aux intérêts du Bas-Canada. Pourtant, il accepta l'alliance sans obtenir aucune garantie ferme qu'on allait les amender. LaFontaine obtint une seule chose, la promesse d'une bonne conduite pour le futur...

LaFontaine accepta l'alliance car il avait une chose en commun avec Baldwin et Hinks. Il rêvait de détrôner la clique du Chateau, cette réincarnation, au Bas-Canada, du Parti de la Cour[7]. LaFontaine avait contesté ce dernier durant les années 1830. Comme chef, durant les annés 1840, il allait continuer ce combat, mais en transformant le réformisme canadien, le départissant de ses accents républicains. Les réformistes nouveau genre ne faisaient plus dans l'antiétatisme républicain. Ils rivalisaient plutôt avec les tories pour accentuer la centralisation et l'expansion de l'État canadien. La lutte pour le

---

6. Selon ce principe, le gouvernement est dirigé par une direction bicéphale, formée du leader de la majorité de chaque section. Chacune aurait joui d'un veto sur la législation. Cela aurait évité de diviser le vote canadien-français, au profit d'une coalition dite réformiste. À ce sujet, lire Jacques Monet, *La première révolution tranquille. Le nationalisme canadien-français (1837-1850)*, Montréal, Fides, 1981.

7. Le Parti de la Cour au Canada regroupait le Gouverneur, les membres (nommés) du Conseil exécutif et du Conseil législatif, ainsi que les haut-fonctionnaires. Ces courtisans avaient érigé un rempart limitant le pouvoir de l'Assemblée, qui menaçait leurs privilèges. Pour y arriver, le Parti de la Cour utilisa différents moyens : manipulation des franchises électorales ; intimidation lors des élections, achats d'électeurs. Sur cette question, lire Gordon Stewart, *The Origins of Canadian Politics*, Vancouver, University of British Columbia Press, 1986.

gouvernement responsable, disaient-ils, était la conquête du patronage. Sans celui-ci, Baldwin et LaFontaine savaient qu'ils ne pourraient former des majorités stables. En arrachant certains des pouvoirs jadis attribués au gouverneur, ils réussirent un coup de maître. Dorénavant, l'on concentra dans le même poste, celui de premier ministre, les fonctions législative et exécutive.

Le pari de LaFontaine, après les rébellions, était d'accepter le principe de l'Union en échange du gouvernement responsable. Il réussit à obtenir ce dernier, une décennie plus tard, soit en 1848. Une combinaison de facteurs ont favorisé son octroi : éruption révolutionnaire en Europe, montée de l'anticolonialisme en Angleterre, acroissement du mécontentement populaire dans la populaire canadienne-française et irlandaise au Bas-Canada. Le point tournant, toutefois, fut l'effondrement du mercantilisme de l'Angleterre. La nouvelle politique libre-échangiste, qui abolissait les privilèges des coloniaux, fut perçue comme un abandon des colonies. La concession du gouvernement responsable visait, dans ce contexte, à apaiser la colère des élites coloniales. N'eut été de cette concession, le mouvement annexionniste aurait embrasé le Bas-Canada. Ainsi, contrairement à la légende, l'Union n'apporta pas le gouvernement responsable. L'Angleterre a octroyé cette forme de gouvernement au Canada-Uni, tel un prix de consolation, afin de se faire pardonner son abolition des privilèges économiques coloniaux. De toute façon, à ce moment, le danger d'octroyer le gouvernement responsable avait disparu, puisque les Canadiens anglais étaient devenus majoritaires au sein de l'Union[8].

Le gouvernement responsable représentait un gain politique. Cependant, cette conception particulière de la démocratie comportait deux inconvénients majeurs. Elle retardait l'accession du Canada à l'indépendance et limitait son

---

8.   Rosa Langstone, *Responsible Government in Canada*, Toronto, Dent, 1927, pp. 165-166.

caractère républicain. Le gouvernement responsable concentrait une grande partie des pouvoirs dans les mains du cabinet et, en particulier, du premier ministre. Elle conférait à ce dernier un pouvoir démesuré de patronage, permettant d'affermir la loyauté à l'administration tant à l'Assemblée que dans le pays. Un premier ministre astucieux pourra désormais *régner* sur la politique canadienne, comme le faisait, depuis le début du siècle, le *Family compact* et la Clique du Chateau. Tous les premiers ministres canadiens qui vont réussir à répéter cet acte fondateur, soit à maîtriser *la règle de Walpole,* auront un grand succès politique, qui se traduira par de longs règnes politiques.

George-Étienne Cartier

Des trois portraits, celui de Cartier semble le moins controversé. On sait que l'homme, à l'instar de plusieurs autres pères fondateurs, avaient des intérêts dans des compagnies de chemin fer. Les biographes le peignent comme l'incarnation du nouveau riche. Le pire de l'héritage de Cartier n'a pas trait à la question nationale ou linguistique. C'est plutôt qu'il encouragea la naissance d'un régime antidémocratique dans sa nature, ainsi que dans le processus qui le fit naître. Le cas du Sénat est emblématique. Il était fondé sur le principe électif entre 1856 et 1867. Cartier et les autres pères fondateurs décidèrent d'un retour à l'ancien ordre des choses, afin de contrebalancer les "tendances démocratiques", jugées néfastes. Dans leur esprit, la démocratie était une maladie d'origine américaine. Au total, sur le plan politique, l'action de Cartier contribuera à *dérépublicaniser* le réformisme bas-canadien. Il a réalisé au Bas-Canada ce que George Brown fit pour le Haut-Canada. Comme l'écrivait Frank Underhill, le triomphe de cette forme particulière de fédéralisme a pavé la voie à la consolidation d'institutions politiques plus monarchistes que celles de l'Angleterre[9].

Sur le plan géo-politique, l'union du Bas et du Haut, puis des autres colonies, représentait le triomphe de l'avenue est-ouest. L'on a oublié que cette avenue, à l'époque, n'était pas du tout populaire au Bas-Canada. Elle apparaissait utopique et contre-nature. L'axe nord-sud semblait plus naturel et plus prometteur. Les États du Nord-Est des États-Unis étaient des voisins plus évidents que ceux de la Nouvelle-Écosse ou du Manitoba. Cette direction donnée à la politique du Bas-Canada, inaugurée par Parent, relayée par LaFontaine, et couronnée par Cartier, ralentira le développement de l'économie de la province. Les forces d'opposition à cette politique ne venaient pas seulement des rangs canadiens-français. Plusieurs députés d'origine irlandaise et anglaise s'étaient joints à l'opposition, étant convaincus que la province ne gagnait pas à s'associer aux autres colonies. Ils prétendaient que leurs impôts et leurs taxes servaient à financer un développement de l'économie qui défavorisait d'une façon générale le Bas-Canada et, d'une façon particulière, la région de Montréal. C'est cette inquiétude commune qui tenait ensemble les principaux ténors de l'opposition : Antoine-Aimé et Jean-Baptiste-Éric Dorion, Louis-Antoine Dessaulles, Luther Holton, James O'Halloran, Lucius Huntington. Durant la seconde moitié du XIXe siècle, le parti libéral comptait plusieurs brillants esprits, qui prônaient des réformes visant à rapprocher l'économie de la province à celle des États-Unis. Cela aurait limité la dépendance de la province à l'égard de la métropole, qu'il s'agisse de Londres ou d'Ottawa[10].

---

9.   Frank Underhill, *In Search of Liberalism*, Toronto, Macmillan, 1961.

10.   Celui que l'on considère comme le premier économiste québécois, Étienne Parent, qui a vécu jusqu'en 1872, n'a jamais critiqué cette tendance durant les années 1850 et 1860. Contrairement au mythe entretenu, Parent n'était pas le seul à parler d'économie à cette époque. À ce sujet, Dussault me reproche d'avoir mal interprété sa thèse sur l'agriculturisme. Il se peut que je n'ai pas choisi les mots les plus heureux pour décrire son travail. Mais, s'il a

Accordons un mérite à Cartier. Il a défait une partie du gâchi de l'Union, en récupérant un pouvoir provincial, au sein duquel les Canadiens français se trouvaient désormais majoritaires. S'il avait défendu avec autant de vigueur les droits des minorités catholiques qu'il le fit pour la minorité anglo-québécoise, le visage du Canada en aurait été changé. Mais s'agit-il d'un oubli? Si Cartier s'était acharné à exiger ce que Galt a obtenu pour les Anglo-québécois, il est possible que la mesure n'ait jamais passé au parlement. La Couronne exigeait de Cartier qu'il livre sagement le vote canadien-français. Depuis la fin des années 1850, c'est lui qui rendait possible une coalition conservatrice au Canada-Uni. Pendant que Macdonald se trouvait constamment en minorité dans la section du Haut-Canada, Cartier obtenait des majorités confortables au Bas-Canada.

Cartier a donc joué un rôle plus considérable que Macdonald dans la naissance du régime. Pourtant, une fois la mesure passée au parlement canadien, au printemps de 1865, le pouvoir a commencé à lui échapper. L'année suivante, en 1866, à la Conférence de Londres, Macdonald intrigua dans son dos, tentant de transformer le régime en une union législative. Puis, en 1867, le poste de premier ministre lui échappa, à la faveur de John A. Enfin, lorsque la Reine Victoria offit des titres à certains pères, en récompense de leur indéfectible loyauté, Cartier en reçut un de moindre valeur. Ce fut la goutte qui fit déborder le vase. Furieux, il refusa le titre. Puis, il écrivit à George Brown, lui offrant sa collaboration[11]. Il était prêt à larguer Macdonald et à gouverner en s'alliant à un réformiste. Cet incident a plus qu'une valeur anecdotique. L'alliance entre une majorité conservatrice au Québec et une majorité libérale

---

bien lu mon essai, il n'aurait pu soutenir que je répétais les vieux clichés sur l'agriculturisme canadien-français. Dans la vision républicaine de l'époque, il n'y a pas nécessairement de contradiction entre commerce et agriculture.

11. J.M.S. Careless, *Brown of the Globe. Statesman of Confederation 1860-1880*, vol. II, Toronto, Macmillan, 1963, pp. 265-267.

en Ontario aurait consacré le principe de la double majorité. En un sens, cette tentative de Cartier était un hommage posthume à un vieil ennemi, Denis-Benjamin Viger.

Trois pistes de recherche

Les résultats de mon enquête pourraient motiver l'exploration de trois pistes de recherche inédites. La première viserait à comprendre la mutation du républicanisme durant les premières décennies du nouveau régime. On le sait, la Confédération marque la fin du rougisme. Cela ne signifie toutefois pas que les idées républicaines disparaissent. Lors de la lutte contre la Grande Coalition, les rouges étaient devenus marginaux au sein même des forces de l'opposition. Les autres *oppositionnistes* (bleus, violets), plus modérés sur la question religieuse, vont beaucoup contribuer au renouveau du parti libéral. Afin de mieux comprendre la mutation de l'idée républicaine, disons entre 1840 et 1880, il serait intéressant de distinguer trois courants distincts. Ceux-ci tantôt s'affrontent, tantôt créent des alliances, selon les événements. Mais chacun a sa logique propre.

Le premier est d'un type « libéral national ». Ses grands propagandistes étaient Denis-Benjamin Viger, Louis-Victor Sicotte, Charles Laberge, Honoré Mercier. L'ennemi commun est la Couronne. Ses combats consistent à préparer l'abolition du lien impérial et de la forme monarchique. Le second courant est de type anticlérical. Ses propagandistes sont Louis-Antoine Dessaulles, Pierre Blanchet, Charles Daoust, Joseph Doutre, Arthur Buies, Alphonse Lusignan, Honoré Beaugrand. L'ennemi commun est le clergé. Ses combats se situent surtout dans la sphère religieuse et culturelle. Enfin, le troisième courant est de type « populiste démocratique ». L'ennemi commun est l'aristocratie, d'abord sous la forme de la classe seigneuriale, puis, ensuite, des grands capitalistes étrangers. Ses propagandistes sont Napoléon Aubin, Jean-Baptiste-Éric Dorion, Louis Labrèche-Viger, Médéric Lanctôt. Un individu peut, à un moment, appartenir à plus d'un courant. Ce n'est pas nécessairement le signe d'une contradiction. C'est qu'il est un intermédiaire, un joint, entre des courants. C'est le cas de Papineau, qui domina cette époque précisément parce qu'il était la brillante cristallisation de ces trois courants[12].

La seconde piste de recherche viserait à approfondir la pensée politique du courant libéral national. Durant les années 1960 et 1970, en mettant l'accent sur le clivage libéral-ultramontain, les historiens ont négligé l'étude de ce courant, qui est réfractaire à cette catégorisation. Cette tradition ne s'est jamais tout-à-fait éteinte durant le XIXe siècle. Elle a été dominante durant les années 1840 avec le leadership de Denis-Benjamin Viger. Elle a passé au second plan durant les années 1850, faisant place aux rouges d'Antoine-Aimé Dorion. Louis-Victor Sicotte garda le fort durant ces années, préparant la future transition. Durant les années 1860, ces *violets* vont peu à peu prendre la place des rouges, notamment avec le leadership de Henri Joly de Lotbinière et de son lieutenant, Félix-Gabriel Marchand. La fondation du parti national, en 1872, sera le parachèvement d'une lente maturation, précipitée par l'échec de l'opposition à la Grande Coalition, mais qui tire ses origines de bien plus loin.

La pensée constitutionnelle de ce courant est fort intéressante. Dans le contexte du débat sur l'Union, leur position fut d'exiger le rappel, à l'instar de Daniel O'Connell en Irlande. Petit à petit, l'on vit qu'il n'était plus possible de faire marche arrière. Denis-Benjamin développa la théorie de la double majorité, en réaction à la position de LaFontaine, qui recommandait une union des forces réformistes du Haut et du Bas-Canada[13]. Le camp Viger ne faisait pas confiance aux

---

12. Consulter, à ce sujet, la belle anthologie préparée par Yvan Lamonde et Claude Larin, *Louis-Joseph Papineau. Un demi-siècle de combats*, Montréal, Fides, 1998.

13. La formule de Viger ressemble beaucoup à la théorie du leader sudiste John C. Calhoun. Ce dernier l'introduisit durant les années 1840, afin

réformistes de l'autre section. Le principe de la double majorité fut populaire sous l'Union, sans jamais triompher toutefois. À quelques reprises, on dût se rabattre sur ce principe, étant incapable de former un gouvernement libéral ou conservateur[14]. La fin de carrière de Cartier est, à cet égard, lourde d'enseignements.

Enfin, la dernière piste de recherche consisterait à évaluer dans quelle mesure le monarchisme commercial, inscrit dans les fondements de l'État canadien en 1867, a évolué dans l'histoire politique canadienne[15]. Existe-t-il par exemple un élément de continuité qui rattacherait la naissance de l'Amérique du Nord britannique à la réforme constitutionnelle de 1982? On sait que le régime de 1867 possédait de nombreux traits antirépublicains : le cabinet fédéral gardait le pouvoir de nommer les sénateurs ; la Reine demeurait le chef de l'exécutif ; la métropole impériale conservait un veto sur la législation du parlement ; la Couronne jouissait du privilège de nommer ce nouveau pays et de lui imposer ses symboles. Bien que le Canada se soit démocratisé durant le XXᵉ siècle, la réforme de Trudeau va maintenir l'impulsion anti-républicaine : refus d'envisager la ratification populaire ; affaiblissement des

---

d'éviter la guerre entre le Sud et le Nord. Bien que Calhoun fut esclavagiste, plusieurs journalistes et commentateurs du Nord la trouvaient intéressante. Sur l'utilité de Calhoun pour étudier le fédéralisme canadien, lire Reg Whitaker, *A Sovereign Idea. Essays on Canada as a Democratic Community*, Montréal, McGill/Queen's University, 1992.

14.   Le cas le plus patent fut le ministère formé, à la fin de l'année 1854, par le conservateur haut-canadien Allan MacNab et le réformiste bas-canadien Augustin-Norbert Morin.

15.   Je propose une première exploration de cette piste de recherche dans « Pierre Elliott et son maître. Une éducation politique », *Argument*, 1, 1, novembre 1998, pp. 38-53.

pouvoirs provinciaux ; maintien de la monarchie constitutionnelle ; pérennité du principe nominatif au sénat[16].

Ces signes trahissent une profonde méfiance à l'égard des
libertés populaires. Mais ce n'est pas l'essentiel. La grande
conservation de l'esprit de 1867 se trouve probablement dans le
transfert de la souveraineté du parlement vers les tribunaux.
L'ascension d'un nouveau Parti de la Cour a permis au cabinet
fédéral de multiplier ses possibilités de patronage[17]. Le sens de
1982 aurait échappé aux nationalistes québécois, pas moins
qu'aux nationalistes canadiens. Là où ils pensaient y voir une
rupture, il y avait, tout simplement, *augmentation* de la pensée
des Cartier, D'Arcy McGee, Macdonald et Brown. Ces pères
comptaient, jadis, sur la puissance de la Couronne pour exercer
un frein sur la démocratie parlementaire. Depuis 1982, leurs
héritiers comptent beacoup moins sur cet instrument, jugé trop
archaïque. Ils en ont un vraiment moderne, le pouvoir
judiciaire, qui a tout le lustre que possédait jadis la Couronne.

---

16. Sur la pérennité du principe monarchiste, consulter les écrits de
Marc Chevrier, en particulier « Au royaume de la néo-monarchie », *Liberté*, 40,
2, avril 1998, pp. 75-88.

Rainer Knopff & F.L Morton, « Canada's Court Party », *in* A. Peacock,
Rethinking the Constitution. Perspectives on Canadian Constitutionalism, Toronto,
Oxford University Press, 1996, pp. 63-87. De fait, en matière de patronage, il
semble y avoir une continuité, comme le confirme l'article du journaliste
Michel Vastel, « Les copains d'abord », *L'Actualité*, 15 octobre 1998, 23, 16, p.
68.

Jocelyn Létourneau, *Les Années sans guide. Le Canada à l'ère de l'économie migrante*, Montréal, Boréal, 1996

LES ANNÉES SANS GUIDE ET LA QUESTION DU QUÉBEC (CANADA)

J. Yvon THÉRIAULT

La question de l'identité québécoise ou canadienne ou encore la question des relations Canada-Québec ne sont pas l'enjeu principal du livre de Jocelyn Létourneau, *Les Années sans guide*. Ces questions apparaissent plutôt à travers une interrogation sur les mutations structurelles qui affectent les sociétés hypermodernes.

Disons d'emblée que même si l'approche est peu orthodoxe et l'analyse souvent polysonique, elle reste néanmoins – en plaçant l'économique au cœur des transformations structurelles de nos sociétés – classique et univoque. C'est en effet après une analyse minutieuse du passage d'une régulation économique de type keynésien à une régulation postkeynésienne et, à la suite d'une description des nouveaux clivages sociaux entre « migrants » et « enracinés », clivages qui transcendent tout en recoupant partiellement les anciennes classes, que l'auteur arrive à définir les nouvelles identités propres aux « années sans guide ».

Je ne m'arrêterai pas aux constats présentés par Jocelyn Létourneau sur la nouvelle économie qui est à la fois mondiale et régionale, productrice de nouveaux gagnants et de nouveaux perdants, d'affiliés et d'exclus. Non que ces constats ne soient pas intéressants en eux-mêmes. L'analyse de Létourneau donne en effet un éclairage nuancé, complexe et fort original de l'éclatement sociétal contemporain impulsé par la nouvelle économie. Ces constats sont convaincants, mais le sont moins, je dirai, les conclusions que Létourneau dégage de ceux-ci. C'est donc surtout sur ces conclusions que porteront mes interrogations.

Il reste néanmoins, pour que mes propos soient compris et que la tentative de dégager une autre conclusion que celle proposée par *Les Années sans guide* soit fondée, qu'il faut présenter, ne serait-ce que de façon succincte, l'hypothèse de l'ouvrage.

Celle-ci pourrait se lire ainsi. La société canadienne – ce qui comprend le Québec qui n'a pas pour Létourneau (nous y reviendrons) une spécificité nationale particulière qui en ferait une société à part – est traversée, comme les autres sociétés hypermodernes, par le passage d'une régulation keynésienne à une régulation postkeynésienne. La régulation keynésienne était caractérisée au niveau économique par un interventionnisme étatique qui faisait de l'État un passage obligé. Sur le plan social, la régulation keynésienne reposait sur une intégration verticale des classes grâce à des politiques sociales de type universaliste (providentialiste) et à l'existence d'une classe moyenne forte. Sur le plan politique, la représentation keynésienne passait par une citoyenneté d'égalité (alter ego) où de grandes valeurs communes visaient à transcender les divisions sociales.

La régulation postkeynésienne ou hypermoderne n'intervient pas comme l'envers de la régulation keynésienne (ce serait trop simple). Elle introduit plutôt des logiques qui se superposent aux anciennes, les déplacent, les modifient, sans les détruire. C'est le cas de « l'économie migrante », par exemple, qui fait fi de la logique spatiale keynésienne (le territoire national comme espace économique) en créant à l'intérieur d'un même État, des régions, des groupes sociaux, des individus liés à l'économie-monde et d'autres, toujours enracinés, en déphasage par rapport à celle-ci. La nouvelle économie crée des « migrants » et des « enracinés », des « gagnants » et des « perdants » qui s'arc-boutent aux clivages plus traditionnels de classes. Elle n'est pas tant différente par une nouvelle configuration qui remplacerait l'ancienne que par la coexistence de logiques disparates, parfois contradictoires, parfois complémentaires, d'autres fois insensibles les unes aux autres.

Les Années sans guide, ce ne sont donc pas de véritables années sans guide, ce sont plutôt des années aux guides multiples : le guide de l'entrepreneur, le guide de l'économie mondiale, le guide régional, le guide étatique, le guide individuel, le guide communautaire, le guide sans guide, etc. La régulation hypermoderne met en scène une multitude de logiques sans qu'aucune soit véritablement la Logique de la société. Comme le disait Max Weber à la suite de Nietzsche, la mort de Dieu ne conduit pas à une société sans dieux, mais à la multiplication des petits dieux.

Comment dès lors comprendre le Canada (qui comprend le Québec pour Létourneau comme dans le slogan des Canadiens amis du Québec : *Mon Canada comprend le Québec*) ? Le Canada est particulièrement touché par la régulation postkeynésienne. Car ce dernier fut historiquement une société à économie régionale forte, intégrée différemment depuis longtemps dans l'économie mondiale, tiraillée historiquement entre l'économie de l'Empire (britannique), l'économie américaine et le rêve démesuré d'une intégration économique nationale. Des inégalités économiques régionales importantes ont coexisté ici depuis longtemps avec un imaginaire politique où le Canada était tantôt le fleuron de l'Empire, tantôt un pacte entre deux nations, tantôt un arrangement pragmatique entre des provinces. On comprendra facilement comment la nouvelle donne économique, l'économie migrante, n'a fait qu'exacerber au Canada des tendances fort anciennes à l'éclatement et à la polyphonie.

Dans la nouvelle Économie, il y a des régions, des villes, des individus perdants, et des régions, des villes et des individus gagnants. Toronto est une ville gagnante, Montréal « une métropole ébranlée » contrainte de se recentrer sur l'hinterland québécois. On pourrait presque dire la même chose du Québec entier. C'est pourquoi, et je cite Létourneau : « En termes clairs, ce ne sont plus des considérations d'ordre ethnique ou "communaliste", mais plutôt d'ordre économique et pragmatique, qui justifient principalement la volonté d'autonomie des demandeurs [nationalistes] » (p. 94). Le nationalisme, comme tout régionalisme ou localisme hypermoderne, est une tentative de « capter les impulsions positives de l'économie migrante » : au Canada les querelles inter-provinciales sont le fait de la « constitution de micro-empires concurrentiels liés à la donne mondialiste et nourris par elle » (p. 119).

La recherche d'identité des Québécois est donc une « affirmation marchande » activée par les préoccupations de plus en plus utilitaires d'individus « sans guide ». Ce que les Québécois veulent face à l'éclatement du modèle keynésien ce n'est pas la souveraineté nationale mais bien plutôt se repositionner sur l'échiquier mondial en se servant de leur identité particulière et de la crise postkeynésienne de l'État fédéral comme leviers. Ces objectifs sont en soi valables, précise Létourneau, mais fort éloignés du discours tonitruant des leaders nationalistes qui continuent à lire la question québécoise comme une question nationale. Dans les sociétés hypermodernes (et le Canada en est une), les identités nationales , comme les autres identités à prétention collective, sont en vérité des identités à la pièce, tamisées par les logiques individualisantes de citoyens-consommateurs. La grogne québécoise contre le Canada est de même nature, quoique contextuellement différente, que celle de l'Ouest canadien, des provinces maritimes, ou encore, de celle de tout groupe marginalisé par la nouvelle économie migrante.

Les nationalistes canadiens, tout comme les nationalistes québécois, n'auraient pas bien saisi d'ailleurs l'éclatement structurel, les nouvelles fractures des sociétés post-keynésiennes. Leurs réponses ont été classiques, comme celle par exemple d'introduire au Canada à travers la Charte de 1982 une nouvelle idéologie unitaire de type libéral-individualiste. Ce fut un échec ; le Canada comme lieu de représentation univoque n'existe plus, même s'il existe encore des Canadiens (qui sont d'ailleurs aussi nombreux au Québec qu'ailleurs). Une autre réponse aurait été possible, plus compatible avec l'identité utilitariste des Canadiens et des Québécois, plus compatible avec la flexibilité postkeynésienne. Cette réponse aurait pu être celle de la décentralisation pragmatique de l'État fédéral, un redéploiement des pouvoirs plus près de la société civile, lieu mieux capable de fureter et par conséquent mieux adapté aux « années sans guide » que l'État centralisé proposé.

J'aimerais interpeller cette analyse autour de deux interrogations qui se rejoignent ultimement.

La première pourrait se formuler ainsi : est-il vrai que dans les sociétés postkeynésiennes, hypermodernes ou « sans guide » les affirmations identitaires sont exclusivement des affirmations marchandes ?

La seconde découle de l'observation précédente : faut-il dans les « Années sans guide » penser le politique lui aussi sans guide, c'est-à-dire, ainsi que le propose Létourneau pour l'État canadien, comme un lieu de simples arrangements pragmatiques qui laissent la société civile s'affronter dans sa spontanéité dite naturelle ?

Ces questions se rejoignent car elles touchent, il me semble, le présupposé économiciste ou utilitaire de l'analyse de Létourneau. Pour le dire abruptement, *Les Années sans guide* ont un vieux fond marxiste de détermination en dernière instance du social et du politique par l'économique. Un présupposé économiciste teinté ici d'un réalisme fin-de-siècle.

Revenons toutefois à l'idée de la dérive marchande et utilitaire de nos sociétés. De telles affirmations ne sont-elles pas problématiques en regard du projet même de connaissance propre aux sciences sociales? Ne prennent-elles pas l'idéologie dominante de nos sociétés (marchandes, utilitaires, rationalistes) pour la vérité de nos sociétés? Ne prennent-elles pas les lignes de fracture de la vie sociale (la dualisation, la fragmentation, la mondialisation/régionalisation, les nouveaux migrants) comme des faits indépassables et non comme des tendances combattues au sein même de nos sociétés par d'autres logiques toujours agissantes? N'oublie-t-on pas ici que le projet de connaissance des sciences sociales ne doit pas conduire à une acceptation béate des faits comme vérité, comme normativité, mais doit conduire tout autant à la recherche des éléments qui vise justement le dépassement critique de ces faits.

Je ne voudrais pas plaider ici en faveur d'une critique normative de la réalité qui viserait à réintroduire dans l'analyse des principes de types traditionnel ou métaphysique (le religieux, la nation, l'essence de l'Homme). Je crois plutôt, à la suite d'Habermas, que la modernité contient en elle-même ses propres principes critiques. Ce qui veut dire qu'à l'intérieur même des grands processus modernes que sont l'individualisation, la fragmentation, la marchandisation de la vie s'affirme un autre versant de la modernité que celui dominant qui vient d'être décrit. Le présupposé économiciste et son réalisme ne nous empêchent-ils pas de percevoir le côté lumière des processus sociaux contemporains?

Peut-on effectivement comprendre l'affirmation identitaire contemporaine exclusivement à travers le prisme de l'utilitarisme et de la marchandisation? De telles affirmations ne sont-elles pas aussi, comme nous le rappelle constamment Charles Taylor (1998), une exigence de reconnaissance à travers une recherche de l'authenticité? La modernité ne saurait se réduire à la marche triomphante de la rationalisation atomisante. Elle est aussi désir du sujet de faire son histoire, d'être reconnu être historique qui a un corps, une âme, un sexe, une ethnie, une langue (TOURAINE 1992). Cette deuxième face de l'individualisation et de la fragmentation contemporaines est cachée, colonisée par l'affirmation marchande; elle ne disparaît pas pour autant de l'histoire. C'est une chose de reconnaître les tendances lourdes de nos sociétés, mais il ne faudrait pas faire comme si celles-ci étaient définitivement victorieuses et avaient effacé de nos sociétés toute autre forme de désirs.

Dans les « années sans guide » l'individualisation et la fragmentation font naître un sujet individuel utilitaire, essentiellement mû par l'automatisme de la recherche du bonheur privé. Là aussi pourtant il faut bien voir que ce n'est qu'une partie de l'histoire. L'individualisation et la fragmentation modernes font aussi naître et fructifier le sujet démocratique, celui qui vise à recomposer politiquement de l'unité à partir de sa réalité fragmentée. L'individualisation n'est pas un corollaire nécessaire de l'égoïsme, c'est aussi un procès d'autonomie, c'est-à-dire d'individus se donnant eux-mêmes leurs lois (RENAUT, 1989).

En même temps que la modernité détruit continuellement les guides traditionnels qui structurent le vivre-ensemble, en même temps elle crée les conditions pour une reconstruction des identités de manière dorénavant plus consciente, plus réflexive, plus démocratique. Depuis ses débuts, d'une certaine façon, la modernité a été « sans guide » ; c'est même, pourrait-on dire, son projet philosophique qui conduit, avançait Weber, au désenchantement du monde. Mais la modernité a continuellement démenti ses prémisses, elle a forgé politiquement à travers la nation, les grandes philosophies de l'histoire, la solidarité providentialiste, etc., de nouveaux guides. Il n'y a pas d'évidence qu'aujourd'hui de tels processus de recomposition ne soient plus à l'œuvre. Le réalisme analytique, s'il veut être cohérent avec lui-même, ne peut se limiter au côté sombre de la modernité, il doit aussi rendre compte du côté lumière.

Ma deuxième interrogation s'intéresse aux conclusions politiques présentes dans *Les Années sans guide* et à leurs conséquences pour la dynamique Canada-Québec. Vouloir faire du Canada politique un arrangement pragmatique entre les fragments dispersés de l'économie migrante, n'est-ce pas exacerber le mal que l'on vient de diagnostiquer ? Si le Canada doit persister parce qu'il existe des Canadiens (ce qui comprend des Québécois), ne doit-il pas être aussi le lieu d'une culture politique commune? Je ne parle pas ici d'un État central unifié, ni du partage d'une commune nationalité, mais d'une conscience politique commune qui transcenderait la raison utilitaire des individus et des groupes. L'arrangement pragmatique, projet qui apparaît de prime abord coller à la mouvance des « années sans guide », n'est-il pas à l'origine du mal fonctionnement de nos sociétés ? N'est-ce pas le problème inhérent aux organismes supra-nationaux tels la Communauté européenne, l'Aléna, le FMI qui, en dissociant les lieux de décision des lieux où s'élabore une conscience politique commune, ont fait basculer ces entités dans une logique purement utilitaire ? Les espaces politiques ne peuvent être des espaces purement pragmatiques à moins de ne vouloir refléter que le côté utilitaire des logiques modernes.

On peut ne pas vouloir s'inscrire dans une communauté politique pancanadienne. Jocelyn Létourneau nous rappelle que ce n'est pas ce qui se dégage aujourd'hui d'une lecture réaliste de l'identité québécoise (*mon Québec comprend le Canada*). Mais il serait dangereux, il me semble, de vouloir participer à un Canada conçu essentiellement comme un arrangement pragmatique. Ce serait tomber dans le piège de l'utilitarisme et oublier que l'espace politique se doit aussi d'être un lieu de commune appartenance. Si le nationalisme québécois des années quatre-vingts est réducteur, car devenu une simple affirmation marchande, on gagne peu il me semble à vouloir faire aussi du Canada un simple rapport utilitaire. Peu importe où l'on place le lieu de l'articulation politique (au Québec ou au Canada), ce qu'il faut arriver à penser dans les « années sans guide », ne serait-ce pas justement les potentialités politiques à se redonner des guides ?

Bibliographie

LÉTOURNEAU, Jocelyn

1996   *Les Années sans guide*, Montréal, Boréal.

RENAUT, Alain

1989   *L'ère de l'individu*, Paris, Gallimard.

TAYLOR, Charles

1998   *Les sources du moi. La formation de l'identité moderne*, Montréal, Boréal.

TOURAINE, Alain

1992   *Critique de la modernité ?*, Paris, Fayard.

RÉPONSE À M. THÉRIAULT

Jocelyn LÉTOURNEAU

Il est effectivement des auteurs dont l'objectif est d'explorer les potentialités de transcendance qui, latentes peut-être au cœur des sociétés hypermodernes, pourraient entraîner, à terme, un redéploiement et un réaménagement de l'espace et de l'action politiques dans le sens souhaité par M. Thériault — un sens que l'on associe au bon, au bien et au noble. Cet objectif n'a jamais été le mien. Mon ambition fut plutôt, dès le départ, d'identifier les tendances lourdes — déstructurantes *et* restructurantes — à l'œuvre au sein de l'entité canadienne en tâchant de faire ressortir les éléments cardinaux de la nouvelle «donne» que l'on peut décrire en la décriant, comme certains s'y exercent magistralement, ou, comme j'ai tenté de le faire, en assumant les défis qu'elle pose sur le plan analytique.

Cela ne veut pas dire que, comme intellectuel, chercheur et professeur, je sois ignorant de ce devoir qui est aussi le mien de poser les conditions pour qu'un avenir bienheureux puisse émerger de ces «années sans guide» que nous vivons. Je partage la position, rappelée par M. Thériault, qui veut que «le projet de connaissance des sciences sociales ne doit pas conduire à une acceptation béate des faits comme vérité, comme normativité, mais doit mener tout autant à la recherche des éléments qui visent justement au dépassement critique de ces faits». Dans un premier temps, j'ai toutefois cherché à prendre le pouls de la société au ras des pratiques observables des acteurs. On a souvent dit que mes travaux péchaient par excès d'abstraction et de complaisance théorique. Pour une fois, c'est avec l'empirie que j'ai voulu me confronter. D'où la perspective fort pragmatique que j'ai privilégiée. Celle-ci était inspirée par une vision des choses (j'hésite à dire : «du monde») que je résumerai de la manière suivante[1] :

- le lieu de l'homme est l'ambivalence, voire la contradiction, plutôt que l'unicité ou la fusion. En clair, l'acteur est un être compliqué, dissonant, et c'est à l'aune de ce «désordre ontologique», si l'on peut dire, qu'il faut le comprendre et (tenter de) le saisir ;

- cette complication de l'acteur n'est pas fortuite. Elle tient au fait que le monde réel est lui-même complexe, qu'il est rempli d'incertitudes et d'inattendus, qu'il est mouvant ;

- dans ce contexte, il apparaît que la vie est une *effectuation* d'actions orientées vers des buts plus ou moins précis, recherchés ou forcés c'est selon, mais qui consistent toujours,

---

1.   J'aurai l'occasion de discuter longuement de mes vues à ce sujet dans un ouvrage en préparation et intitulé : *Narraction. Récit, action, conscience.*

pour l'individu, en des paris sur un devenir incertain, imprévisible et ouvert ;

- ces paris sont inspirés par ce qui paraît être la problématique et la finalité centrales du genre humain, soit la raison sensible ;

- ces paris sont en outre médiatisés par la relation à autrui, source de complétude et d'accomplissement de soi, certes, mais aussi cadre d'interdépendance contrainte et lieu de maximisation de ses intérêts et bénéfices personnels.

Que M. Thériault décèle dans mon travail les traces d'un «vieux fond(s) marxiste de détermination en dernière instance du social et du politique par l'économique» m'agace (un peu). Dans mes analyses, j'ai toujours préconisé une articulation aussi dialectique que possible entre ces quatre vecteurs paritairement importants de l'agir humain que sont le politique, l'idéologique, l'économique et le social. Je n'ai jamais pensé (mais peut-être suis-je devenu trop cynique ?) que l'action humaine pouvait être tout bonnement animée par une quête de transcendance de la part de sujets faisant fi des contingences de la vie empirique et recherchant invariablement la lumière inondant la grande vallée utopique des communautarismes de toutes natures. À cet égard, j'ai été particulièrement dur dans l'un des passages de mon ouvrage où j'exprimais une certaine lucidité critique à l'endroit des «intellectuels organiques» du projet québécois de refondation qui, interpellés par l'utopie à laquelle ils voulaient croire, passaient outre à une féconde et nécessaire vigilance analytique[2].

---

2. *Les Années sans guide*, p. 233, note 30. Dans le compte rendu qu'il a commis de mon ouvrage (*Recherches sociographiques*, 39, 2-3, 1998, pp. 439-442), Gilles Bourque a relevé cette critique dont il a dit qu'elle n'était ni vaine ni ne manquait de pertinence. Quoi qu'il en soit, j'ai depuis raffiné ma position sur le rapport des intellectuels québécois à la Cité. On lira «Impenser le Québec et toujours l'aimer», *Cahiers internationaux de sociologie*, CV, 1998, pp. 361-381.

Sans me reprocher ouvertement ma position plutôt «terre à terre» qu'il trouve d'ailleurs «convaincante», M. Thériault la considère néanmoins décevante pour l'avenir. De toute évidence, celui-ci voudrait voir dans la quête «nationaliste» actuelle des Québécois (francophones) autre chose qu'une demande de reconnaissance politique étroitement liée à ce que j'appelle un affirmationnisme marchand. Le souci idéaliste de mon débatteur — je dis «idéaliste» avec respect et non par ironie — est tout à son honneur. Je persiste à croire toutefois, à la lumière de ce que j'observe surtout – y compris en ce mois de novembre 1998 – que j'ai raison. Cela ne veut pas dire que la dimension identitaire soit absente de la démarche (franco)-québécoise d'affirmation. Mais il importe de savoir — et de dire ! — que, dans le cas qui nous occupe, l'identité elle-même n'est pas vide de prédispositions et de conséquences «matérialistes» en ce qu'elle est considérée, par un grand nombre d'apôtres de l'option souverainiste, comme un facteur de compétitivité pour le groupe dans le contexte actuel de la mondialisation. «Construire sur notre différence», n'est-ce pas l'un des slogans forts du mouvement affirmationniste québécois ? Quoi qu'il en soit, l'idée que j'ai voulu faire ressortir dans mon livre était moins que la recherche d'identité des Québécois n'avait plus qu'une velléité économiste que de montrer que, entre la recréation du Québec comme zone forte dans l'espace continental et mondial et la promotion du groupe comme acteur politique collectif reconnu et accepté par les autres, il y avait une relation de symétrie qu'incarnait parfaitement le concept de souveraineté-partenariat, un concept coïncidant d'ailleurs tout à fait avec la condition identitaire du groupe, ce dernier s'étant historiquement élevé sur le socle de l'ambivalence d'êtres[3].

De mon point de vue, cette condition identitaire a largement défini la ligne politique généralement suivie par les

---

3.   J. Létourneau, «L'affirmationnisme québécois à l'ère de la mondialisation», *Revue de l'Université de Moncton*, 30, 2, 1997, pp. 19-36.

Canadiens français et les francophones du Québec dans l'histoire, à savoir celle du risque calculé. À nouveau, que cette ligne politique en désenchante certains, dont peut-être M. Thériault, n'infirme pas ma thèse. Ce désenchantement ne fait qu'accroître la mélancolie de penseurs dont les aspirations vertueuses et bienveillantes sont toujours démenties par un peuple expérimentant et réactualisant sa sagesse réflexive dans le cadre de contextes globaux toujours renouvelés.

Cette sagesse réflexive enracinée dans l'«économie», c'est-à-dire dans la volonté, pour un groupe, de négocier avantageusement sa position dans l'ordre matériel et symbolique du monde, M. Thériault semble l'associer au côté ombrageux du devenir des entités. Comme si le réalisme était contraire à la recherche d'avancement, voire à la transcendance. Ma position est différente : le réalisme (et ses dérivés : le réformisme, les arrangements pragmatiques, la raison sensée, la flexibilité, le compromis, la recherche d'harmonisation, les petits pas, etc.) sont autant de façon d'opérationnaliser l'utopique dans le contexte des contingences de la vie ordinaire. Je n'associe pas pour ma part le réalisme à l'art du possible, je le conçois plutôt comme le mode de négociation de l'impossible. En ce sens, le réalisme est également porteur d'utopie. Une utopie qui n'est peut-être pas «endimanchée», mais qui constitue un lieu d'être acceptable pour une grande majorité d'individus — surtout dans le contexte qui est celui des Québécois francophones en Amérique du Nord.

M. Thériault insiste à maintes reprises dans son commentaire sur l'idée voulant que les cultures ne soient pas que des groupes d'intérêt mais également des communautés d'appartenance. Je souscris entièrement à cette thèse. J'aime bien envisager les communautés d'appartenance comme des «auberges espagnoles». J'aime aussi les considérer à l'aune de la métaphore des fluides dotés d'une tendance inhérente à la centrifugation[4]. Cela dit, il est évident que l'on ne peut nier que les Québécois francophones constituent une communauté politique instituée, de même qu'une communauté mémorielle et historiale. (Peut-être n'ai-je pas suffisamment insisté sur cette dimension de l'expérience franco-québécoise dans mon ouvrage. J'entends bien me reprendre[5]). Quoi qu'il en soit, refuser cette donnée objective du passé et du présent, c'est avoir une vision naïve de ce que pourrait être l'avenir du Canada. À cet égard, il est aisé de comprendre que, d'un point de vue québécois, la vision du Canada fondée sur l'individualisme démocratique, le patriotisme civique et le multiculturalisme ne mène nulle part. L'incapacité d'articuler, sur un mode positif et porteur, le souvenir au devenir reste d'ailleurs l'une des grandes inepties de la classe politique et intellectuelle canadienne (celle du Québec y compris). Je crois personnellement que le Canada aura un avenir dans la mesure où il se refondera par la mémoire en portant sereinement l'héritage de son passé, et dans la mesure aussi où les Canadiens redécouvriront l'esprit perdu de la canadianité. De ce point de vue, la réécriture de l'histoire du Canada (et du Québec également) apparaît tout aussi importante, pour rouvrir l'avenir du pays, que le renouvellement de la constitution[6]. Encore faut-il, évidemment, trouver la narration la plus juste et la plus porteuse...

---

4.   À ce sujet, voir J. Létourneau, avec la participation de Anne Trépanier, «Le lieu (dit) de la nation. Essai d'argumentation à partir d'exemples puisés au cas du Québec», *Revue canadienne de science politique*, 30, 1, mars 1997, pp. 55-87.

5.   J. Létourneau, «L'ambivalence comme lieu d'êtres. Sur la quête affirmationniste des Québécois francophones : histoire et actualité», Princeton, Institute for Advanced Study, School of Social Science, 1998, 126 p. manuscrites.

6.   J. Létourneau, «Pour une révolution de la mémoire collective. Histoire et conscience historique chez les Québécois francophones», *Argument*, 1, 1, 1998, pp. 41-57.

J'en viens à un dernier élément d'interprétation qui semble avoir fatigué M. Thériault : celui de considérer le Québec comme partie prenante du Canada. Outre que cette position se justifie sur le plan constitutionnel et juridique, elle trouve son fondement dans l'imaginaire, si ce n'est dans la volonté d'une bonne partie de la population du Québec. Quoi qu'il en soit, dans mon ouvrage, j'ai surtout insisté sur le fait que les Québécois francophones envisageaient leur rapport au Canada sur un mode ambivalent, c'est-à-dire avec *et* contre cette entité, la spécificité québécoise (recherche d'autonomisation) étant prise dans une tension continuelle avec un irrépressible désir de partenariat découlant d'une crainte séculaire d'être marginalisée ou mise en exil loin des entités signifiantes. J'ai dit aussi, ce que je crois toujours, que le Québec français et que le Canada anglais avaient historiquement dialogué – par nécessité tout autant que par complétude et intrication de destin(s) – et que, de ce dialogue, étaient ressorties des «nocivités», certes, mais aussi beaucoup de «bontés» susceptibles de fonder le pays de demain.

Il appartient aux intellectuels de tirer profit de ce capital accumulé de bonté pour élargir l'horizon des possibles, un élargissement qui n'est pas antinomique, bien au contraire, avec la négociation de l'impossible litige entre les deux communautés politiques principales qui forment le Canada. Se souvenir d'où l'on s'en va, telle pourrait être, qui sait, la nouvelle devise du pays de demain.

Yvan Lamonde et Gérard
Bouchard (dirs), *La nation
dans tous ses états. Le Québec
en comparaison*, Montréal,
L'Harmattan, 1997[1]

REMARQUES AUTOUR DE *LA NATION DANS TOUS SES ÉTATS*

Martin DAVID-BLAIS

En cette époque dominée par les projets de déconstruction, c'est un lieu commun que de dire qu'il existe plusieurs manières de lire un ouvrage. Je ne lirai pas le présent collectif dirigé par messieurs Lamonde et Bouchard (1997) comme le ferait un spécialiste du nationalisme contemporain, et encore moins comme le ferait un historien du nationalisme. Ma lecture sera plus générale et sera traversée par des préoccupations concernant la conceptualisation du groupe dans la théorie sociologique ou anthropologique. Le titre de l'ouvrage étant *La nation dans tous ses états*, j'y ai surtout cherché des pistes théoriques concernant la pérennité de ce mystère têtu qu'est la nation, mystère à propos duquel on n'a de cesse d'affirmer qu'il est artificiel et désuet.

Le présent texte consiste en une succession de commentaires autour du livre bien plus qu'en un compte rendu classique.

---

1. Les noms des deux directeurs de cet ouvrage ne sont pas dans le même ordre sur la page couverture et sur la page titre à l'intérieur. Nous avons retenu l'ordre alphabétique qui apparaît sur cette dernière.

Un parti pris pour l'analyse

Je ne puis m'empêcher, pour commencer, de saluer le fait que cet ouvrage collectif prenne le nationalisme et la conceptualisation de la nation au sérieux en leur accordant le statut d'objet analytique. Un tel parti pris en faveur de l'analyse au détriment du normatif n'est pas si fréquent pour ce qui concerne l'étude du nationalisme, au Canada comme ailleurs.

On me permettra de m'éloigner un moment du collectif dirigé par Lamonde et Bouchard afin de jeter quelques lumières sur cet aspect de la réflexion universitaire sur le nationalisme. Il suffit de lire la belle synthèse de Jacques Beauchemin (1998) pour constater que le monde académique et intellectuel québécois et canadien a très fortement tendance à penser la question du nationalisme au Québec en des termes éminemment normatifs. On ne compte plus les interventions qui, au nom d'un certain individualisme axiologique, soutiennent que la nation, et à plus forte raison le nationalisme, sont des aberrations de l'esprit dès lors que l'on considère la pluridimensionnalité de l'individu[2] ; tout aussi nombreuses sont ces tirades anti-nationalistes qui, en des termes fort bien décrits par Taguieff (1991), tiennent le nationalisme pour un mouvement méprisable parce que nécessairement porteur d'un projet d'exclusion de l'*Autre* (en vertu notamment du droit du sang, de la langue ou de la conformité culturelle[3]). Ces chefs

---

2.   L'accusation est la suivante : la nation au sens fort est une vue de l'esprit des nationalisme qui fait violence au réel en cherchant à le réifier au moyen d'une seule catégorie. On objecte alors que, vu le caractère complexe, pluriel et multidimensionnel de l'individu, on ne saurait soutenir, à la manière des nationalistes, que la nation épuise le réel.

3.   L'idée défendue est en général la suivante : bien que le nationalisme contemporain se pare souvent d'un discours inclusif pour ce qui concerne l'accès à la citoyenneté, on dit néanmoins de lui qu'il porte nécessairement un projet exclusiviste, pour ne pas dire exclusionniste, puisqu'il pose une définition positive de la nation, ce qui implique *ipso facto* une détermination de conformité des individus sur la base d'un critère linguistique, culturel, voire de sang.

d'accusation sont classiques et sans cesse réitérés. Commme il fallait s'y attendre, bon nombre d'intellectuels sympathiques aux aspirations nationalistes québécoises se sont, de leur côté, sentis obligés de récuser ces accusations, vu leur gravité, et d'expliciter ce qui, au contraire, ferait la légitimité de telles aspirations. Ils ont fait des pieds et des mains pour convaincre qu'un projet politique nationaliste n'implique pas nécessairement l'édification d'une société d'exclusion pas plus qu'il ne supposerait la réification de l'individu au moyen d'un entreprise totalitaire de socialisation.

Toutes ces discussions sont éminemment respectables, et probablement passionnantes pour qui s'intéresse aux questions d'éthique politique[4]. Mais il est quelque peu embêtant qu'elles prennent tant de place : elles ne sauraient être tenues pour des contributions analytiques. Elles ne nous sont en tout cas pas d'un grand secours pour qui veut comprendre le phénomène national. Ainsi, l'anti-nationalisme dit libéral dont aiment à se réclammer tant de beaux esprits a ceci d'embêtant qu'il tend à s'accorder – dans un élan qui n'est pas sans évoquer le mépris du cartésianisme ou des Lumières à l'égard de la tradition... – le monopole de la raison et à enterrer du coup nations et nationalisme dans la grande fosse des chimères de l'humanité. Ce faisant, ainsi que le remarquait peu avant sa mort Ernest GELLNER (1997), le rationalisme anti-nationaliste se rend incapable d'éclaircir la pérennité obstinée du fait national à l'ère moderne, toute entreprise analytique exigeant un minimum de *bienveillance* à l'égard de l'objet. Pire : cet anti-nationalisme rationaliste n'est pas davantage capable de comprendre cette étrange dualité des modernes qui, tout en exaltant les valeurs de subjectivité personnelle, de réalisation de soi et de liberté individuelle, n'ont de cesse de s'affilier à des entités groupales fortes (la nation, le sexe, l'appartenance de classe, etc.), le plus souvent sans éprouver le moindre sentiment de contradiction. Le nationalisme libéralisant, lui,

---

4.   Voir notamment : POOLE, 1991 ; NORMAN, 1995.

pousse ces temps-ci tellement loin son effort de neutralisation de la définition de la nation (pour prouver qu'il ne porte en lui aucune exclusion possible) qu'il en vient presque, ce qui n'est pas un mince paradoxe, à vider de sens l'idée même de nation. On a souvent l'impression à écouter ceux qui cherchent à légitimer le nationalisme au moyen d'un argumentaire libéralisant que la catégorie *nation*, québécoise ou autre, ne désigne rien de plus qu'une communauté de citoyens vivant dans un cadre légal et politique absolument contingent.

Cette stratégie argumentative qui gomme le poids de l'affectif – le besoin de fierté, le ressentiment, etc. – dans la vie des groupes, qui élude le délicat problème des frontières du groupe, et qui fait comme si les luttes politiques pour et au nom d'un groupe étaient dépourvues d'autres enjeux lourds que celui de la définition du cadre légal de la société de droit, est compréhensible si on la considère du point de vue de la rhétorique politique ; elle n'aide en rien toutefois à s'expliquer le fait que cette idée de nation demeure, partout en Occident, si extraordinairement structurante et capable de mobilisation politique. (Signalons au passage que, sans prendre directement ce paradoxe du nationalisme québécois contemporain comme objet, l'article le plus singulier du collectif dirigé par Lamonde et Bouchard, celui de Gary Caldwell, « Evolution of the Concept of Citizenship... », consacre néanmoins aux avatars de l'idéologie néolibérales au sein des intelligentsias canadienne-anglaise et québécoise une réflexion aussi mordante que pénétrante).

Tout cela pour dire que l'ouvrage qui nous occupe a, entre autres mérites, celui de s'inscrire très clairement dans une perspective analytique, ce qui n'est pas rien eu égard à ce qui précède, bien qu'il se termine par ailleurs (conclusion de Gérard Bouchard) sur des propos un peu convenus sur la nécessité de penser la nation en termes de *nation civique* opposée – on le sait! – à la *nation ethnique*[5].

L'objectif poursuivi lors de cette entreprise n'est pas d'une absolue clarté. L'introduction, qui est minimaliste, donne à penser que l'on se lance dans une sorte de comparatisme spontané (une sorte de superposition libre d'études de cas) avec l'espoir qu'il en sortira sûrement quelque chose. La conclusion est toutefois beaucoup plus révélatrice du sens général de la démarche : je soumets que l'entreprise qui se profile consiste finalement en une contribution à la mise en lumière d'éléments de ce que l'on pourrait appeler à l'instar du psychologue Michael Billig (1995) la grammaire du discours nationaliste. Ou si l'on préfère en un effort de révélation/identification de récurrences de *patterns* discursifs et représentationnels propres au nationalisme.

Un livre non pas sur la nation mais sur le nationalisme

Cela dit, il faut bien voir, ainsi qu'il a été laissé entendre plus haut, que l'on n'a pas affaire à un livre sur la nation au sens fort mais à un livre sur le nationalisme de certaines élites bien que le titre du livre, *La nation dans tous ses états*, donne à penser un peu autre chose...

On pourra certes arguer que la nation n'existe pas sans le nationalisme et que, de ce fait, la distinction entre nation et nationalisme est spécieuse. L'on soutiendra alors que la nation est un construit social, et que ce construit n'existe pas sans intervention d'élites nationalistes qui, par leur travail discursif et symbolique, le « naturalisent ». Soit! Admettre que la nation puisse être un construit n'a rien de bien déconcertant. Et admettre que les élites aient pu jouer un rôle non-négligeable dans le processus de matérialisation symbolique et représentationnelle de la nation n'a rien d'extravagant non plus. Il reste

---

5. Voir : TODOROV (1989), IGNATIEFF (1993), HABERMAS (1993) ou SCHNAPPER (1994).

que la distinction entre nation et nationalisme, malgré des frontières poreuses, demeure importante : à défaut de quoi l'on tombe dans une trappe analytique que l'on pourrait qualifier d'« idéocentrique » et d'élitiste (CONNORS, 1991, p. 6 ; HUTCHINSON, 1994, p. 12). Pour que la nation « existe socialement », il faut qu'elle soit plus qu'une proposition de « Nous les... » provenant d'une quelconque minorité active ; elle doit être une catégorie cognitive et symbolique massivement utilisée, tant au niveau micro des interactions courantes qu'au niveau macro des réseaux, des institutions, voire des rapports interétatiques. Ce qui ne va pas de soi. On rappellera ici deux banalités. Premièrement, si la nation est de ces quelques rares idées à caractère groupal ayant connu une formidable carrière (comme celles de classe, de race ou de genre), il est d'autres propositions d'appartenance collective qui, elles, ont soit perdu en capacité de structurer le réel interactif (la confession religieuse par exemple), soit jamais vraiment dépassé le stade de la virtualité. On rappellera ensuite que toutes les propositions d'« être ensemble dans la nation » ne connaissent pas le même succès[6].

L'intérêt de la distinction que je propose entre la nation et le nationalisme, on l'aura compris, tient en ceci : s'il est clair qu'un groupe existe pour une large part parce que des intellectuels et des acteurs politiques le concrétisent et le naturalisent en parlant et en agissant en son nom, il reste que la seule étude de ces discours et de ces pratiques ne nous dit pas grand-chose sur les interactions quotidiennes qui font que le groupe est bien plus qu'une proposition des élites. Renan n'avait peut-être pas tort lorsqu'il affirmait que la nation est plébiscitée tous les jours si l'on voit dans cette célèbre formule

---

6. S'il est probable qu'il existe de nombreuses similitudes entre le discours des nationalistes bretons ou gallois et celui des indépendantistes québécois pour ce qui concerne par exemple la culture, on se doute bien, par contre, que dans la vie courante, la catégorie nation québécoise est infiniment plus structurante et prégnante que les catégories « nation bretonne » ou « peuple gallois ».

l'idée d'une réactivation sans cesse recommencée de la catégorie d'appartenance.

Toujours est-il que ce livre, en dépit de son titre, ne se penche pas sur l'usage quotidien de la catégorie nation dans le monde contemporain, sur ce qui fait la massivité de cet usage, sur ce qui le rend si saillant et structurant. Le concept de nation dans l'esprit des auteurs désigne essentiellement la représentation que s'en font certaines élites politiques dans le monde occidental. En soumettant que le collectif dirigé par Lamonde et Bouchard s'est donné le nationalisme comme objet général, je suggère que l'effort analytique s'est finalement concentré sur les deux objets qui suivent : (1) les discours idéologiques où la nation occupe un statut cognitif et axiologique fort et (2) les actions socio-politiques au nom d'un quelconque groupe national.

Encore et toujours Anderson...

Dans cet ouvrage donc, on s'intéresse au nationalisme et à la nation telle que pensée par les nationalistes ; à cela s'ajoute divers articles sur les actions juridico-politiques menées au nom de la nation. Mais ce qui frappe lorsque l'on en a terminé la lecture, c'est l'adhésion générale de ses membres à ce que l'on pourrait nommer la mouvance *andersonienne*.

Au début des années 1980, deux ouvrages sur la problématique nationale ont fait grand bruit, celui de Benedict Anderson, *Imagined Communities* (1983), et le collectif dirigé par Hobsbawn et Ranger, *The Invention of Tradition* (1983). Depuis lors, on ne compte plus les articles et les livres qui entreprennent de nous montrer que la nation, en tant que communauté se projetant dans l'histoire et l'espace, est en fait un construit, un artefact historique, une invention. On peut pratiquement parler de paradigme andersonien dans le champ des études sur le nationalisme tant le phénomène est vaste ; et l'ouvrage de Lamonde et Bouchard lui appartient indiscutablement.

Il y a de quoi se surprendre un peu de l'émoi créé par les deux ouvrages britanniques que l'on vient de citer. D'abord, il y a longtemps que des historiens ont constaté (1) que les nations de masse (par opposition aux nations aristocratiques) sont des phénomènes récents dans le monde occidental et (2) que leur constitution a été accompagnée d'une intense production artistique et symbolique. Et puis, il y a longtemps aussi que les sciences sociales, dans le sillage de la philosophie de la connaissance, ont entrepris de réfléchir sur la question de la naturalisation des catégories, c'est-à-dire sur ce mouvement de la pensée spontanée qui consiste à tenir pour fidèle et adéquat le contenu de catégories telles que la *société*, la *nation* ou encore l'*individu* (BERGER, 1963, pp. 38 et suiv.). Non seulement affirme-t-on depuis des lunes et des lunes que l'étude des entités collectives nécessite une déconstruction de ce que l'on prend volontiers pour des faits concrets[7], mais plusieurs théoriciens ont en outre réfléchi sur les mécanismes de cette naturalisation spontanée (notamment : SIMMEL, 1984, pp. 90 et suiv. ; SCHUTZ, 1987, pp. 129 et suiv.[8]).

Quoi qu'il en soit, il existe deux manières de s'inscrire dans le paradigme andersonien : ou bien on se dit que l'imaginaire national relève de la « fausse conscience », fin de la discussion (et l'on opte alors pour la plus pauvre des théories de l'idéologie, encore que son exercice puisse être jubilatoire) ; ou bien on fait de l'imaginaire national un objet sérieux, bien qu'il soit de nature essentiellement cognitive et représentationnelle. Dans l'ouvrage qui nous occupe, on aura globalement opté pour la seconde posture. On s'intéresse beaucoup aux représentations naturalisantes de la culture, du passé, du territoire et de la langue que développent les élites en

---

7.   Par exemple : Marx (1974, pp. 159 et s.) y est allé de remarques cinglantes à cet effet à l'endroit des hégéliens de ce temps ; Schumpeter (1963, pp. 26 et suiv.) et tous les représentants de l'école autrichienne, tels que von Mises ou von Hayek, ont fait de même avec le marxisme...

8.   Voir aussi THOMPSON, 1963.

divers contextes. Mais, à vrai dire, le travail qu'on nous présente, tout en allant au-delà de la description spontanée, est avant toute chose une réflexion à caractère inductif autour du thème de la nation imaginée, l'objectif du collectif étant, il me semble, de dégager des *patterns* discursifs récurrents.

Ce n'est donc pas dans cet ouvrage que l'on trouvera des éléments de réponse étoffés à la question que l'on se pose inévitablement lorsque l'on est en face du paradigme andersonien : comment se fait-il, par exemple, que l'imaginaire nationaliste, comme de nombreux autres imaginaires collectifs du reste, soit si friand d'histoire, de frontières et de culture (au sens de « *nous*, les X, sommes très différents des Y, et cela se traduit dans tous les aspects de la vie quotidienne »)?

Cela étant, je ne perds pas de vue qu'il s'agit d'actes de colloques, un genre dont on connaît les limites. La principale tenant au fait que des auteurs d'horizons intellectuels souvent divers se voient invités à traiter d'un thème qui n'est pas forcément une préoccupation immédiate. En général, les actes que l'on publie attestent la diversité des horizons et l'hétérogénéité des démarches (bien que les responsables, dans leurs textes introductif ou conclusif, déploient des trésors d'imagination rhétorique pour donner l'impression que l'on a eu droit à un effort de réflexion collective intense), ce qui, du point de vue du lecteur, est plus un inconvénient qu'autre chose. On doit dire que c'est assez le cas pour l'ouvrage qui nous concerne : les objets spécifiquement traités sont passablement éloignés les uns des autres (idées politiques, littérature, politiques linguistiques, synthèses historiques générales) sans compter des interventions très excentrées de Denise Helly et de Gary Caldwell.

Des contributions tout de même stimulantes

Si l'on prend le livre pour ce qu'il est, c'est-à-dire pour un ouvrage (1) portant sur le nationalisme, (2) consistant en des actes de colloques sur la question nationale (Dieu sait à quel point nous avons, ces temps-ci, l'embarras du choix!), et (3) s'inscrivant dans le paradigme andersonien, on trouve un certain nombre de textes fort intéressants. On me permettra d'en relever quelques-uns au passage et d'expliciter, de manière assez subjective j'en conviens, ce qui fait leur intérêt[9].

L'article de Gérard Bouchard, « Populations neuves, cultures fondatrices et conscience nationale en Amérique latine et au Québec », est le texte qui m'a le plus séduit[10]. Cet article, dense et érudit, est pour une large part consacré à la problématique de la reproduction/autonomisation culturelle en Amérique du Sud et, dans une moindre mesure, au Québec. Il propose une démarche assez passionnante parce qu'elle met en évidence une dimension importante du nationalisme des élites, soit le problème du rayonnement culturel et de l'apport à la civilisation au sens romantique du terme.

Bouchard part du postulat à l'effet que la définition du « Nous » que formule un acteur politique ou un intellectuel varie beaucoup selon les situations. Parfois, l'emphase est politique : l'on dit le « Nous » à des fins de démarcation, de mobilisation, etc. ; parfois, on a plutôt affaire à un discours des élites artistiques et littéraires qui s'interrogent sur le problème de l'identité nationale en se posant surtout la question du « qu'avons-nous donné au monde ? ». Cela dit, Bouchard me

---

9. Je laisse de côté l'article d'André-J. Bélanger en raison de la vieille amitié que je porte à son auteur.

10. Et ce, en dépit d'un usage très approximatif des notions de « culture » et de « reproduction culturelle », deux notions dont la nature polysémique commande une minimum de précision conceptuelle. Une précision d'autant plus nécessaire que ces notions se trouvent à nouveau objet d'une intense réflexion théorique, notamment chez les anthropologues (voir notamment STRAUSS et QUINN, 1997). J'en suis venu à la conclusion qu'on ne doit pas se casser la tête à ce propos : lorsque Bouchard parle de « culture » et de « reproduction culturelle », il n'a en vue que les représentations des élites sur le « Nous, les... », lesquelles représentations ont un caractère éminemment « dispositionniste » comme on dit en psychologie sociale (NISBETT et ROSS, 1991)

semble surtout chercher à mettre en lumière ce problème
classique des élites en contexte colonial ou post-colonial qu'est
celui de la référence à la culture dite de départ et aux autres
grandes cultures. L'article identifie une problématique importante : dans la mesure où l'identité nationale et l'essence de la
nation sont souvent discutées par des intellectuels et des
littéraires (par exemple, n'a-t-on pas encore assez tendance à
croire que le Québec moderne a été préconçu par les signa-
taires du *Refus global*?...), il y a beaucoup de sens à se demander
jusqu'à quel point cet exercice de définition – et parfois de
critique féroce – du *Nous* procéderait de préoccupations
spécifiques aux intellectuels et aux littéraires. En l'occurrence :
le désir incessant et angoissé d'être reconnu par ceux que l'on
tient comme étant au centre de la civilisation. Bouchard a
entrepris de montrer que ces préoccupations travaillaient aussi
bien les élites intellectuels du Québec que de divers pays
d'Amérique latine[11].

Un autre article intéressant : celui de Ronald Rudin,
« Contested Terrain : Commemorative Celebrations and
National Identity in Ireland and Quebec », qui porte sur les
pratiques de commémoration nationale. L'intérêt analytique de
l'article tient au fait qu'il utilise le travail historiographique
pour ébranler ce que l'on pourrait nommer du fonctionnalisme
naturel – et nous sommes tous, à nos heures, des analystes
fonctionnalistes. Voyant l'existence, en contexte irlandais ou
canadien-français, de rituels qui exaltent la nation, l'observateur sera porté à croire immédiatement en la fonctionnalité
de ces rituels. Autrement dit, nous pensons souvent de
manière spontanée que ce qui existe sert « nécessairement » à
quelque chose ; dans le cas présent, on se dira que le rituel
commémoratif doit servir à faire, à produire et à reproduire la
nation. L'investigation de Rudin le conduit à conclure au

---

11.   On pourrait aisément faire valoir que ces mêmes préoccupations
n'ont eu de cesse de tourmenter les intellectuels d'Europe centrale (relisez le
Kundera d'il y a quinze, vingt ans) ou l'intelligentsia russe.

contraire que certains événements symboliques, bien loin d'être d'une fonctionnalité unidimensionnelle, doivent plutôt être vus comme des moments de compétition entre des propositions d'appartenance concurrentes. Cet article m'a semblé d'autant plus intéressant que toutes les études sur le rite qu'il m'a été donné de lire présentent justement un caractère fonctionnaliste extrêmement accusé, c'est-à-dire fondé sur le postulat selon lequel tout rite a une fonction d'intégration sociale dépourvue d'ambiguïté.

L'article de Lamonde, au titre joliment suranné : « Le Lion, le coq et la fleur de lys » (cela évoque les titres de certains opuscules d'Hermas Bastien ou d'Édouard Montpetit...), a aussi attiré mon attention bien qu'il n'ait en rien créé chez moi d'émoi intellectuel. Il n'y a rien de très choquant à la vérité de soutenir que nos élites politiques doivent probablement beaucoup plus à la Grande Bretagne que certains nationalistes francophiles à la Guy Bouthillier sont susceptibles de l'admettre. Il n'y a rien de très surprenant non plus à ce que quelqu'un procède à une mise à jour des loyautés complexes, multiples, voire contradictoires des élites canadiennes-françaises. S'il est vrai que la mémoire collective affectionne les expédients cognitifs comme celui qui consiste à imaginer le passé tel un monolithe..., l'histoire professionnelle a justement pour tâche de montrer que, très souvent, ce réel vu comme étant simple et lisse était en fait bien plus compliqué. Mais il reste que l'auteur met le pied sur un terrain intéressant, soit celui de l'intégration rapide et durable des mœurs britanniques dans les pratiques politiques au Canada français. Le propos est peut-être un peu trop expéditif pour être minimalement concluant, mais semble tout à fait prometteur.

Deux autres articles méritent d'être soulignés : celui de Caldwell, bien que très atypique, et celui de Zubricki.

Je ne reprendrai pas ce que j'ai écrit au sujet du texte de Caldwell ; il suffit de répéter qu'il met en conclusion le doigt sur une grande faiblesse de la rhétorique nationaliste contemporaine au Québec, à savoir cette entreprise consistant à vider de sens l'idée d'ethnicité. L'article de Zubricki, dont le titre est « Changement et construction identitaire » et qui porte sur le cas polonais, offre pour sa part un exposé, ma foi excellent bien qu'un peu scolaire, de la conceptualisation polonaise classique de la problématique nationale depuis les partages jusqu'à la période communiste[12].

Point de novation méthodologique

On ne trouvera guère, dans le collectif dirigé par Lamonde et Bouchard, de révélation méthodologique. Les méthodes employées sont bien classiques puisqu'on a en gros affaire à deux types de démarche : ou bien il s'agit d'une histoire synthétique des idées, laquelle consiste en une descrip-tion/reconstitution à grands traits de la pensée d'intellectuels nationalistes ou de certains acteurs sociaux sur ce qui fait le « bien vivre » en société et le statut de la nation ; ou bien l'on a affaire à une sorte d'histoire-narration qui met en scène de grands acteurs, le plus souvent des membres des élites nationa-listes. Des démarches bien classiques à propos desquelles on n'a rien à redire dès lors que l'on accepte (1) que le nationalisme, et non la nation, constitue l'objet général et (2) que les objectifs de démonstration demeurent modestes.

Par contre, si l'on accorde aux idées – comprendre ici les systèmes idéologiques élaborés par les élites – un statut plus ambitieux que celui qui consiste à n'être qu'un aspect parmi d'autres du réel politique, alors se pose un problème éternel en histoire : le statut de clé d'interprétation macro-sociétale que l'on accorde à ces idées. La question qui se pose alors est toujours la même : jusqu'à quel point peut-on faire comme si les idées défendues par les intellectuels engagés, par les

---

12. Pour ce qui est de la période post-communiste, je recommande (malgré un ton anti-nationaliste un peu trop accusé) l'article suivant : MILLARD, 1996.

journaux ou par les leaders des partis politiques constituent la voie royale d'interprétation du réel global ainsi que le préconnise toute stratégie idéocentrique ? Les enjeux posés par ce que d'aucuns (par exemple GERSHONI, 1997 : p. 6) ont nommé la narrativité traditionnelle sont bien connus : si, d'une part, cette stratégie analytique offre l'avantage de la simplicité en raison surtout de l'accessibilité des écrits (mais aussi parce qu'elle reconduit des pratiques très anciennes de commentaires sur des textes et de preuve par le raisonnement et l'érudition), elle n'est pas, d'autre part, sans comporter une mutilation importante du réel. La stratégie idéocentrique en effet, et je ne suis sûrement pas le premier à le souligner, porte en elle un postulat essentialiste qui porte l'analyste à croire peu ou prou que la détermination de phénomènes sociaux majeurs comme le nationalisme, le communisme ou le néo-libéralisme se trouve dans la pensée de tel ou tel grand auteur.

Il convient de s'abstenir de tout jugement définitif sur ces contributions au collectif dirigé par Lamonde et Bouchard qui ont été consacrées à l'étude de idées ; on déplorera seulement que la question du statut des idées, qui a été tant débattue récemment chez les historiens, n'ait pas ici fait l'objet d'une réflexion méthodologique tant soit peu poussée. Une réflexion d'autant plus nécessaire à mes yeux que l'on se trouve par ailleurs à reprendre la problématique andersonienne : on ne peut prétendre mener une analyse large et se contenter de faire valoir que les entités collectives sont des imaginaires ; il faut à tout le moins préciser le statut de ces imaginaires au sein de réseaux d'interactions qui vont bien au-delà de l'agir et du dire des élites. Et quand bien même on sortirait de derrière les fagots un quelconque article de méthode à ce propos..., je ne trouve guère dans tous ces textes d'élans analytiques me permettant de croire que l'on a profondément rompu avec la narrativité traditionnelle.

Bibliographie

ANDERSON, Benedict

1983   *Imagined Communities*, Londres, Verso.

BEAUCHEMIN, Jacques

1998   « La question nationale québécoise : les nouveaux paramètres de l'analyse », *Recherches sociographiques*, XXXIX, 2-3, pp. 249-269.

BILLIG, Michael

1995   *Banal Nationalism*, Londres, Sage.

CONNOR, Walker

1991   « From tribe to nation », *History of European Ideas*, XIII, 1, pp. 5-18.

GELLNER, Ernest

1983   *Nations and Nationalism*, Oxford, Blackwell.

1997   *Nationalism*, Londres, Weidenfeld & Nicolson.

GUERSHONI, Israel

1997   « Rethinking arab nationalism », in JANKOWSKI et GUERSHONI (eds), *Rethinking Nationalism in Arab Middle East*, New York, Columbia University Press, pp. 3-25.

HABERMAS, Jürgen

1993   *Obywatelstwo a tozsamosc narodowa* (traduction polonaise de *Staatsburgerschaft und nationale Identitat*), Varsovie, IFiS PAN.

HOBSBAWN, E. et T. RANGER

1983   *The Invention of Tradition*, Cambridge, Cambridge University Press.

HUTCHINSON, John

1994   *Modern Nationalism*, Londres, Fontana.

IGNATIEFF, Michael

1993   *Blood and Belonging*, Toronto, Penguin of Canada.

JANKOWSKI, J. et I. GUERSHONI éds.

1997   *Rethinking Nationalism in Arab Middle East*, New York, Columbia University Press.

MARX, Karl

1974 « Introduction à la Critique de l'économie politique » (texte souvent cité comme l'Introduction de 1857) in MARX, K. et F. ENGELS, *Textes sur la méthode de la science économique*, Paris, Éd. Sociales, pp. 111-187.

MILLARD, Frances

1996 « The failure of nationalism in post-communist Poland », in JENKINS, B. et S.A. SOFOS (eds), *Nations and Identity in Contemporary Europe*, Londres, Routledge.

NISBETT, Richard E. et Lee ROSS

1991 *The Person and the Situation. Perspectives of Social Psychology*, New York, McGraw Hill.

NORMAN, Norman

1995 « The ideology of shared values: A myopic vision of unity in the multi-nation State » in CARENS, J.H. (ed.), *Is Quebec Nationalism Just?*, Montréal, McGill-Queen's University Press, pp. 137-159.

POOLE, Ross

1991 « The illusory community » in *Morality and Modernity*, Londres, Routledge, pp. 90-109.

SCHNAPPER, Dominique

1994 *La communauté des citoyens*, Paris, NRF-Gallimard.

SCHUMPETER, Joseph

1963 *Capitalisme, socialisme et démocratie*, Paris, Payot.

SCHUTZ, Alfred

1994 *Le chercheur et le quotidien*, Paris, Méridiens Klincksieck.

SIMMEL, Georg

1984 *Les problèmes de la philosophie de l'histoire*, Paris, Presses universitaires de France.

STRAUSS, Claudia et Naomi QUINN

1997 *A Cognitive Theory of Cultural Meaning*, Cambridge, Cambridge University Press.

TAGUIEFF, Pierre-André

1991   « Le nationalisme des nationalistes » in DELANOI Gil et Pierre-André TAGUIEFF (éds), *Théories du nationalisme*, Paris, Kimé, pp. 47-124.

THOMPSON, E.P.

1963   *The Making of the English Working Class*, New York, Vintage.

TODOROV, Tzvetan

1989   *Nous et les autres*, Paris, Seuil (Points).

WALICKI, Andrzej

1991   *Trzy Patriotyzmy*, Varsovie, Res Publica.

Note des éditeurs.

Les auteurs du collectif *La nation dans tous ses états* ont pris connaissance de la réflexion de M. Blais mais n'éprouvent pas le besoin de la prologer.

Diffusion pour le Canada: Gallimard ltée
3700A, boulevard Saint-Laurent, Montréal (Qc), H2X 2V4
Téléphone: (514) 499-0072   Télécopieur: (514) 499-0851
Distribution: SOCADIS

Diffusion et distribution pour l'Europe: DEQ
30, rue Gay-Lussac
75005, Paris, France
Téléphone: (1) 43.54.49.02 Télécopieur: (1) 43.54.39.15

Diffusion pour les autres pays: Exportlivre
289, boulevard Désaulniers, Saint-Lambert (Qc), J4P 1M8
Téléphone: (514) 671-3888   Télécopieur: (514) 671-2121

Éditions Nota bene
1230, boulevard René-Lévesque Ouest
Québec, Canada
G1S 1W2

ACHEVÉ D'IMPRIMER
CHEZ AGMV-MARQUIS IMPRIMEURS INC.
CAP-SAINT-IGNACE (QUÉBEC)
EN JUILLET 1999
POUR LE COMPTE DES ÉDITIONS NOTA BENE

Dépôt légal, 3e trimestre 1999
Bibliothèque nationale du Québec